シリーズ
現代の福祉国家
⑭

フランスにおける雇用と子育ての「自由選択」

家族政策の福祉政治

千田 航著

ミネルヴァ書房

は し が き

　本書は，フランス家族政策がいかにして発展し，再編されてきたのかを検討する。フランス家族政策の展開から，「自由選択」という考え方を導き出し，この考え方が今後の家族政策や福祉国家にいかなる可能性をもたらすかも探っていきたい。

　多くの人々にとって子育てに関するフランスのイメージは「子どもを生み育てやすい国」ではないだろうか。日本では2005年に合計特殊出生率が最低の1.26を記録した。フランスは対照的に2000年代半ばに2.0を超え，フランスの子育ての現状に関心が集まるなかエッセイストやジャーナリストがその実情を説明してきた（中島 2005,2010；牧 2008；髙崎 2016）。そこでは，労働市場参加に伴う女性のライフスタイルや婚外子を含めた家族観の変化などの文化的な側面と，家族法や家族政策などの女性や子どもをめぐる制度的な側面が取り上げられた。また，最近ではフランス家族法や家族政策の研究者から『フランス女性はなぜ結婚しないで子どもを産むのか』と題した編著も出版されている（井上 2012）。

　本書は現金給付やサービス給付など社会保障に関連する家族政策を扱う。日本でこれらの家族政策といえば，児童手当や育児休業給付，幼稚園，保育所などが挙げられる。一方フランスでは，これらの施策以外にもベビーシッターを雇用した際の手当や多子家族への手当，認定保育ママ制度，フルタイムでの保育だけでなく一時預かりなども行う多機能保育所など多くの支援が用意されている。これらがいかに形成されてきたのかを施策の安定的な発展と「自由選

i

択」という多様なライフスタイルの選択を支援する方針から説明する。

　第1章で述べるように，フランスと日本の家族関連社会支出を比べるとフランスのほうが圧倒的に大きい（図1-1を参照）。実際，社会保障費用統計で2011年度の日本の政策分野別社会支出をみてみると，「高齢」が46.5％，「保健」が32.4％を占めており，「家族」は全体の5.7％に過ぎない。日本とフランスの違いはどこから生じているのだろうか。また，なぜフランスでは家族政策が安定的に発展できたのだろうか。こうした問いは子育て支援に力を入れようとしている日本にも示唆を与える。

　近年のフランス家族政策を象徴する言葉が「自由選択」である。家族のかたちが多様になるなかで，人々が保育方法を自由に選択できる環境を整備することが求められている。本書では，フランス政府がこうした多様なライフスタイル選択に向けた環境整備を行う方針を「自由選択」として掲示する。2004年以降のフランス家族政策が「自由選択」を基本的な原理としていることは日本でも指摘されている（清水 2007；神尾 2007）。しかし，「自由選択」が実際にどのようにしてフランス家族政策を支え，いかなる役割を果たしたのかは十分には明らかにされていない。本書ではフランス家族政策の政治過程を追うなかで，「自由選択」が施策の目的として登場し，既存の施策の統合や削減の政治に直面しながらも多様なアクターの最終的な政策の一致点となったことを明らかにする。「自由選択」へと多様なアクターが合意することで，フランス家族政策は改めて既存の施策を発展させる方向へと進んだ。「自由選択」の事例は，財政状況などの問題を抱えながらも家族への支援を行うための合意形成手法として説明できる。「自由選択」を掲げる家族政策は結果としてフランスの女性就労，家族の役割，人口増というそれぞれの期待に応えてきた政治だといえる。

　本書は以下のように構成される。

　序章では，家族政策に着目する必要性を説明する。戦後福祉国家は「男性稼

ぎ手モデル」を前提に設計されてきた。しかし，女性の労働市場参加や家族形態の多様化などが生じると，男性稼ぎ手と彼を支える専業主婦という家族構成を前提としない福祉国家が必要となる。そのために多様な家族を支援する家族政策が必要となるのである。大陸ヨーロッパと日本の近年の家族政策の展開も概観し，「男性稼ぎ手モデル」からの転換の模索をみていく。

　第1章では，本書のキーワードである「自由選択」を取り上げる。まず本書で述べる「自由選択」とは何かを考える。そして，「自由選択」が今後の福祉国家研究や家族政策の政治的困難に与える示唆として，対立を乗り越える合意形成手法となる可能性と，保守主義レジームの逸脱事例とも読み取れるフランスを説明する可能性を提示する。ここでは現状のフランス家族政策の詳細もみていく。

　第2章では，「自由選択」を掲げるようになったフランス家族政策をいかにして説明するかという問題に取り組む。ここでは，家族政策が個人のライフスタイル選択にどのような関心を寄せるのかという視点から子ども支援と両立支援の2つの機能を析出し，そこから多様な施策の配置を整理する。子ども支援と両立支援という2つの機能は福祉国家再編をめぐる社会的投資戦略および仕事と家庭の調和の議論を家族政策に適用したものであり，家族政策が施策次第で両方の機能をもつ相補的なものであることを指摘する。また，1970年代後半からの家族政策の政策変化の規則性を示すため，歴史的制度論のなかでも漸進的変容論を用いて説明することも提示する。政策変化の理論と政策目的集合による配置の両面からフランス家族政策を捉えていく。

　第3章と第4章では，フランス家族政策の現金給付の変容を詳しく述べる。まず，第3章は現金給付の現状が2階建て構造になっていることを示したのちに，現金給付の拠出方法や管理運営体制が確立して初期の施策が整備される1970年代までの展開を追う。フランスでは戦前からすべての就業者を対象とす

る普遍主義的な現金給付が始まっていただけではなく，戦後には全国家族手当金庫が設立され現代の家族政策の基盤となる財政の仕組みや管理運営体制が確立した。

　第4章は，「自由選択」という大きな方針が登場し，新しい社会的リスクへの対応や財政問題への取り組みから2階部分の現金給付が新しく発展する過程をみていく。1970年代後半から「自由選択」は施策の目的として掲げられたが，大きくは注目されなかった。その一方で，1990年代に入ると既存の施策の発展ではない統合のアイディアや財政状況の悪化から削減の政治が登場した。こうした統合や削減を乗り越えて，既存の施策で発展するに至ったことを説明する必要がある。

　1990年代半ばには家族手当への所得制限導入が議論された。これに対して労働組合や家族の利益を代表する家族団体などは家族政策の伝統を守るために反対した。最終的に，政党やこれらの団体は「自由選択」という全体的な方針を明確にして既存の施策の配置のもとで発展させる家族政策を推進することでまとまった。2000年前後からはこうした「自由選択」での合意を受けて乳幼児受け入れ給付を再編した。

　第5章では，フランス家族政策をサービス給付から考える。本書では特に，主たる保育方法となっている認定保育ママ制度の展開をみていく。認定保育ママは最初から主要な保育方法だったわけではない。1977年の認定保育ママ制度の成立以降，1980年代には認定保育ママの数が減少した。この減少に対応するため1990年前後に多くの改革が行われた。改革の結果，認定保育ママの利用が急増することになった。認定保育ママはサービス給付であるが，認定保育ママを雇用した親を経済的に支援する現金給付や税制によって補完された。こうしたサービス給付と現金給付の交差のなかでサービス給付が仕事と家庭の調和を支援する「自由選択」の両立支援部分を支えてきたことを示す。

はしがき

　終章では，第3章から第5章で論じてきたことをまとめる。フランス家族政策においてはアイディアによる統合案や削減の政治が1990年代に登場したものの，多様なアクターの抵抗や財政状況から既存の施策による発展が維持された。その結果，戦前から存在していた2階建て構造の家族政策が一貫したかたちで漸進的に発展してきたといえる。こうした政治過程のなかで，「自由選択」は既存の施策と統合，削減の政治にある対立を乗り越えて多様なアクターが相乗りできる合意形成手法として機能した。また，すべてのライフスタイル選択に対応する全体的な方針としての「自由選択」は，専業主婦や労働市場から退出する女性にも支援を行うことで，手厚い家族政策を提供しながら保守主義レジームにとどまるフランスという，既存の福祉国家類型では簡単にあてはめることのできない位置づけを説明する。本章では，以上の政治過程からみた「自由選択」の意義だけではなく，サービス給付の拡充や労働市場の階層化などのフランスの現状が抱える課題も指摘する。

フランスにおける雇用と子育ての「自由選択」

——家族政策の福祉政治——

目　次

はしがき

図表一覧／略語一覧

序　章　福祉国家の新たな鍵……………………………………… 1

　　　──困難に立ち向かう家族政策と「自由選択」──

　　1　不安定な社会の家族政策………………………………… 3

　　2　大陸ヨーロッパの転換と家族政策……………………… 10

　　3　日本の方向性を占う家族政策…………………………… 15

　　4　家族政策の合意形成に向けて…………………………… 25

第1章　「自由選択」は何をもたらすのか……………………… 31

　　　──対立を超えた福祉政治の可能性──

　　1　「自由選択」とは何か…………………………………… 33

　　2　「自由選択」と福祉国家の再編………………………… 36

　　3　フランス家族政策の「自由選択」……………………… 47

　　4　合意可能な一致点としての「自由選択」……………… 55

第2章　「自由選択」の見取り図………………………………… 61

　　　──ライフスタイル選択の政治──

　　1　福祉国家・ジェンダー・家族政策……………………… 65

　　2　社会的投資と仕事と家庭の調和………………………… 69

　　3　家族政策の政策目的集合………………………………… 74

　　4　家族政策の発展と変容…………………………………… 88

目　次

第3章　「自由選択」への助走 …………………………………… 101
——フランス家族政策の成立と安定——

1　2階建ての現金給付とライフスタイル選択 ……………… 104

2　普遍主義的現金給付の成立 ………………………………… 107

3　家族政策の「黄金時代」 …………………………………… 116

4　家族主義からの脱却 ………………………………………… 124

第4章　「自由選択」の発展と再編 …………………………… 133
——2階建て現金給付の確立——

1　少子化と財政問題 …………………………………………… 136

2　「自由選択」の付加 ………………………………………… 141

3　「自由選択」アイディアの登場と頓挫 ………………… 147

4　真の「自由選択」に向けて——乳幼児受け入れ給付 ………… 159

5　2階建て現金給付と「自由選択」 ……………………… 168

第5章　認定保育ママと働く女性への「自由選択」 ……… 173

1　サービス給付と認定保育ママ …………………………… 177

2　認定保育ママの成立とその影響 ………………………… 184

3　保育所増設の限界と認定保育ママの活用 ……………… 187

4　認定保育ママと「仕事と家庭の調和」の結合 ………… 196

5　「自由選択」の基盤としての認定保育ママ ……………… 200

終　章　「自由選択」の意義と課題 ………………………… 207

1　フランス家族政策の発展と再編 ………………………… 211

2　「自由選択」の意義 ………………………………………… 221

3　「自由選択」の課題……………………………………………231
　4　フランスの「自由選択」…………………………………238

参考文献……241
あとがき……263
巻末資料……267
索　　引……272

図 表 一 覧

図序-1 カップルにおける稼ぎ手の構成（2008年） ……………………………… 5

表序-1 フランスにおける世帯構成の変化 …………………………………………… 5

表序-2 日本における世帯構成の変化 ……………………………………………… 6

図序-2 専業主婦世帯と共働き世帯の推移 ………………………………………… 7

表序-3 各国の社会保障支出の内訳（2009年） ………………………………… 26

図1-1 主要先進国における家族関連社会支出の対 GDP 比の比較（2009年） ……… 43

図1-2 現金給付，サービス給付，税制措置での家族関連社会支出の対 GDP 比（2011年）

……………………………………………………………………………………… 44

図1-3 18か国の3つの家族政策次元の配置（2000年） ………………………… 45

表1-1 主な現金給付の簡略的な概要（2014年） ……………………………… 48

図1-4 フランスの主なサービス給付の体系（年齢別） ………………………… 52

表1-2 保育学校に属する2歳児と3歳児の比率 ……………………………… 52

図2-1 家族政策の政策目的集合 ……………………………………………………… 75

表2-1 21世紀における女性のライフスタイル選好の分類 …………………… 79

表2-2 労働とケアの男性と女性のパターン ……………………………………… 80

図2-2 女性のライフスタイル選択と家族政策 …………………………………… 82

図2-3 フランス家族政策（現金給付）の時代ごとの施策配置 ……………… 86

表2-3 制度変化の類型：過程と結果 ……………………………………………… 89

xi

図 3 - 1 フランス家族政策の現金給付における 2 階建て構造 ……………………………… 105

表 3 - 1 1930年代前半の総人口と活動人口 …………………………………………… 111

表 3 - 2 1930年代のフランスの人口増加率 …………………………………………… 111

表 4 - 1 子どもをもつ家族の労働時間の配分（2000年）……………………………… 137

表 4 - 2 家族給付部門（一般制度）における財政状況（1991〜2000年）………… 150

表 4 - 3 2000年の親の所得水準に応じた 3 歳未満の子どもの保育方法………………… 161

表 4 - 4 乳幼児受け入れにおける全国家族手当金庫の直接的な支出の進展 ………… 161

図 5 - 1 フランス家族政策のサービス給付における 2 階建て構造 …………………… 178

表 5 - 1 2008〜2009年の家族手当金庫による社会活動支出 ……………………… 180

表 5 - 2 認定保育ママ制度の展開 ……………………………………………………… 182

図 5 - 2 4 か月から 2 歳半までの子どもの主な受け入れ方法 ……………………… 183

図 5 - 3 認定保育ママ数の展開 ………………………………………………………… 186

図終- 1 新学期時に希望した保育方法と利用した保育方法（2013年）……………… 233

図終- 2 3 歳未満の子どもの主な保育方法の推移（平日 8 〜19時）……………… 234

表終- 1 2012年の主な業種ごとの月額賃金の平均値 ……………………………… 235

巻末別表 1 家族給付の概要（2014年12月27日現在）……………………………… 267

巻末別表 2 保育方法自由選択補足手当の給付額…………………………………………… 271

略 語 一 覧

AFEAMA：認定保育ママ雇用家庭補助（aide à la famille pour l'emploi d'une assistante maternelle agréée）

AGED：在宅保育手当（allocation de garde d'enfant à domicile）

APE：育児親手当（allocation parentale d'éducation）

API：ひとり親手当（allocation de parent isolé）

APJE：乳幼児手当（allocation pour jeune enfant）

BMAF：家族手当基準算定月額 （base mensuelle de calcul des allocations familiales）

CAF：家族手当金庫（caisses d'allocations familiales）

CFDT：フランス民主主義労働同盟（confédération française démocratique du travail）

CGT：労働総同盟（confédération générale du travail）

CNAF：全国家族手当金庫（caisse nationale des allocations familiales）

CREDOC：生活環境調査研究センター（centre de recherche pour l'étude et l'observation des conditions de vie）

CSF：家族組合連合会（confédération syndicale des familles）

CSG：一般社会拠出金（contribution social généralisée）

CTF：チャイルド・トラスト・ファンド（child trust fund）

FNAS：全国社会活動基金（fonds national d'action sociale）

FNASS：全国社会・衛生活動基金（fonds national d'action sanitaire et sociale）

GDP：国内総生産（gross domestic product）

GNP：国民総生産（gross national product）

ILO：国際労働機関（international labour organization）

MRP：人民共和派（mouvement républicain populaire）

OECD：経済協力開発機構（organisation for economic co-operation and development）

PAJE：乳幼児受け入れ給付（prestation d'accueil du jeune enfant）

PSAM：保育ママ特別給付（prestation spéciale assistante maternelle）

RAM：保育ママ仲介制度（relais assistantes maternelles）

RMI：参入最低所得（revenu minimum d'insertion）

RPR：共和国連合（rassemblement pour la république）

RSA：活動連帯所得（revenu de solidarité active）

SMIC：全産業一律スライド制最低賃金（salaire minimum interprofessionnel de croissance）

UDAF：県家族協会連合（union départementale des associations familiales）

UDF：フランス民主連合（union pour la démocratie française）

UNAF：全国家族協会連合（union nationale des associations familiales）

URSSAF：社会保障・家族手当拠出金徴収連合（unions de recouvrement des cotisations de sécurité sociale et d'allocations familiales）

序　章
福祉国家の新たな鍵
―― 困難に立ち向かう家族政策と「自由選択」――

待機児童改善の署名を受け取る塩崎厚生労働大臣
（2016年3月9日，時事通信社）（http://www.jiji.com/jc/p?id=20160309172832-0020978451）

本書の目的はフランスにおける家族政策の発展と再編を説明することである。そのようにいわれると，なぜ現代の日本でフランスの家族政策を語らなければならないのかと疑問に思うかもしれない。しかし，本書を貫くキーワードである「自由選択」はフランスに限らず福祉国家のこれからを考えるうえで新しい鍵になるだろう。本章では，近年の福祉国家と家族との関係を整理したのち，福祉国家のなかで家族政策と「自由選択」を位置づける意義を見出したい。

　以下では，第1節で福祉国家の前提であった「男性稼ぎ手モデル」が女性の労働市場参加や家族の多様化から維持困難になっている状況を概観し，第2節では特に「男性稼ぎ手モデル」からの変容が課題となる保守主義レジームの困難とその対応を述べる。第3節では，強固な「男性稼ぎ手モデル」として保守主義レジームと類似性のある日本の家族政策をみていく。第4節は福祉国家の再編に家族政策が重要な役割を果たすなか，特定の家族像・家族モデルを超えて政策を推進する「自由選択」が新たな鍵になりうることを指摘する。

1　不安定な社会の家族政策

維持困難になった「男性稼ぎ手モデル」

　日本に限らず，第2次世界大戦後の福祉国家は「男性稼ぎ手／女性ケアの担い手」という性別役割分業を前提としてきた。男性は労働市場から賃金を得ることで家族を支えるのに対し，女性は家庭内に留まり子育てや家事などを通じて家族を支えることが求められてきた。強いか弱いかの程度の差はあるものの，現在でもこの「男性稼ぎ手モデル」は家族像として根強く残っている（Lewis 1992）。

　このモデルは1942年にイギリス福祉国家の構想として出てきたベヴァリッジ・プランで既に示されている。ベヴァリッジ・プランはこれまで評価されて

3

こなかった女性のケアの担い手としての側面を独自の方法で評価する意図をもつ一方で，被保険者である既婚女性に男性と同等の処遇を認めないことから女性をケアの担い手として想定している（深澤 2003：3-9）。実際，既婚女性の8人中7人以上が結婚を唯一の職業としていることを指摘するベヴァリッジ・プランは，主婦であって有給の仕事をしている女性に対し，夫の稼ぎや社会保障給付で支える家族がいることを理由に，失業や就労不能の場合の給付を正規の額よりも減額することを提案した（ベヴァリッジ 1969：73-76）[1]。こうした既婚女性への対応は各国の福祉国家の形成に影響を与えた。日本でも高度経済成長期に整備された社会保障制度によって女性は専業主婦か夫に扶養される範囲内でのパートタイム就労で「内助」に努めるよう誘導され，結果的に日本は「会社人間」と「内助の功」のカップルを優遇してきた（大沢 2002：71）。

　しかし，「男性稼ぎ手モデル」は次第に維持できなくなっている。その要因のひとつは女性の労働市場参加の高まりである。OECD 加盟国の女性の労働力率は，1970年から2008年までに，46.6％から61.6％へと15％ポイント上昇した。女性の労働市場参加の高まりは，女性が労働市場で報酬を得る可能性とともに家庭内に留まる機会費用が高まったことを意味する（Iversen and Rosenbluth 2010：81）。すなわち，女性の労働市場参加の高まりによって，専業主婦として家庭内で働いて得られる評価が労働市場で働く女性の賃金と比較されるようになったため，専業主婦が安価な労働力であると次第に明らかになったと推測できる。女性の労働市場参加の結果，ほとんどの EU 加盟国では共稼ぎカップルが稼ぎ手の大きな比重を占めるようになった（図序-1）。

　また，女性の労働市場参加だけではなく，少子高齢化や晩婚化，晩産化などの進展によって，家族形態の多様化が進んでいる。たとえば，子どもをもつ家族に占めるひとり親世帯の割合は増加傾向にあり，OECD 平均で1980年代半ばに5.5％であったものが2000年代半ばには7.7％まで上昇した（OECD 2011：

4

序　章　福祉国家の新たな鍵

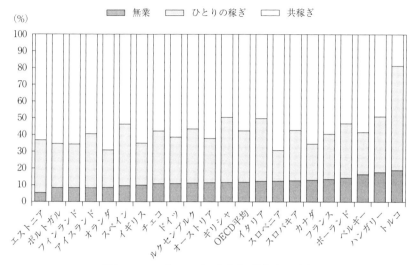

図序-1　カップルにおける稼ぎ手の構成（2008年）
注：EU加盟国とカナダ，トルコ。デンマーク，アイルランド，スウェーデンはデータなし。
出典：OECD 2011：38．

表序-1　フランスにおける世帯構成の変化

世帯類型	世帯数					
	1990年		1999年		2009年	
	単位：1,000	%	単位：1,000	%	単位：1,000	%
単一構成世帯						
男性のみ	2,210.9	10.1	3,022.8	12.4	3,852.1	14.0
女性のみ	3,705.6	16.9	4,468.9	18.4	5,385.9	19.6
子どもなしカップル	5,139.8	23.4	5,965.7	24.5	7,126.9	25.9
子どもありカップル	7,991.4	36.4	7,688.9	31.6	7,467.9	27.1
うち18歳未満の子どもあり	*6,374.2*	*29.1*	*6,075.7*	*25.0*	*6,066.1*	*22.0*
ひとり親家族	1,490.2	6.8	1,840.3	7.6	2,263.1	8.2
うち18歳未満の子どもあり	*821.9*	*3.7*	*1,102.6*	*4.5*	*1,465.9*	*5.3*
複合世帯	1,404.1	6.4	1,345.7	5.5	1,437.8	5.2
うち18歳未満の子どもあり	*431.9*	*2.0*	*422.5*	*1.7*	*366.8*	*1.3*
合　計	21,942.1	100.0	24,332.3	100.0	27,533.5	100.0

出典：フランス国立統計経済研究所のウェブサイト（http://www.insee.fr/fr/themes/tableau.asp?reg_id=0&ref_id=AMFd2，2012年11月24日現在）。

表序-2　日本における世帯構成の変化

(単位:1,000世帯)

年　次	総　数	親　族　の　み　の　世　帯						非親族を含む世　帯	単独世帯
		総　数	核　家　族　世　帯					核家族以外の世帯(1)		
			総　数	夫婦のみ	夫婦と子ども	男親と子ども	女親と子ども			
1990年	40,670	31,204	24,218	6,294	15,172	425	2,328	6,986	77	9,390
1995年	43,900	32,533	25,760	7,619	15,032	485	2,624	6,773	128	11,239
2000年	46,782	33,679	27,332	8,835	14,919	545	3,032	6,347	192	12,911
2005年	49,063	34,337	28,394	9,637	14,646	621	3,491	5,944	268	14,457
2010年	51,842(a)	34,516	29,207	10,244	14,440	664	3,859	5,309	456	16,785
6歳未満の世帯員のいる世帯	4,877	4,861	4,082	—	3,851	14	217	779	16	0
18歳未満の世帯員のいる世帯	11,990	11,902	9,581	0	8,327	121	1,133	2,321	47	40
65歳以上の世帯員のいる世帯	19,338	14,443	10,011	5,525	2,532	329	1,625	4,431	104	4,791

注：「国勢調査」（10月1日現在）による。「一般世帯」とは，住居と生計を共にしている人々の集まり，一戸を構えて住んでいる単身者，間借り・下宿屋などの単身者および会社などの独身寮，寄宿舎などに居住している単身者をいう。
　(1)　2005年以前はその他の親族世帯。
　(a)　家族類型「不詳」を含む。
出典：総務省統計局 2012：19。

238)。OECD平均が2008年に8.7%であることを含め，今後も子どもをもつ家族に占めるひとり親世帯の割合の増大が予想される。

　本書で取り上げるフランスと日本の世帯構成の割合の変化をみても「男性稼ぎ手モデル」の減少が読み取れる。表序-1はフランスにおける世帯構成の変化を示したものである。1990年に36.4%を占めた子どもをもつカップルの世帯は，未だに世帯類型別で最も大きいものの，2009年には27.1%まで減少している。その一方で，1990年から2009年にかけて，単身世帯やひとり親世帯が増大していることもわかる。日本の世帯構成をみても，1990年から2010年にかけて夫婦と子どものいる世帯が減少している（表序-2）。また，日本では2010年に単身世帯の数が夫婦と子どものいる世帯の数を上回っていることも確認できる。

　以上のように，共働きカップルの増大や世帯構成の変化からみても「男性稼ぎ手／女性ケアの担い手」の性別役割分業が次第に維持困難になっていること

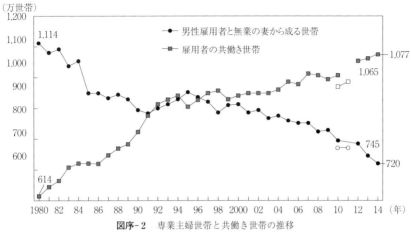

図序-2 専業主婦世帯と共働き世帯の推移

注：(1) 1980年から2001年までは総務庁「労働力調査特別調査」（各年2月。ただし，1980年から82年は各年3月）。2002年以降は総務省「労働力調査（詳細集計）」（年平均）より作成。「労働力調査特別調査」と「労働力調査（詳細集計）」とでは，調査方法，調査月などが相違することから，時系列比較には注意を要する。
(2)「男性雇用者と無業の妻から成る世帯」とは，夫が非農林業雇用者で，妻が非就業者（非労働力人口および完全失業者）の世帯。
(3)「雇用者の共働き世帯」とは，夫婦共に非農林業雇用者の世帯。
(4) 2010年および11年の数値（白抜き表示）は，岩手県，宮城県および福島県を除く全国の結果。
出典：内閣府 2015：I-2-9図。

がわかるだろう。日本における専業主婦世帯と共稼ぎ世帯の推移をみても，1980年代以降男性雇用者と無業の妻からなる世帯は減少を続け，反対に雇用者の共稼ぎ世帯は増加している（図序-2）。「男性稼ぎ手モデル」を前提に設計してきた福祉国家は性別役割分業の維持困難に伴って再設計を迫られている。

「修繕」から「準備」へ

以上の近年の変化は社会的投資の時代の到来ともいうことができる。モレルらは，福祉国家の時代区分として，ケインズ主義の時代，新自由主義の時代，社会的投資の時代を提示した（Morel et al. 2012）[2]。1945年から1970年代半ばにかけては，当時のマクロ経済政策の支配的理論であったケインズ主義の時代と

して整理できる。この時代は，政府による介入が経済の安定には必要であり福祉関連支出が有益な経済的手段とされたため，社会政策は労働者の賃金を維持し不況時に機能する積極的な役割を要請されていた。1970年代半ば以降は経済危機によってケインズ主義経済政策が新自由主義の支持者から攻撃を受け，次第に新自由主義の時代へと変化していった。この時代には予算の厳格な執行や賃金抑制，マネタリズム，企業間競争などが掲げられ，手厚い社会政策は失業者の就労意欲を低下させ依存の文化を創り出すものとされた。また，国家以外の社会的なアクターへの責任の再配分や，所得保障よりも労働市場へ戻るインセンティブを強調した社会政策を重視した。

　しかし，1990年代後半以降になると貧困率の上昇や格差の拡大，社会的排除の問題から新自由主義の限界が指摘され，社会政策の生産的な潜在能力を強調する議論が展開された。具体的には，労働市場から退出した際に受動的な所得維持を主体とする「修繕」（リペアリング）よりも，特定のリスクに先手を打ち貧困の世代間移転の最小化を図る「準備」（プリペアリング）が社会保障制度にとって重要であるとした。すなわち，この時代には社会保障制度に将来に対する社会的投資の視点を取り入れ，医療や失業保険といった保険事故に対する事後的な「修繕」よりも，職業訓練や子育て支援などの人的資本への投資によって労働市場の不安定化に備える「準備」を重視することが求められる。ここでは，労働市場での所得を通じて責任を果たす人々が活躍できるよう社会支出を行うべきであるという考え方を新自由主義と共有しながらも，社会支出を削減することはなく社会政策によって質の高い雇用を維持し，人々が就労によって賃金を得られるよう支援することを目指している。この社会的投資の時代には，伝統的な「男性稼ぎ手モデル」が維持できないものとして批判され，福祉国家の財政的持続可能性や将来の世代に負担を残さない福祉国家の能力が問題となった。社会的投資については第2章で改めてふれることにしたい。

「準備」が必要となる背景には，社会的経済的変化から生じる「新しい社会的リスク」の存在がある。新しい社会的リスクとは，ポスト産業化社会への移行に伴って生じる社会的経済的変化の結果として人々がそれぞれのライフコースで直面するリスクのことである（Taylor-Gooby 2004：2-5）。このリスクはケインズ主義の時代や新自由主義の時代に用意された労災や疾病，老齢，失業といった所得を喪失するリスクとは異なる。女性の労働市場参加の高まりや高齢化の進展などの過程を経て，仕事と家庭が調和しないリスク，ひとり親になるリスク，子どもや高齢者などのケアを必要とする身内を抱えるリスク，低熟練の技能しかもてないリスク，十分に社会保障が適用されないリスクが具体的に生じる（Bonoli 2005：433-435）。

新しい社会的リスクに直面しやすい人々は，子育ての時期や技能を取得する時期にある若年層に多い。しかし，戦後福祉国家は幼少期や人生前半，人生中盤の給付が高齢者に比べて抑制されているだけではなく，人生前半と人生中盤の人々が社会保障費の負担もしてきた（宮本 2006）。企業による終身雇用と強固な家族によって1990年代前半までの社会保障が支えるリスクは退職期＝高齢者に集中してきたのに対し，1990年代後半からは人生前半の社会保障という課題が浮上した（広井 2006：17-22）。日本で人生前半の社会保障という課題が浮上する背景には，15歳から24歳の若年層の失業率が全年齢層の失業率よりも高いことや格差の拡大から人生の初めで共通のスタートラインに立てる状況が揺らいでいることが挙げられる[3]。

こうした新しい社会的リスクの出現で人々の生活が危機を迎えている現在，必要となる対策は人生前半への社会保障制度の構築である。本書が関心を寄せる家族政策もこの人生前半の社会保障の重要な政策のひとつである。家族政策は主に子育てをする若年層への給付が中心であり，子どもを身内に抱えるリスクやひとり親になるリスクをカバーしうる政策領域である。「男性稼ぎ手モデ

ル」が想定する家族が共稼ぎ世帯の増加や女性の労働市場参加からその役割を
担うのが困難になるなかで，家族を再び福祉国家と結びつけるためには「準
備」としての家族政策の役割が重要になる。それでは，現在の福祉国家と家族
政策との関係はどのようになっているのだろうか。以下の第2節と第3節では
大陸ヨーロッパと日本から福祉国家と家族政策の関係をみていきたい。

2　大陸ヨーロッパの転換と家族政策

保守主義レジームの困難

　福祉国家は，自由主義レジーム，社会民主主義レジーム，保守主義レジーム
の3つに類型化できる（エスピン＝アンデルセン 2001）。これらのレジームのな
かで，新しい社会的リスクへの対応が遅れたのは大陸ヨーロッパからなる保守
主義レジームであった。

　保守主義レジームは他の2つのレジームと比べてより強固な「男性稼ぎ手モ
デル」によって支えられてきた。カトリックの社会的教義やキリスト教民主主
義政党の影響を背景に，保守主義レジームはリスクの共同負担と家族主義から
徐々に形成されてきた。「補完性原理」にもとづき社会保障は税よりも社会保
険によって運用し，（男性）労働者が怪我や病気などで労働市場から退出した
際に所得保障を行った。また，家族主義は男性稼ぎ手に付随する「家族賃金」
や社会的給付の形成を導き，完全雇用を前提とした男性の労働市場への参加と，
それを支える女性の役割が明確になっていった。

　この保守主義レジームは主に3つの点で困難に直面している（Häusermann
2010：2）。第1に，社会保険が労働賃金とは関係のない拠出による制度となっ
ているため，社会保障支出が増大すればその分だけ社会保障負担が増えてしま
うことである。社会保障支出の増大に対して安定的に社会保険からその費用を

拠出する必要があるものの，低成長や失業者の増加，不安定な雇用の拡大などから拠出が可能な正規雇用労働者や企業が少なくなるなかで社会保障費用を支払わなければならないのである。他のレジームであれば租税による拠出があるためにすべての国民から社会保障費用を徴収することが可能であるが，労働組合や経営者団体などが中心となって政府によらない社会保険制度を形成してきた保守主義レジームでは，一部の正規雇用労働者へ社会保障の負担が重くのしかかり，結果的に人件費の上昇も招くことになる。第2に，強固な「男性稼ぎ手モデル」が女性の労働市場参加と出生率の低さを招いたことが挙げられる。家族主義の影響から保守主義レジームの完全雇用は男性労働者に限定され，1960年代の人手不足の際には女性の労働市場参加ではなく外国人労働者の受け入れを戦略的に選んだ（エスピン＝アンデルセン 2003b：121）。また，女性を家庭内での家事や育児に専念させたとしても出生率は下がり続ける傾向にあり，政府は人口減少に伴う将来的な社会保障財政の不安定化などを避けるために人口再生産への対応が必要となった。第3に，保守主義レジームは社会保険料拠出を基盤としており，年金などは所得に応じて給付を受け取ることが挙げられる。正規雇用のもとで働く男性稼ぎ手とは対照的に，パートタイム労働者や失業者，専業主婦などは社会保険料を拠出しないか不十分にしか拠出することができず，社会保障が十分に適用されないことになってしまう。以上のことから，保守主義レジームは「明らかに袋小路に陥っている例」（エスピン＝アンデルセン 2003a：40）であった。

　1980年代以降，保守主義レジームは以上の困難に対策を講じるようになるが，その対処法は家族賃金を伴って高い人件費が問題となる年配の労働者に早期退職を促し，その分，若者を雇用することで失業者を減らすことであった。その結果，閉鎖的で厳格な内部労働市場が発生し，手厚い生活保障のある男性稼ぎ手を維持するとともに，不安定な雇用と不十分な社会保障からなる若年労働者

と女性労働者中心の外部労働市場との二重化が生じることになる。保守主義レジームの対策が中途半端な柔軟化を推進するならば，それが内部労働市場と外部労働市場の分裂をさらに深刻なものとする恐れもあった（エスピン＝アンデルセン 2003b）。

保守主義レジームの新しい方向性

　しかし，2000年代以降の大陸ヨーロッパは対応の遅れを取り戻す改革を行っている。ドイツでは，2000年代以降に超党派の「自由主義連合」が主導権を握り，失業時の所得保障の削減や積立方式の個人年金の導入などの改革を行い，ドイツ福祉国家が「自由主義モデル化」の方向へと進んでいるといえる（近藤2009）。大陸ヨーロッパのすべての国に「自由主義モデル化」とまでいえるほど顕著な傾向は読み取れないが，年金改革では，フランス，スイス，ドイツが改革を行っており，その背景には保守主義レジームの困難を乗り越える階級交叉連合の形成があったと指摘される（Häusermann 2010）。これまで所得保障を中心とする受動的な労働市場政策を行ってきた大陸ヨーロッパの失業保険は，内部労働市場の労働者の保護を強化する一方で，給付の削減と外部労働市場の労働者のアクティベーション[4]への新しいインセンティブを追加するといった政策も展開している（Clegg 2007）。失業保険に関してオランダでは，1982年に労使双方が賃金の抑制と労働時間の短縮，雇用の確保などで合意したワセナール協定が成立し，1990年代以降徐々に受動的な所得保障だけではない，就労支援の強化も打ち出すようになった（水島 2012：50-67）。

　これらの政策で保守主義レジームが袋小路から脱する改革を実施するだけではなく，本書が取り上げる家族政策においても「男性稼ぎ手モデル」によって陥った困難な状況を乗り越える改革を行っている。オランダは就労支援の強化のほかに雇用の柔軟化に合わせた仕事と家庭の調和の実現にも力を入れている。

1990年代後半までにフルタイムとパートタイムの間の差別を撤廃し，2000年代に入って休暇制度を充実させることで家庭生活も重視した改革を行った（水島2012：73-92）。ドイツでは，2000年代後半から仕事と家庭の調和のために労働時間だけではなく自由な時間を配分できるようにする「時間主権」の議論が出てきている。ドイツは1998年に「可動労働時間」キャンペーンで労働時間の大胆な自由化と柔軟化を推奨し，労働者が多く働いた労働時間を貯蓄する「労働時間口座」に長期的な貯蓄を可能にすることで，数年かけて貯蓄された労働時間を有給の長期休暇として振り分けることを可能にした（田中 2006：108-109）。2012年に出された家族政策の方向性を提言する連邦政府第8家族報告書はタイトルが「家族のための時間」であり，時間主権の強化や多様な時間帯の調整，父母間や世代間での時間の分かち合い，よりよい時間管理のための両親への助言を家族時間政策の対象として掲げた（倉田 2013：62-65）。これ以外にも，2007年から賃金の67％を月額1,800ユーロまで補償する育児休業給付である両親手当と両親休業制度が成立したほか，保育所や幼稚園の増設を進めるなど，様々な改革を行っている（白川 2014）。

　こうした各国の家族政策と高齢者のケア政策の両方を含めてフランス，ベルギー，ドイツ，オランダの4か国を比較すると，これらの国の動向は保守主義レジームの特徴であった補完性から「自由選択」への移行として表現できる（Morel 2007）。モレルは女性の労働市場参加が進む1990年代半ば以降のこれらの政策領域では，保守主義レジームの「補完性原理」が次第に弱まり，「自由選択」を促進するアイディアに取って代わったと主張する。ただし，それは「男性稼ぎ手モデル」への対応として現れていたものの，結果的には保守的な傾向を残したままの改革であった。すなわち，保守主義レジームの社会階層化の問題を強化，再生産することにも貢献し，低所得女性の長期で低額の育児休業の利用を奨励し，労働市場からの退出を促す一方で，高所得女性には民間

サービスも含めた子育てのための多様な措置を用意するようになった。

　本書も以上の大陸ヨーロッパの転換を前提として，フランス家族政策が「自由選択」の道を歩むようになった過程を示すものである。ただし，モレルのように労働市場に力点をおいて捉えるのではなく，家族政策の発展のなかで「自由選択」を位置づける。

　2000年代以降の大陸ヨーロッパの改革は，強固な「男性稼ぎ手モデル」によって袋小路に陥っていた保守主義レジームの新たな動きを示している。これは強固な「男性稼ぎ手モデル」であっても，新しい社会的リスクに「準備」するための多様な政策を配置することでそのモデルからの移行が可能であることを示す。ただし，これらの改革が保守主義レジームを放棄して新たなレジームへと転換したわけではない。むしろ保守主義レジームのこれまでの流れをくみながら，ラディカルな変容とまではいえない新しい社会政策パラダイムを導入したといえる（Palier 2010a：31）。

　本書も，現在のフランスが保守主義レジームから新たなレジームへと転換を遂げたわけではないと考える。しかし，今後のフランスの福祉国家改革次第ではラディカルな転換に結びつく可能性はあるだろう。その根拠として本書が提示する「自由選択」が考えられる。本書を通じてわかるのは，多子家族支援や手厚い現金給付による女性の就労抑制など保守主義レジームを残したまま，仕事と家庭の調和を推進するフランス家族政策の政治過程である。そこには，保守主義レジームから別のレジームへ，あるいは「男性稼ぎ手モデル」から別の家族モデルへという移行ではなく，あらゆる家族を支援することで多様な家族モデルを承認するという，様々な価値観をまたいだ新しい社会政策パラダイムを読み取ることができる。「自由選択」は，こうした多様な家族モデルの存在を前提として，あらゆる家族のライフスタイル選択を支援する方針のことであり，全体のバランスを取りながらも仕事と家庭の調和に向けた支出を増大させ

ているため，男性稼ぎ手に依存しないラディカルな変容への可能性を広げるものである。これからも「自由選択」を掲げた家族政策が継続的に発展するのであれば，保守主義レジームを脱してラディカルな変容へと至るだろう。

3　日本の方向性を占う家族政策

日本の「男性稼ぎ手モデル」と転換可能性

　大陸ヨーロッパとは別に，強固な「男性稼ぎ手モデル」をもっており，新しい社会的リスクへの対応を求められている国が日本である。日本は大陸ヨーロッパの改革同様に，福祉国家の閉塞感を乗り越えるために家族政策を改革しようと試みている。

　エスピン＝アンデルセンは日本型福祉国家を説明する際，暫定的ではあるが，保守主義レジームと自由主義レジームの混合物として位置づけた（エスピン＝アンデルセン 2001：i-xvi）。日本型福祉国家は伝統的な家族の福祉機能を強く残しており，この点が地位によって分立する社会保険制度とともに保守主義レジームと合致する要素であった。これは脱家族化指標を取り入れるとさらに鮮明になる。新川敏光は，エスピン＝アンデルセンとは異なり脱商品化と脱家族化の2軸から福祉国家の4類型を提示した（新川 2014：26-40）[5]。ここでいう脱家族化は男性稼ぎ手モデルの規範力が減退し，女性の経済的自立が高まり，家族が多様化する過程として捉えられ，大陸ヨーロッパと日本は脱家族化の程度の低い国として分類することができる。脱商品化の程度はフランスやドイツなどの大陸ヨーロッパと日本・南欧で異なっており，フランスやドイツなどの脱商品化の程度が高い国は保守主義レジーム，日本や南欧の脱商品化の程度が低い国は家族主義レジームとして分類することが可能となる。

　福祉国家を「男性稼ぎ手モデル」に重点を置いてみれば，日本と大陸ヨー

ロッパはともに新しい社会的リスクの出現に対して「男性稼ぎ手モデル」からの転換が困難な国であり，日本は大陸ヨーロッパよりもさらに転換が困難な国として家族政策の改革が必要になるといえよう。

　では，日本は「男性稼ぎ手モデル」からの転換に向けてどのような取り組みを行ってきたのだろうか。辻由希は，介護保険や児童手当，児童虐待防止法，DV防止法，教育基本法改正からそれぞれに存在するアイディアを析出し，家族の経済的責任と性別役割分業の2軸からなる4つの家族像を示した（辻2012）。それは，家族の経済的責任を軽減し，性別役割分業を改革する「多元主義家族」と，家族の経済的責任を軽減しながら性別役割分業を維持する「母性主義家族」，家族の経済的責任も性別役割分業も維持する「父性主義家族」，家族の経済的責任を維持し，性別役割分業を改革する「平等主義家族」の4つであった。そして，日本の福祉レジームの再編過程は「多元主義家族」と「平等主義家族」の接合傾向と「母性主義家族」と「父性主義家族」の連携から総体を把握できると指摘する。こうした説明は，女性政策に関して一貫した家族イデオロギーを析出できないとする議論（堀江2005）や「男性稼ぎ手モデル」から「個人モデル」[6]への移行のなかで説明しようとする議論（横山2002）などを発展させ，多様なアイディアにもとづく「男性稼ぎ手モデル」からの転換可能性を指摘しているといえるだろう。

　さらにいえば，多様な家族像の模索が日本の脱家族化を捉える難しさを示しており，1990年代の日本が男女の就労支援と介護の社会化という社会民主主義レジームの両立支援ルートと，労働の規制緩和においては自由主義レジームの市場志向ルート，不況のもとでの女性と若者の非正規化からくる労働市場の二重構造という意味で保守主義レジームの「男性稼ぎ手」ルートを混在させながら進んだという指摘とも合致するものだろう（大沢2007：89；新川2011b：318-326）。

こうしたルートの混在は「男性稼ぎ手モデル」から特定のモデルへの移行を示すものではない。むしろ，「男性稼ぎ手モデル」が日本で残っていることを前提に，多様な政策から様々なモデルが混在していることを示している。こうした状況は，フランス家族政策が特定の家族モデルを目指さず，保守主義レジームのなかにある家族の機能を残したまま仕事と家庭の調和を進める「自由選択」と符合するだろう。ここにフランス家族政策を日本で取り上げる意義がある。フランス家族政策が「自由選択」のもとで多様な家族モデルを承認する政治過程は，伝統的家族からの抵抗が強く残っている日本においても福祉国家を再編するための有力な事例となりうるのである。フランスのように「自由選択」の明確化によって多様なアクターが合意することが可能ならば，日本の家族政策改革も福祉国家の再編へと導く推進力となるかもしれないのである。

　本書は以上の関心のもとで，日本への「自由選択」の適応可能性も視野に入れて，フランス家族政策が「自由選択」を既存の施策の方針として合意するようになった政治過程を分析していく。ところで，フランス家族政策の事例に入る前に，現在の日本で家族政策はどのように展開しているのであろうか。以下では，本書との関係で児童手当や保育所などの家族政策から日本の新しい社会的リスクへの対応をみていきたい。

児童手当の迷走

　日本の家族政策の現金給付は1971年の児童手当から始まった。児童手当の構想段階では所得制限を行わないとした。しかし，児童手当法の早期実現のために所得制限を設け，子どもが3人以上いる場合に月額3,000円を支給するものとなった（横山 2002：124-131）。その後，1986年には第2子の2歳未満へ月額2,500円と第3子以降の中学卒業までに月額5,000円を支給するようになってから，児童手当を拡大させるようになった（辻 2012：115-116）。1992年に第1子

まで拡充し，2006年に至ると第1子以降小学6年次修了まで第1・2子に月額5,000円，第3子以降月額1万円まで児童手当を支給するようになった。その間も所得制限は2001年と2006年に緩和され，対象年齢児童の90％に児童手当を支給できるようになった。こうした児童手当の漸進的な拡大は特に2000年代に入って顕著になった。これは，1990年代後半に公明党が連立政権に参加し，少子化対策のなかに児童手当を取り入れて与党内で拡大を主張し続けたことが影響した（辻 2012：117-122）。

　以上のように，児童手当の受給額や支給対象は拡大していったが，児童手当法における受給資格のジェンダー・バイアスはほとんど変わらなかったといえる。児童手当を受給する際，母子世帯でない限りはほとんど父親が受給者となっている実態がある（北 2002：23-25）。児童手当法をみると，児童手当の支給要件は，国内居住，監護，生計同一または生計維持の3つであるといえる。このいずれも満たす場合に児童手当を支給する。児童手当法第4条では，子どもを監護し生計を同じくする者が数人いる場合には生計を維持する程度の高いものによって監護され，生計を同じくするとみなされる。そのため，夫婦で子どもを育てている場合は，所得の高い者が支給要件に該当し，児童手当を受給できることになる。北明美によれば，「男性稼ぎ手モデル」を維持してきた時代には男性が主たる稼ぎ手であるため，子どもの生計を維持する程度の高いものは通常は父親が該当するとされてきた。ただし，2000年の児童手当法の改正を機会に，受給資格者は一律に父親を認定するのではなく，個別の家庭の状況に応じて総合的に判断するとした。それでも，現状では男性が主たる稼ぎ手であることが多いうえ，国内居住の要件に関連して住民票上の世帯主が受給資格者としてみなされやすいことから，児童手当の受給資格にはジェンダー・バイアスが存在するといえる。こうした支給要件を変えなければ，普遍主義的な現金給付を実現したとしても質的な転換は限定的なものになる。

2005年8月16日の民主党マニフェストでは，これまでの児童手当にあった所得制限を撤廃し，義務教育修了年齢までの子ども1人あたり月額1万6,000円の支給を掲げた（辻 2012：126-127）。その後，2007年参議院選挙マニフェストにおいて民主党は月額2万6,000円にまで金額を上げて選挙を戦ったが，これは当時の民主党代表小沢一郎の判断だったといわれている。衆議院青少年問題特別委員長であった小宮山洋子が小沢一郎のもとに子ども政策の政策順位を下げないよう訪ねた際，金額を1万円上乗せしてマニフェストに掲載することになったという（小宮山 2010：25-26）[7]。2009年の衆議院議員選挙において子ども手当が争点となり，民主党はマニフェストで「中学卒業まで，1人あたり年31万2,000円の『子ども手当』を支給します」と掲げた。その選挙で政権交代を果たした民主党は2010年3月26日に「子ども手当法」[8]を成立させ，財源問題によってマニフェスト通りの金額は支給できなかったものの，2010年6月から子ども1人あたり月額1万3,000円の子ども手当を支給した。

　政権交代後の児童手当から子ども手当への移行は，所得制限を撤廃することで普遍主義的な現金給付を実現するに至った。所得制限の撤廃は，子育ての社会化をマニフェストで掲げた民主党が，仕事中心の女性や家庭中心の女性に的を絞った家族政策ではなく社会全体で幅広い合意を得られる給付先が必要であったため，配偶者控除の廃止やサービス給付の提供拡大よりも先に，すべての家族で自由に使途を決めることができる子ども手当の増額を優先したと示すことができる。こうした民主党の子ども手当への政治戦略が，2010年6月の子ども手当の実施に結びつくことになる。子ども手当の事例では，「チルドレン・ファースト」や「子どもを社会全体で育てる」という理念の共有が民主党にあったからこそ普遍主義的な現金給付の実現に至ったといえる（三浦 2013：40）。ただし，子ども手当の代償として同時に掲げていた配偶者控除と配偶者特別控除，成年扶養控除の廃止は行われず，年少扶養控除のみの廃止に留まる

ことになった。

　その一方で，子ども手当でも，国内居住，監護，生計同一あるいは生計維持の支給要件は変更されなかった。たとえば，離婚協議中に別居しており，母親のもとに子どもが住んでいる場合や，児童養護施設に子どもがいる場合に，月に２，３回子どもと会っていることを理由に監護が認められ，子どもに対する支出をある程度しているのであれば，同居していない親であっても子ども手当を支給する可能性がある。こうした状況からは，子どもに対する直接の支援というよりは家族に対する支援であると評価でき，子どもを社会全体で育てるのではなく家族で保育することが前提となったままであった。

　その後，参議院選挙で「ねじれ」が生じ，自民党や公明党の意見を取り入れる必要があったために子ども手当は再び児童手当に戻り，子ども手当の重要な変化であった所得制限の撤廃もなくなった。子ども手当は2011年度も維持されたものの，民主党は2011年３月11日に発生した東日本大震災によって予算確保が困難になることを理由に，2011年10月以降は児童手当を修正したうえで支給することに決めた(9)。2012年以降，960万円の所得制限を設け，３歳未満には月額１万5,000円，３歳以上で小学校修了前の第１子と第２子には月額１万円，３歳以上で小学校修了前の第３子以降の子どもには月額１万5,000円，中学生には月１万円の支給となった。所道彦は，こうした児童手当や子ども手当をめぐる迷走から，既得権・先行制度優先の福祉政策，社会保障制度の低い優先度，残余モデルの限界，再分配システムへの理解不足，普遍主義的現金給付への反発，個別の家計の損得への強い関心などの問題が指摘できるという（所 2012：146-152）。しかしながら，新しい児童手当の総額は民主党が導入した子ども手当と比べて大きな減少にはなっておらず，子ども手当導入以前の児童手当の倍増以上となる予算規模が継続していることを考えれば，量的な拡大には成功したといえる（三浦 2013：42）。

以上みてきたように，日本の児童手当は予算規模の拡大に伴う量的な問題と，支給対象をいかに拡大していくかという質的な問題の両面で議論を展開してきた。子ども手当は普遍主義的な現金給付を達成し，すべての子どもを対象にするという意味で質的な転換であったと評価できるだろう。この普遍主義的な現金給付は2年を経たずに撤回されることになったが，現在の児童手当であっても当面の間の特例給付として所得制限以上の家族に一律5,000円を支給している。特例給付とはいえ，すべての子どもを対象に現金給付を支給する状況をみると，もはや普遍主義的な現金給付は各政党のなかで事実上の前提となっており，今後の児童手当の改革での争点にはならないと考えられるだろう。こうした経緯やいずれの手当でも支給要件の変化がないことを考えれば，質的な転換は限定的なものであり，児童手当や子ども手当をめぐる改革は量的な変化が中心であった。女性の労働市場参加や家族形態の多様化への政策対応は脇に置かれ，普遍主義的な現金給付の確立のために財源を含めた幅広い合意を優先したと解釈したほうがいいだろう。そして，その予算規模は若干の縮小がありながらも自民党と公明党の政権交代後にも児童手当を維持したのである。

　フランスの現金給付は量的な問題と質的な問題の両方を含めた改革を行ってきた。すべての子どもを対象とした家族手当だけではなく，仕事と家庭の両立支援や多子家族支援など多様な家族を支える手当も提供しており，普遍主義的現金給付以外の達成もみられる。こうしたフランスのキーワードが「自由選択」であった。「自由選択」の明確化を伴って多様な施策が発展してきたフランス家族政策の政治過程は，質的な転換が限定的なものであった日本の現金給付に対して，多様な施策が付け加わることで質的な拡大を促す好例になるかもしれない。

子ども・子育て支援新制度の可能性

　家族政策のサービス給付をみると，現在の日本では子ども・子育て支援新制度を新たな枠組みとして打ち出している。子ども・子育て支援新制度は，2009年12月8日に閣議決定された「明日の安心と成長のための緊急経済対策」において提起された，幼保一体化を含む新たな次世代育成支援のための包括的・一元的なシステムである[10]。この新システムの検討会議は，2010年4月27日に「子ども・子育て新システムの基本的方向」を示した（子ども・子育て新システム検討会議 2010a）。「基本的方向」のなかで，新制度の目的は，すべての子どもへの良質な成育環境を保障し，子どもを大切にする社会や出産・子育て・就労の希望がかなう社会，仕事と家庭の両立支援で充実した生活ができる社会，新しい雇用の創出，女性の就業促進で活力ある社会の実現とした。また，具体的な新制度の内容は，政府の推進体制・財源の一元化，社会全体による費用負担，基礎自治体の重視，幼稚園・保育所の一体化，多様な保育サービスの提供，ワーク・ライフ・バランスの実現であった。

　「基本的方向」のなかでは2階建て構造の提案が重要である。「基本的方向」で示された制度設計のイメージでは，基礎給付の1階部分と両立支援・幼児教育給付の2階部分にわけて整理していた（子ども・子育て新システム検討会議 2010a：4）。その後，2010年6月25日にとりまとめた「子ども・子育て新システムの基本制度案要綱」では，より詳細な検討を加え，1階部分の基礎給付と2階部分の「両立支援・保育・幼児教育給付（仮称）」として整理した（子ども・子育て新システム検討会議 2010b：4）。1階部分の基礎給付は，現金給付として子ども手当や一時預かりなどの個人給付と，現金給付として地域子育て支援[11]などを含んでいる。2階部分の「両立支援・保育・幼児教育給付（仮称）」はサービス給付として認定こども園や小規模保育サービス，病児・病後児保育サービスに給付する「幼保一体給付（仮称）」などを含む。こうした制度設計

は本書で説明するフランス家族政策の2階建ての構造とも類似する。しかし，フランスのように2階部分に多様な現金給付を用意したものではなく，基本的には施設に対して給付を行うことで保育方法の手段を広げるものであった。また，制度設計のイメージのなかでは，財源や実施主体についても示しており，労使や利用者，国が拠出する「子ども・子育て勘定（仮称）」の創設による財源の一元化や，基礎自治体を実施主体にすることが書かれていた。

　しかし，財政状況や労使と利用者に新たな負担を強いることなど当初の制度設計をそのまま実施するには大きな障害があったと考えられる。そのため，最終的に2012年3月2日に少子化社会対策会議において決定された「子ども・子育て新システムの基本制度」（少子化社会対策会議 2012）や，それに伴って民主党・自民党・公明党の3党合意に沿って2012年8月に成立した子ども・子育て関連3法[12]は，これまでの検討会議の内容とは幾つかの点で変更があった。まず，制度設計のなかで2階建て構造とされていたイメージがなくなり，施設型給付，地域型保育給付，児童手当の3つを同列の子ども・子育て支援給付として考えるようになった。施設型給付は，認定こども園や幼稚園，保育所に対する給付であり，地域型保育給付は，小規模保育，家庭的保育，居宅訪問型保育，事業所内保育を支援するための給付である。また，一時預かりや乳児家庭全戸訪問事業などは基礎自治体が実施主体となる地域子ども・子育て支援事業として給付の枠外に置かれた。財源は，基本的に国や都道府県，基礎自治体が負担することになり，既存の財源に加え，税と社会保障の一体改革によって新たに追加される7,000億円を利用することになった[13]。引き上げられる消費税からの割り当てが年金で6,000億円，医療・介護で1兆5,000億円であることを考えると，家族政策の量的拡大を読み取ることができる。

　2013年には待機児童対策が政治的課題として浮上した。その契機は2013年4月1日時点での横浜市の保育所待機児童数が0人になったという発表であった。

これは５月20日に横浜市が発表したものであったが，安倍晋三首相は翌21日午前には横浜市の保育所を視察し，この「横浜方式」を全国に展開していくと述べた[14]。その結果，６月14日に発表された新しい成長戦略のなかに待機児童対策を盛り込み，厚生労働省が作成した「待機児童解消加速化プラン」を実行することで2017年度までの待機児童解消を目指すことになった。この待機児童対策のなかでは株式会社の認可保育所への参入が大きく取り上げられた。６月５日に規制改革会議が出した答申は，保育分野の具体的な規制改革項目の筆頭に株式会社・ＮＰＯ法人の参入拡大を挙げた。認可保育所の設置主体制限は既に2000年度に撤廃されていたが，規制改革会議は地方公共団体の裁量で株式会社等の参入が阻害されている例は少なくないと答申した。また，安倍首相は2013年４月19日に日本経団連など経済３団体の代表と会談した際，現在は最長で１年６か月の育児休業期間を３年まで延長することを要請し，「３年間抱っこし放題での職場復帰を総合的に支援する」とした[15]。

　以上のように，児童手当・子ども手当が普遍主義を達成するための量的な拡大を議論の中心としているのに対して，子ども・子育て支援新制度は働きながら子育てをする環境を整えるために「男性稼ぎ手モデル」に固執しない新しい方向性を模索していることがわかる。ただし，どのような家族像に向かうかは明確ではないだけでなく，民主党は「男性稼ぎ手モデル」を超える構想をしていてもその方向で十分に政策を展開することができなかった（三浦・宮本2014：77）。それでも，子ども・子育て支援新制度では，民主党，自民党，公明党ともにサービス給付の質的な転換と量的な拡大に取り組もうとしている。

　一連の家族政策をみると，量的な拡大指向は読み取れるが，「男性稼ぎ手モデル」を超える質的な転換は，その重要性を認識されていながらも，現実にはあまり進んでいないといえる。そこには給付対象をめぐる対立や認可保育所の参入自由化をめぐる対立などが争点として浮上する家族政策の存在がある。そ

うであるならば，争点による対立をいかにして乗り越えて新しい社会的リスクに対応していくのかを分析する必要がある。本書がフランス家族政策のキーワードとして「自由選択」を導くのは，対立を乗り越えて新しい社会的リスクに対応する福祉国家の合意形成手法を示すためでもある。

4　家族政策の合意形成に向けて

　各国の社会保障財政をみると，医療や年金といった他の領域に比べて家族政策への支出が大きいとはいえない。表序-3は主要国の社会保障費の内訳を示したものである。主要国をみても，社会保障支出に占める医療や年金の割合が多く，スウェーデンを除いて医療と年金で60％を超えている。新しい社会的リスクへの対応が必要であるといわれているなかでも，若年層や労働者を対象とした積極的労働市場政策や家族政策などの新しい社会的リスクへの対応に関わる支出の割合は相対的に小さい。また，2009年の家族関連社会支出の対GDP比をみてみると，日本が1.0％，フランスが3.2％，ドイツが2.1％，スウェーデンが3.7％，イギリスが3.8％となっている[16]。子ども手当や子ども・子育て支援新制度などの整備で現在の日本の家族関連社会支出の対GDP比は増加しているが，それでも少子高齢化が進むなかで社会保障支出は高齢者を対象とした医療や年金に多くを割いており，急激な経済成長も見込めないなかで社会保障収入の拡大を想定しにくい状況にある。

　フランスでも1990年代後半には社会保障財政の危機が出現してきたが，それでも家族政策の普遍主義的性格を守り，あらゆるライフスタイル選択に対応する既存の施策での発展を実現してきた。1990年代には既存の施策の統合や削減といった危機が訪れたが，利益団体の抵抗によって既存の施策による発展に落ち着いた。この過程で，削減を掲げていた左派政党が「自由選択」の明確化を

表序-3 各国の社会保障支出の内訳（2009年）

（単位：％）

	日　本	フランス	ドイツ	スウェーデン	イギリス
老齢年金	46.4	38.3	32.8	34.2	27.7
医　療	31.9	28.0	31.1	24.5	33.6
遺族関連	6.4	5.7	7.8	1.8	0.4
障　害	4.3	6.1	8.3	16.7	12.1
家　族	4.3	10.0	7.4	12.6	15.9
積極的労働市場政策	1.9	3.1	3.6	3.8	1.4
失　業	3.2	4.8	6.0	2.4	1.9
住　宅	0.0	2.6	2.3	1.6	6.0
その他	1.6	1.4	0.6	2.4	0.9
合　計	100.0	100.0	100.0	100.0	100.0

出典：OECD Social Expenditure Database.

掲げ，右派政党は2002年以降に「自由選択」を保障する改革に反対しなくなることで既存の施策による発展をあらゆるアクターが受容したと説明できる。こうした「自由選択」の明確化が漸進的な変容を支えた家族政策の発展を説明することは，新しい社会的リスクに対して「準備」する必要がある日本を含めた福祉国家が，財政状況や世代間対立を乗り越えて幅広い合意や妥協に至るための示唆を提供するだろう。

　サービス給付の状況でもフランスの事例は他国の家族政策の発展に示唆を与える。日本も女性の労働市場参加や家族形態の多様化は起こっており，実際に待機児童の問題なども生じている。また，公的なサービス給付の拡大が追いつかず，ベビーシッターのマッチングサイトなどを用いて親が柔軟な対応ができる私的なサービス給付を利用するようになっている[17]。こうしたサービス給付の「闇」保育の問題は，1980年代にフランスの認定保育ママをめぐって生じた問題と重なっている。その後，フランスでは1990年代に認定保育ママへの現金給付を創設することでサービス給付の利用を促進し，認定保育ママの拡充へとつなげた。これらのフランスが達成してきた実践的な合意や妥協の到達点か

ら，新しい社会的リスクに「準備」することの理想と現実の交錯点がみえてくるかもしれない。

　強固な「男性稼ぎ手モデル」を福祉国家の前提としてきた国々は女性が労働市場へと参加するなかで家庭内での家事や子育ての担い手が減少し，女性が仕事と家庭生活の両方を負担するのみならず次第に子どもの数が減っていく状況に遭遇した。この問題を解決するためには，家族政策を通じて女性の就労と家族の機能を両立させ，子どもを産み育てやすい環境を整備することである。確かに，家族関係社会支出と出生率との関係は証明されたわけではない。合計特殊出生率と相関関係にあるのは2002年以降の女性の労働力率であり，公的な家族関連支出とは無関係であるという指摘もある（Iversen and Rosenbluth 2010：81-86）。しかしながら，女性が働き続けながら生み育てやすい環境を整備するために政府が取りうる行動として，家族政策や労働政策，女性政策などの多様な政策を発展させて仕事と家庭の調和を図っていく以外に方法があるのだろうか。新しい社会的リスクに対応するためにも家族政策を質的にも量的にも充実させる必要があり，そのための合意形成を行う必要があるだろう。

　こうした女性就労・家族の役割・人口増へのいずれの期待も満たそうとする家族政策にある程度成功してきた国としてフランスが挙げられる。世界銀行のデータによれば2012年の合計特殊出生率は，日本が1.41であるのに対し，フランスは2.01である。フランスでは政府が1930年代と1980年代に少子化を問題とし，本当に少子化対策に有効であるかどうかはともかく，解決策として家族政策を利用してきた。1980年代以降は仕事と家庭の調和推進にも力を入れている。こうしたフランス家族政策は女性活躍や少子化対策などを打ち出している日本の処方箋にもなりうるかもしれない。

　では，女性就労・家族の役割・人口増など様々な期待に応える家族政策を行うための合意形成はどこからくるのだろうか。先進国を中心とした子育て支援

への関心の高さを考えれば，新たな財源の投入や社会保障以外の予算の組み替えだけではなく，既存の医療や年金などから組み替えることによる多様な家族政策の展開も行われるかもしれない。その際に必要となるのは家族政策を発展，再編させることへの幅広い合意や，他の政策を抑えてでも家族政策を重視するための妥協の実現であろう。

　フランス家族政策では，場合によっては女性の就労抑制にもつながる現金給付と，仕事と家庭の調和を推進するサービス給付とを行い，あらゆる家族モデルに対応した「自由選択」が全体的な方針となっている。この「自由選択」に多様なアクターが反対しなくなることで家族政策の合意や妥協が実現できた。仕事と家庭の調和を強く推進したわけでも，伝統的家族の維持に固執したわけでもなく，すべての家族に対して支援を行う「自由選択」であったからこそ，多様なアクターの対立を超えた合意形成が可能になり，削減ではなく発展への道をたどることができたのであった。こうしたフランス家族政策の政治過程は日本が家族政策によって福祉国家の再編を進めていくうえで多くの示唆を与える。日本の現状があるからこそ，フランス家族政策が「自由選択」を求めた道筋をみていく必要がある。では，具体的に「自由選択」とは何を指すのであろうか。それについては次章で詳しく述べていきたい。

註

（1）ベヴァリッジ・プランでは，児童手当の支給も主婦が疾病や失業に際して独身女性と同じ補償的給付を必要としないことを根拠としている（ベヴァリッジ1969：73-74）。そこでは，夫と生計を共にする既婚女性と単身女性の条件が2点で異なっているとする。第1に，出産による所得の中断であり，国家的な利益から出産による所得の中断はできるだけ補償することが重要であるとする。第2に，就業による収入がもつ意味の違いである。子どもがいない場合の主婦の稼ぎは最低生活を維持するためではなく，最低生活以上の生活水準を享受するためのもの

とした。そして，子どもがいるほとんどの家族であっても，ベヴァリッジ・プランで提案される児童手当の実施で最低生活以上の生活水準を享受できるとした。具体的な児童手当の提案は，両親が就業しているときには第１子を除くすべての子どもに対して国庫負担による児童手当を実施すべきだとし，両親が就業していないときには第１子も加えて児童手当を実施すべきだとした（ベヴァリッジ 1969：237-244）。また，その際には，児童の年齢に応じて支給額に差をつけるべきであるとした。

　なお，ベヴァリッジは児童手当を社会保障の基礎をなす３つの前提のひとつとして挙げた。児童手当は，賃金体系が家族の大きさにもとづくものではないため，ナショナル・ミニマムをあらゆる大きさの家族に賃金体系から確保することが不可能であることや，出生率の回復と児童保護の見地から必要であるとした。

（２）モレルらの整理は，宮本太郎が1970年代までを中心とした福祉国家形成の政治と，1980年代を中心とする福祉国家削減の政治，1990年代後半から現れる福祉国家再編の政治を区別したこととも類似する（宮本 2012：2-7）。福祉国家形成の政治においては福祉国家が段階的に発展し，社会保障の適用範囲が拡大していく。この時期には政治勢力による権力資源動員が各国の福祉国家の特徴を形づくるうえで重要な役割を担った（Korpi 1985；O'Connor and Olsen 1998）。その後，石油危機を契機として低成長が続くようになると，社会保障費の増大に対して新自由主義の立場から福祉国家を削減しようとする動きが出てくることになった。しかし，福祉国家形成期に設計された制度の抵抗力から福祉国家の経路依存性を強調する時代が福祉国家削減の政治であった（Pierson 1994, 1996）。1990年代後半から顕著になるのは，福祉国家の経路依存性ではなくそこから離れる改革の動きである。その際，理論的にはアイディアや言説，制度変化の議論を用いることになる（Cf. Schmidt 2002；Streeck and Thelen 2005）。こうした福祉国家再編の政治は，仕事と家庭の調和や若年層と失業者を対象とする職業訓練によって労働市場への参加を促す支援を展開する。

（３）広井良典は，人生前半の社会保障によって若年層への社会保障を手厚くした結果，真の意味での機会の平等が実現し，個人にとって将来の選択肢の広がりという意味での自由が保障されることを指摘する（広井 2006：21）。これは本書が「自由選択」をキーワードとすることにもつながるだろう。

（４）ここでいうアクティベーションは，ときには制裁も伴う新しい就職先をみつけるためのインセンティブや，職業訓練と雇用創出への投資の促進，雇用への再編入の計画やそのための失業保険受給者との契約などを示す（Clegg 2007：601）。

（５）本書では新川敏光の類型化のなかでも家族政策に関連するジェンダー──福祉ネクサスから析出される４類型について説明する。エスピン＝アンデルセンの３類型を４類型へと捉え直すためには，ジェンダー──福祉ネクサスだけではなく，商品化と脱商品化の関係から類型化を行う労働──福祉ネクサスからの整理も必要である（新川 2014：28-33）。

（６）「個人モデル」に関しては第２章を参照（Sainsbury 1994）。

（７）その際，小沢が各地での体験として「やはり，女性は子どもだね。若い人は自分の子ども，高齢の人は孫の話になると目の色が変わる」といったという。

（８）正式には，「平成22年度等における子ども手当の支給に関する法律」である。

（９）『読売新聞』2011年４月13日。

（10）子ども・子育て支援新制度に関しては，以下のウェブサイト（http://www8.cao.go.jp/shoushi/shinseido/outline/index.html#gaiyo 2015年３月25日現在）を参照。

（11）具体的には，乳児家庭全戸訪問，養育支援訪問，地域子育て支援拠点，児童館等である。

（12）子ども・子育て関連３法は，子ども・子育て支援法，就学前の子どもに関する教育，保育等の総合的な提供の推進に関する法律の一部を改正する法律（改正認定こども園法），子ども・子育て支援法及び就学前の子どもに関する教育，保育等の総合的な提供の推進に関する法律の一部を改正する法律の施行に伴う関係法律の整備等に関する法律の３つを指す。

（13）2015年度予算案では子ども・子育て支援新制度に約5,000億円を計上し，事業をほぼ予定通り実施する方針となった（『朝日新聞』2015年１月８日）。

（14）『朝日新聞』2013年５月22日。

（15）『朝日新聞』2013年４月19日。

（16）OECD Social Expenditure Database.

（17）こうした私的なサービス給付の拡大によってマンションの一室でベビーシッターが預かった子どもの遺体を遺棄したという事件も起きている（『朝日新聞』2014年３月18日）。

第1章
「自由選択」は何をもたらすのか
―― 対立を超えた福祉政治の可能性 ――

保育所での保育の様子
(2015年8月28日, *Le Monde*, PHILIPPE DESMAZES/AFP) (http://www.lemonde. fr/argent/article/2015/08/28/faire-garder-son-enfant-en-bas-age-coute-plus-de-400 -euros-par-mois-avant-les-aides_4739001_1657007.html)

序章ではなぜ家族政策を取り上げる必要があるのかを説明した。次に，フランスを取り上げる理由を説明する。本章では，フランス家族政策の現状を説明する「自由選択」という言葉に着目し，それに多様な価値観を認める福祉国家への合意を促す新しい可能性があることを指摘する。その可能性は，「自由選択」が家族政策の対立を超えた政治的，政策的な一致点となり，多様なアクターが家族政策の再編に合意したことにある。また，「自由選択」の多様な施策によるライフスタイル選択への対応が，保守主義レジームのなかで手厚い家族政策を提供するというフランス家族政策の比較福祉国家研究上の位置づけを説明する可能性もある。ここでは，本書のキーワードである「自由選択」を説明し，フランスでの役割から「自由選択」の可能性を示してみたい。

　以下，第1節では本書で取り扱う「自由選択」とはいかなるものであるかを説明する。第2節では「自由選択」を用いて説明することがフランスだけではなく各国の家族政策や福祉国家研究にも参照可能な示唆を与える可能性として，家族政策に関連する対立を乗り越える可能性と家族政策の類型化困難な多様な施策を映し出す可能性を指摘する。第3節ではフランス家族政策の現状から「自由選択」の配置を具体的にみていく。第4節では本章の議論をまとめ，合意可能な一致点としての「自由選択」の役割を考える。

1　「自由選択」とは何か

　序章でも述べたように，家族政策や高齢者ケア政策から大陸ヨーロッパの改革をみた場合，補完性原理が次第に弱まり，「自由選択」を促進するようになったといえよう。それでは，「自由選択」とはどのようなものであろうか。

　モレルはフランスの事例から「自由選択」を説明し，親自身で子どもを保育するかどうかを選択する自由および様々な保育方法を選択する自由とした

(Morel 2007：624)。これは第3節で述べるフランス家族政策の具体的な施策のなかで，「就業自由選択補足手当」と「保育方法自由選択補足手当」という実際の施策の名称から「自由選択」の説明を導いたものだといえる。就業自由選択補足手当は育児休業給付として子どもを家族で保育する場合に支給する手当であり，保育方法自由選択補足手当は親が認定保育ママや在宅保育者を雇用して働きながら子育てを行う際に支給する手当である。

　このように実際に存在する施策から「自由選択」を説明するならば，「自由選択」は単に政府が選択の自由を個人に委ねるのではなく，政府が自由な選択を可能にするための具体的な条件整備を行うことになる。神尾真知子は，2003年以降の家族政策について，子育て支援の選択肢を多くすることで「選択の自由」を確保していると指摘する（神尾 2007：67-69）。また，選択の自由の確保には選択に伴う経済的支出を補填する家族給付や税制の優遇措置を設けていることも指摘する。このように，「自由選択」からフランス家族政策をみていくと，子どもを保育する際の選択肢の多さと，それを自由に選択できるための経済的な保障の両面が「自由選択」の条件になる。

　「自由選択」は主にフランス家族政策を説明するものとして用いられる。しかし，「自由選択」はフランス以外にも使われてきた。たとえば，就労と休暇を柔軟に組み合わせる改革を行うことで人々の自由な選択から多様なライフサイクルを実現させる社会を目指し，こうした社会を「自由選択社会」と呼んだのは，スウェーデンで抑制的財政政策や連帯的賃金政策，積極的労働市場政策を組み合わせ福祉国家の経済基盤を形成したレーン・メイドナー・モデルで著名なレーンであった（宮本 2005b）[1]。宮本太郎によれば，スウェーデンの社会保障改革は「自由選択社会」の構想が依然として未完のプロジェクトであり続けているとしても，レーンの「自由選択社会」の要素がスウェーデンのなかで確実に拡大しているという。

また，序章で述べたようにモレルは大陸ヨーロッパでの女性就労と「自由選択」の関係にある問題を指摘する（Morel 2007：620）。「自由選択」の促進は労働市場へのアクセスにおいて社会階層化を強めると同時に，労働市場の硬直性を弱めるものである。すなわち，「自由選択」によって働きながら子育てできる環境を整備し，様々な状況で労働市場に参加する機会は増大する一方で，労働市場での所得によっては家族政策に依存して労働市場から退出しなければならず，家族政策を利用しながら労働市場に残る者は高所得者に限られる可能性がある。

こうした労働市場の柔軟化から「自由選択」を利用することは北欧でも観察可能である。スウェーデンやノルウェーの1990年代以降の子育て支援は新自由主義への傾向を示す差異や個人化，「自由選択」の増大から特徴づけることができ，個人の「自由選択」の考えは，特にレトリックの面で，子育て支援改革の鍵となる価値として影響力をもつと指摘される（Korsvold 2012：31-32）。

このように「自由選択」は多様な施策を展開して選択肢を増やすための手段となる一方で，労働市場の柔軟化の手段ともなりうるため，その作用と反作用には注意する必要がある。しかし，家族政策を推進するにあたって大陸ヨーロッパを中心に「自由選択」を利用していることは事実であるため，なぜ労働市場の柔軟化をも含む多様な施策を展開するのかに関してその手法や政治過程を分析する価値はある。

モレルや神尾の説明を敷衍し，本書では「自由選択」を，子育てをするために家族内に留まるか労働市場に参加するかの選択は個人の判断に委ね，政府はどちらの選択にも不都合にならない多様な施策の提供を目指す全体的な方針として説明する。これは家族が子育てを行う自由を保障すると同時に，多様な保育方法の選択も保障する家族政策の体系として説明できる。実際のフランス家族政策の展開をみていくと，ときには「自由選択」が仕事と家庭の調和のみに

偏って言及される場合もあるが，全体的な施策の配置を考えれば多様なライフスタイル選択を保障した状態にあるといえる。「自由選択」は私的領域での自由の保障と，政府による選択の提供および経済的な支援から成り立つ。女性の労働市場参加に関しては，それを奨励するものの，女性がどのように就労するのか，あるいはそもそも就労するのかは拘束しないことになる。家族のライフスタイル選択に合わせて，フルタイムもパートタイムも一時的な労働市場からの退出も選べるような支援を政府は目指し続ける。

2　「自由選択」と福祉国家の再編

「自由選択」が近年になってフランス家族政策を象徴する方針として登場していることを説明した。それでは「自由選択」は福祉国家研究や家族政策改革に対してどのような貢献が可能なのだろうか。以下では，「自由選択」が家族政策の対立を乗り越える可能性があることと，「自由選択」が類型化困難な多様な施策を映し出す可能性があることの2点を説明したい。

家族政策の対立を乗り越える「自由選択」

これまで述べたように，「自由選択」は個人が自由に選択するための環境整備を選択肢の増加と経済的支援の両面から行う。したがって，「自由選択」を推進することは，単に政府が画一的な対応を取るのではなく，人々が抱える子育ての問題に多様な施策で対応することになる。

政府が自由に選択できる環境を経済的に支援しないか画一的に支援した場合，「中立」という言葉を用いたほうが「自由選択」よりも適切だろう。1999年に成立した男女共同参画社会基本法では，第4条で「社会における制度又は慣行が男女の社会における活動の選択に対して及ぼす影響をできる限り中立なもの

とするよう配慮されなければならない」としている。ここでいう中立は，男女が社会における活動の選択をする際にある方向に誘導することや，ある選択をしにくくしないことを指す（内閣府男女共同参画局編 2004：100）。

　日本で問題となるのは，中立の確保である。たとえば，安倍政権では2014年３月から配偶者控除を見直す検討に入っている。これは安倍政権が女性の活用を成長戦略のひとつの柱として捉え，働き方の選択に対して中立的な税制を目指すものである。しかし，配偶者控除の見直しは専業主婦がいる世帯への重い税負担や子育て世帯への経済的影響から慎重な意見もある。政府税制調査会では廃止や所得制限，配偶者ではなく夫婦に控除枠を設ける夫婦控除の導入など様々な見直し案が出されており，配偶者控除の引き上げを議論する状況にある[2]。配偶者控除の議論は，中立を確保するために既存の制度の廃止を含めた見直しであるため対立を引き起こす。一方，フランス家族政策の議論は，他のライフスタイルを選択しても不利にならない多様な支援によって自由を保障しようと取り組んでいる。こうしたフランスとの比較からみえる日本での「自由選択」の適用可能性は，福祉国家や社会保障が，基準の引き下げや画一的な対応を行う中立の確保によってではなく，多様性を認める自由の確保によって選択を支援することにある。

　また，自由を確保するための多様な現金給付とサービス給付の整備は，すべての施策がジェンダー平等や仕事と家庭の調和を推進するものではなく，専業主婦のいる家族を含めた支援を行う可能性も残す。

　たとえば，ドイツでは2013年８月から保育手当を導入した。これは３歳未満の子どもを在宅で保育する場合に子どもひとりにつき毎月100ユーロを支給する現金給付であり，2014年８月からは毎月150ユーロに増額した。保育手当は，ドイツの児童助成法が2013年８月以降３歳未満の子どもをもつ親に子どもを保育施設に入れるための請求権を認めることに対して，親が在宅で保育する場合

の現金給付も行うべきとするキリスト教社会同盟の要求を受け入れたもので
あった（近藤 2014：243）。最終的には首相のメルケルも基本的には保育手当を
支持していたために成立するが，与党内には保育手当を必要ないとする主張も
あった。こうした与党内の対立の妥協点として出された案は保育施設に入れな
い3歳未満の子どもをもちながらパートタイムで働く親に対して1年間の保育
手当を支給することであった。これに対してより寛大な現金給付を主張するキ
リスト教社会同盟は，子どもを保育施設に預けるか現金給付を受けるかという
「選択の自由」を確保する必要があることを根拠にして反対した。ドイツの事
例では，労働市場から退出することも「自由選択」なのである。

　このように「自由選択」は女性の労働市場参加を支援するだけではなく，女
性の労働市場からの退出を促進する可能性もある。しかし，伝統的な家族像を
求める声が未だに残っており，家族政策を幅広い合意のもとで発展させていく
ためにはこの施策も無視できないだろう[3]。こうした多様な価値観による対
立を乗り越えて家族政策を進展させる方策として「自由選択」が挙げられる。
すなわち，専業主婦も含めたあらゆる形態の家族を支援する家族政策の全体的
な方針を「自由選択」として設定することで，仕事と家庭の調和のための支援
への抵抗を減らした合意を実現する。実際，第4章で確認できるように，フラ
ンスでは第3子以上の多子家族向けの支援を家族補足手当として残し，手厚い
経済的支援によって労働市場から退出させる可能性を高める手当を提供する一
方で，育児休業給付や認定保育ママを雇用した際の手当などを用意する「自由
選択」を右派左派だけでなく労働組合や家族団体なども認める状況に至った。
ここに政治的な対立を乗り越えて家族政策を継続的に発展，再編させていく可
能性としての「自由選択」がみえてくるのである。

　家族政策には多種多様な役割や機能があり，施策によっては厳密に家族主義
の施策かジェンダー平等の施策かを判断することが難しい。たとえば，家族政

策の言説的規範的役割として家族機能を維持保全する役割が期待されているだろう。ただし，この役割は「男性稼ぎ手モデル」の維持に寄与してきた専業主婦の役割を強調し「伝統的家族」の機能を維持保全する主張として考えられるだけではなく，ひとり親世帯や単身世帯などの家族形態の多様化に対して，この多様性を保障することで人々の緩やかな連帯を家族の機能として改めて定義して維持保全する主張としても考えることができる。

　より具体的な施策を考えると，家族手当などの現金給付にはそれぞれの家族の家計を補助する役割がある。ただし，家計補助であっても，それが家族全体への生活費として補助されるのか，子どもへの教育費として充当されるのかといった支給対象によって家族政策の目的は変わってくるだろう。たとえば，イギリスで2005年にブレア労働党政権下で導入されたチャイルド・トラスト・ファンド（Child Trust Fund, CTF）は，子どもの誕生時と7歳時に250ポンドのクーポンを支給し，そのクーポンを利用して子どものために個人貯蓄口座を開設する制度である。CTF の特徴は，子どもが18歳になるまで口座内の現金の引き出しができないことや，親などがこの口座に貯蓄するとその貯蓄が非課税になることであり，これによって子どもが成人するまでの間の資産形成を支援する制度であった。子どもが18歳になるまで引き出すことができない CTF は家族全体への現金給付ではなく子どもへの直接の現金給付として位置づけることができるため，子育て期間中に家族に支給する家族手当とは性格が異なってくる。なお，2010年からの保守党政権下では，CTF は財政上の理由から廃止され，2011年11月から政府のクーポンがないジュニア個人貯蓄口座（Junior Individual Savings Accounts）を実施している[4]。

　現金給付による家計の補助は低所得の家族の経済的基盤を強化することも考えられる。この現金給付を低所得者層が多いひとり親世帯を中心に支給すれば，家族政策の役割が貧困対策による社会的包摂機能も備えることになる。さらに，

家族政策の役割には保育所や育児休業給付の充実による仕事と家庭の調和の実現があり，労働市場に参加する女性が出産や育児によって生じる労働市場での不利な状況を軽減することにつながる。こうした家計補助や社会的包摂，家族機能の維持保全などの役割があるだけでなく，パターナリズムや労働者保護，出産奨励などの役割も挙げることができる。

　以上のように家族政策の役割を並べると，多種多様な役割が期待されているとわかる。通常，これらの役割のすべてを網羅して家族政策を説明することはなく，多様な役割のなかでも，少子化対策に着目して家族政策を論じるもの（江口 2011）や，仕事と家庭の調和の役割から家族政策を論じるもの（樋口・府川編 2011）など，ひとつの役割から論じるものが多い。しかし，これらの家族政策の役割はそれぞれが対抗的な関係にあるのではなく，ある施策のなかに複合的に存在し，相補的な関係のなかで政策形成が行われると考えることができる。したがって，こうした多様な役割をもっていること自体は否定されるものではなく，複数の役割の相補性に着目しながら議論を進めることが重要である。多様な施策を展開する「自由選択」は，家族主義的な施策を展開する可能性をはらみながらも，対立を乗り越えて相補性を重視した家族政策の継続的な発展を説明するものとして考えることができる。そこで第2章では，福祉国家再編期の政治から，主に子どもへの社会的投資を念頭におく子ども支援と，主に女性への労働市場参加や社会的投資を支援する両立支援という2つの機能を析出し，これらの相補性を取り入れた理論枠組みを設定する。

類型化が困難なフランスを映し出す「自由選択」

　以上のように多種多様な施策を展開する「自由選択」の家族政策はこれまでの福祉国家類型論が取り残してきた課題にも応える可能性がある。

　フランスは保守主義レジームに属する国として位置づけられるものの，保守

主義レジームの代表例はドイツであり，フランスは典型的な保守主義レジームの事例として扱われない余地を残している。もちろんフランスも他の先進国と同様に戦後福祉国家を発展させてきたが，フランス国内の福祉国家をめぐる議論を中心に，近年になって保守主義レジームと自由主義レジームの間にある固有の特徴を有する福祉国家としてフランスを位置づける研究が存在する[5]。

　パリエは，1988年の参入最低所得（RMI）や1990年の一般社会拠出金（CSG）の導入，1995年のジュペ・プランによる社会保障改革を取り上げ，最低所得保障の実施や税金の投入，国家の自律性の強調といった新しい論理がフランス福祉国家に導入されたと指摘する（Palier 2000）。また，パリエはこうした1990年代までの改革の展開を，社会保険による「職域連帯」と税金ですべての国民を対象とする「国民連帯」の共存であり，ビスマルク型を通じたベヴァリッジ型の社会保障であるとする。そのうえで，2000年代半ばの改革からフランス福祉国家が徐々に競争を導入しており，アクティベーション[6]によってエンプロイアビリティ（雇用可能性）を高める社会保障の転換や，民間企業の雇用供給を支援する社会保険料負担の減少，社会保障での市場の拡大といったサプライサイドに焦点を当てているとする（Palier 2010b：96-99）。

　また，パリエとボノーリは，フランス福祉国家を，所得比例型の給付や労使による社会保険料の拠出，労使による社会保障財政の管理運営からドイツのビスマルク型といえる一方で，すべての国民を対象とする最貧困層への支援や1970年代半ばからの家族給付の拡大と疾病保険の一般化という普遍主義的給付がイギリスのベヴァリッジ型であるとして，フランスを中間的な位置にあるとした（Palier and Bonoli 1995：672-674）。

　家族と福祉国家の関係でも保守主義レジームとして扱うことには困難が生じる。バルビエとテレは，戦前の出産奨励主義的な家族手当からフランスがドイツと同じ保守主義レジームに属する一方で，1970年代後半の早い時期から仕事

と家庭の調和を支援するためスウェーデンにも近いことを指摘する。ここから
フランスは固有の特性とドイツとスウェーデンの特性をもつハイブリッドなシ
ステムであり，リスクに応じて様々な方向へ進化できるシステムであるとする
（バルビエ・テレ　2006：32-36）。

　エスピン＝アンデルセンは，脱商品化と階層化のほかに脱家族化を指標とし
て加えても保守主義レジームに変更は生じないとしたが，その際，検討の重心
はイタリアやスペインといった南欧諸国にあった。エスピン＝アンデルセンは
南欧諸国を保守主義レジームとは異なるレジーム[7]として位置づけることに
反対するなかで，「家族と福祉国家の結びつきを問題にする限り，フランスや
ベルギーをそれ以外の国から分離する提案のほうが理にかなっている」（エス
ピン＝アンデルセン　2000：102）と述べる[8]。

　エスピン＝アンデルセンがフランスやベルギーを分離する提案の論拠として
取り上げたメイヤーズらの議論を確認してみよう。メイヤーズらは，14か国を
対象に1980年代の公的な子育て支援策を比較し，フランスとベルギーは仕事と
家庭の調和を目指す施策が発達していると指摘する。フランスでは，スウェー
デンやフィンランド，ベルギーと同じ程度に3歳未満の子どもへの公的支出を
行っている。また，3歳から6歳未満の公的な子育て支援や就学前教育はデン
マークやベルギー，イタリアと並んで85％以上の子どもに対して展開している
ことを示した。結論として，北欧諸国とフランス，ベルギーを第1のグループ
として分類し，子どもをもつ女性の仕事と家庭の調和を支援する広範な施策を
提供しているとした（Meyers et al. 1999：136-137）。フランスとベルギーのこう
した特徴に対して，エスピン＝アンデルセンは明確な批判をしないまま保守主
義レジームに組み込んでいる[9]。

　メイヤーズらは1980年代のデータをもとに分析しているため，改めて近年の
OECDデータをもとにフランスの家族関連社会支出の大きさを確認する（図1

第1章 「自由選択」は何をもたらすのか

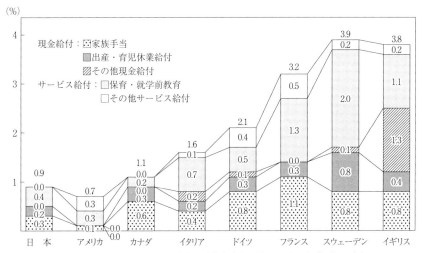

図1-1 主要先進国における家族関連社会支出の対GDP比の比較（2009年）
出典：OECD Social Expenditure Database より筆者作成。

-1）。各国の社会保障支出に占める家族関連社会支出の対GDPの割合をみたところ，フランスはドイツやイタリアの保守主義レジームと比べても家族関連社会支出の対GDP比が高く，スウェーデンやイギリスに次ぐ位置にあることがわかる。また，家族関連社会支出の現金給付とサービス給付の構成比をみると，フランスは現金給付のなかでも家族手当が手厚く，スウェーデンと比べると出産・育児休業給付に対する支出が家族政策全体のなかで少ない。

以上のようにフランスの家族政策の特徴を取り出すと，他の保守主義レジームと比べても家族関連社会支出の大きさが指摘できるうえ，現金給付のなかでも家族手当に多くの支出を割いていることがわかる。

一方で，税制を加えた家族関連社会支出のそれぞれの構成比をみると，北欧やイギリスに比べて家族への税制優遇に支出しており，ドイツやベルギーも同様の傾向がいえる。このことから保守主義レジームとしての性格をもち続けていることも指摘できよう（図1-2）。

43

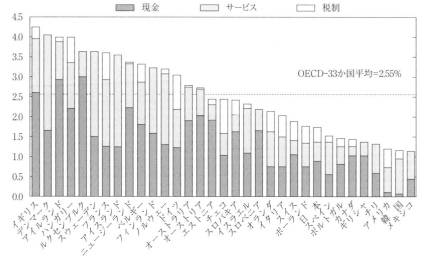

図1-2 現金給付，サービス給付，税制措置での家族関連社会支出の対 GDP 比（2011年）
出典：OECD Family Database 2014.

　フェラリーニによる家族政策の国際比較では，各国の家族政策は母親向けの出産休暇や現金給付に始まり，1970年代後半から女性の労働市場参加にあわせて育児休業給付や両親向けの出産休暇を保障するようになった（Ferrarini 2006：35-53）。また，サービス給付は幼稚園の整備から始まり，1970年代後半以降は０歳から３歳向けの保育所整備を含めた子育て支援の進展がみられた（Morgan 2006）。

　コルピらは家族政策を３つの次元から整理し，各国の家族政策を類型化した（Korpi et al. 2013）。第１に伝統的家族次元（traditional-family dimension）であり，①税制や現金による０歳から３歳向けの給付，②３歳から６歳向けのパートタイムでの公的なサービス給付，③就学前の子どもへの在宅保育用給付，④専業主婦をもつ世帯主向けの税制を通じた結婚用の補助を指標として用いる。第２に共稼ぎ次元（dual-earner dimension）であり，①０歳から２歳向けの公的子育

第1章 「自由選択」は何をもたらすのか

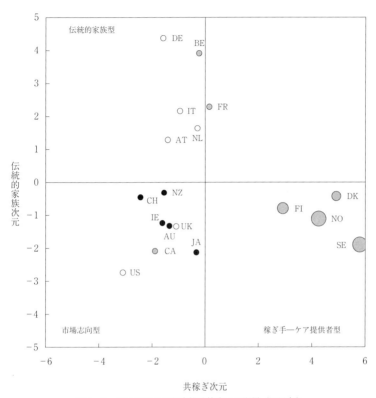

図1-3 18か国の3つの家族政策次元の配置（2000年）
出典：Korpi et al. 2013：11.

て支援，②3歳以上向けのフルタイムでの公的サービス給付，③従前所得に応じた育児休業給付の3つを指標として用いる。第3に自分の乳幼児の面倒をみようとする父親を支援するための施策に関連した2人ケア提供者次元（dual-carer dimension）であり，①両親が取得可能な有給休業の週数，②父親のための有給休業の週数の2つの指標から説明する。

図1-3は縦軸を伝統的家族次元，横軸を共稼ぎ次元として各国を配置している。また，2人ケア提供者次元は配置された灰色の円の大きさで示されている。こうした家族政策の配置の結果は，第2章で述べる2000年に発表したコル

45

ピの論文の整理に沿っており（Korpi 2000），アメリカやイギリスなどのアング
ロサクソンを中心とした市場志向型と，フランスやドイツなど大陸ヨーロッパ
からなる伝統的家族型，スウェーデンやノルウェーなどの北欧からなる両親が
ともに労働市場での稼ぎ手でありケアの提供者となる稼ぎ手—ケア提供者型の
3つに類型化できるとする。また，コルピらは，2人ケア提供者次元での支援
は共稼ぎ次元での支援を切り開いてきた国々で最初に出現し，フランスやベル
ギー，カナダには2人ケア提供者次元の支援が散在しているとして，共稼ぎと
2人ケア提供者は明確な相関関係にあると説明する（Korpi et al. 2013：12）。

　以上のコルピらの説明は，これまでの説明と同様にフランスの位置づけについ
いて曖昧な点を残している。それは，フランスが大陸ヨーロッパのなかに含ま
れる伝統的家族型でありながらも，ベルギーとともに2人ケア提供者次元への
支援が他の大陸ヨーロッパよりも手厚いことである。モーガンによれば，2000
年代のアクティベーションやジェンダー平等，ケアの質から仕事と家庭の調和
支援策をみた場合，フランスはノルウェーやスウェーデンとともに「パイオニ
ア」として位置づけられる（Morgan 2012）。フランスは女性の雇用に対する支
援が十分ではないものの，ドイツやオランダ，イギリスよりは進んでいる。大
陸ヨーロッパのなかでも「パイオニア」であるフランスをいかに説明するのか
が課題となる。

　様々な類型化が試みられているものの，フランスの家族政策を明確に位置づ
けることには困難が伴う。本書ではこうしたフランスの独自の位置づけについ
て既存の政策での発展を「自由選択」の明確化によって実現してきた家族政策
の政治過程から説明する。フランス家族政策は，施策を統合するアイディアや
削減の政治など様々な対立があるなかで既存の施策による発展と再編を選択し，
仕事と家庭の調和を実現するために手厚い支援を行いながらも労働市場からの
退出をもたらしうる施策も提供している。「自由選択」の明確化を伴って既存

第1章 「自由選択」は何をもたらすのか

の施策で発展してきたフランスの家族政策は，結果的に手厚い家族関連社会支出がありながらも北欧のようなジェンダー平等への強い関心をもたない施策の配置となった。この施策の配置が「パイオニア」であっても伝統的家族型に置かれるフランスの類型化が難しい位置取りを示す可能性をもたせている。

　ここまで「自由選択」とその可能性を説明してきた。それでは，現在のフランス家族政策はいかにして「自由選択」を実現しようと施策を展開しているのだろうか。以下ではフランスの現金給付とサービス給付の現状を確認する。

3　フランス家族政策の「自由選択」

多様な現金給付

　現在，フランスで家族に関連する現金給付を支給する全国家族手当金庫（CNAF）には18種類の現金給付が存在している（巻末資料）。このうち，住宅関連給付と連帯・参加（insertion）関連給付がそれぞれ5種類あるため，実際には8種類が子ども・家族関連給付となる（表1-1）[10]。子ども・家族関連給付は，アステリスクがついている乳幼児受け入れ給付として第1子を中心に支給する5種類のほかに，新学期手当や第2子から支給する家族手当，第3子から家族手当に加算する家族補足手当がある（神尾 2007；福島 2015：28-33）[11]。このうち，代表的な現金給付は家族手当である。家族手当は第2子以降の子どもがいる家族に毎月支給するものであり，子どもが20歳未満であれば所得制限なしに支給される。第2子以降子どもが増え続ければ子どもの数に応じて支給する。第3子以降になれば所得制限つきで家族補足手当も支給されることになる。これに加えて新学期時に学校で必要なものを購入する費用を補填する新学期手当もある。

　フランスはこれらの現金給付を早期に整備しており，第1子への現金給付は

47

表1-1　主な現金給付の簡略的な概要（2014年）

名　称	支給条件	支給額
＊出産手当金・養子手当金	妊娠7か月	923.08ユーロ（一時金）
＊基礎手当	3歳未満の子どもがいる家族	184.62ユーロか92.31ユーロ
＊保育方法自由選択補足手当 （所得制限なし）	6歳未満の子どもがいる家族 認定保育ママや在宅保育者など による保育	174.37〜460.93ユーロ（0〜3歳） 87.19〜230.47ユーロ（3〜6歳）
＊就業自由選択補足手当 （所得制限なし）	3歳未満の子どもがいる家族 就労の中断かパートタイム就労	390.52ユーロ（満額支給） 252.46ユーロ（労働期間の50％未満就労） 145.63ユーロ（労働期間の50〜80％就労）
＊就業自由選択オプション 補足手当（所得制限なし）	第3子以降の子どもがいる家族 就労の中断	638.33ユーロ
新学期手当	6〜18歳の学生がいる家族	362.63〜395.90ユーロ（8月に一時金）
家族手当 （所得制限なし）	第2子以降の子どもがいる家族 20歳未満の子どもがいる家族	129.35ユーロ（子ども2人） 295.05ユーロ（子ども3人） 以降，子ども1人につき＋165.72ユーロ
家族補足手当	第3子以降の子どもがいる家族 3歳〜21歳の子どもがいる家族	185.20ユーロか168.35ユーロ

注：上位5つの＊のついた手当が2004年に再編された乳幼児受け入れ給付（PAJE）。2015年から就業自由
　　選択補足手当は子ども教育共有給付に改正。
出典：家族手当金庫ウェブサイト（http://www.caf.fr 2014年12月27日現在）より筆者作成。

比較的新しい。第1子への現金給付には出産した際や養子を受け入れた際に支給する出産手当金・養子手当金や，所得制限つきで3歳未満の子どもがいる家族に支給する基礎手当がある。また，「自由選択」の名称を用いる現金給付は「保育方法自由選択補足手当」と「就業自由選択補足手当」，「就業自由選択オプション補足手当」である。保育方法自由選択補足手当は認定保育ママや在宅保育者[12]など多様な保育方法を自由に選択できるよう経済的な支援を行う手当である。就業自由選択補足手当は育児休業給付に相当するものであり，過去の就業を前提として第1子であれば6か月間，第2子以降であれば3年間，親が子どもを保育する自由を経済的に支援する手当である。就業自由選択オプション補足手当は第3子以降の多子家族に向けて手厚い経済的な支援を行う育

児休業給付に付加される手当である。このように「自由選択」の名称を用いて保育方法の選択や就労を中断する選択，多子家族の経済的な支援など多様な施策を用意している。

第1子向けの現金給付に関しては，2004年から乳幼児受け入れ給付（prestation d'accueil du jeune enfant, PAJE）を新たに導入し，主に3歳未満を対象とした家族政策を再編した。PAJE導入に向けて議論を行った2002年の作業部会は乳幼児受け入れ給付の目的を3点提示した（Hermange et al. 2003b：165）。第1に，既存の給付を整理することで多様な施策からなる家族政策の簡素化を図ることであった。第2に，就業の自由選択を保障することであり，労働への阻害要因を取り除くとしても，働くか働かないかの選択を親に認める給付の提供であった。第3に，保育方法の自由選択の保障であり，親の要望に沿った保育方法を支援する給付の提供であった。こうしたPAJEの目的からは「自由選択」の保障に向けた家族政策の提供や再編を読み取ることができる。

作業部会の最終的に合意可能な結論は，乳幼児受け入れ方法の改善，基礎的給付と補足的給付の2つの手段の用意，出生に関する公平で統合された給付の再編の3点であった（Hermange et al. 2003b：256）。これらの結論は，「自由選択」を実現するために，公平な給付の再編と基礎的給付・補足的給付から成り立つ多様な給付の提供を求める。ここでいう基礎的給付は家族が子どもを保育する事実に着目して支給するものである。ただし，基礎的給付であっても所得制限を課しているものもあり，収入によって普遍主義的な給付を実現するのではなく，子どもをもつ性格から普遍主義的な給付を実現している。補足的給付は，子どもが単にいるだけではなく，多子や就業の有無などのほかの条件によっては支給されない場合のある給付である。「自由選択」を名称として用いる手当はすべて「補足手当」であり，家族手当などの基礎的給付とは別に，多様な家族のニーズに沿った手当を支給する役割がみえてくる。基礎的給付と補

足的給付の違いはほかの給付との併給条件から説明可能であり，基礎的給付それぞれは併給可能であり補足的給付を付加できる一方で，補足的給付はそれぞれの給付の併給に制限がある[13]。

　以上のPAJEの概要やそれをめぐる議論からは，フランス家族政策の現状が基礎的給付と補足的給付からなっており，家族政策全体で多様なライフスタイルに対応した「自由選択」を保障していることがわかる。これらの現金給付は所得制限や併給などの条件がそれぞれ異なっており，家族政策全体の特徴を捉えるためにはどのように配置して説明するのかが重要である。より詳細なフランス家族政策の構造は次章の理論枠組みの提示を経た第3章と第5章で説明したい（図3-1，図5-1）。

　なお，2014年の後半からはここまで説明した現金給付に変化があり，「就業自由選択補足手当」が「子ども教育共有給付」(prestation partagée d'éducation de l'enfant) に取って代わることになった。2014年8月4日法は男女間の真の平等を実現するために様々な措置を講じた。そのなかで創設されたのが「子ども教育共有給付」であった。それまでの「就業自由選択補足手当」は男性の育児休業取得に対する支援を行っていなかった。これを解消するため，子どもがひとりで両親がいる場合に子どもが1歳になるまでにそれぞれの親に6か月ずつ給付期間を設けることにした[14]。以前は第1子が生まれると最長6か月の支給期間であったため，もう片方の親が育児休業を取得すれば家族全体で1年間の給付を受けられることになった。また，第2子の場合は，子どもが3歳になるまでにそれぞれの親が最長24か月ずつの支給期間を得ることになった。以前の支給期間は片方の親に最長で3年間であったため，片方の親の支給期間を1年間短縮するとともにもう片方の親の育児休業取得によって3年間の育児休業を確保した[15]。第3子以降の場合は，子どもが6歳になるまで最長48か月ずつの支給期間を得る。

第**1**章 「自由選択」は何をもたらすのか

2014年8月4日法で，同年10月1日以降に生まれた子どもはこの現金給付が支給されるようになり，それまで3つあった「自由選択」を名称に含む施策のひとつを再編することになった。こうした改革は「自由選択」の家族政策の変化を示すものかもしれない。それでも，2004年から2014年に至るまで目立つ改革のないまま家族政策の構造を維持してきた。第3章と第4章でみるように，フランス家族政策が10年にわたって安定した時期は珍しい。この安定に至るまでの政治過程を「自由選択」から説明することに意義はあるだろう。

また，2014年12月22日法（2015年度社会保障財政法）では，2015年7月1日から家族手当に所得要件を追加した。この改革と「自由選択」との関係については第6章でふれたい。

第3章と第4章でみるように，フランスでは1939年に既にすべての就業者を対象とした家族手当を整備していた。保守主義レジームの特徴である職域による給付とは異なり，家族政策では戦前から普遍主義的な現金給付を達成していた。また，職域ごとの金庫が中心となって給付される医療や年金とは別に，家族政策は職域によらない金庫を戦前から整備し，その結果，戦後の社会保障金庫の統一の動きに反して分離された。このため，家族手当金庫はフランスの普遍主義的な給付を行う金庫となり，住宅手当や最低所得保障などの社会的連帯を支援する給付の窓口としても機能した。その後，普遍主義的な現金給付を維持しながら，1970年代後半から家族補足手当や就業自由選択補足手当，保育方法自由選択補足手当の前身となる補足的給付を整備，創設した。こうした基礎的給付と補足的給付の2階建て構造は，1990年代からの既存の施策の統合や削減といった家族政策の危機も乗り越えて2004年に至るまでに左派の「自由選択」の明確化や右派の「自由選択」の保障を伴って既存の施策での発展に多様なアクターが反対しなくなり，その後の10年間の安定した家族政策へとつながっていった。

51

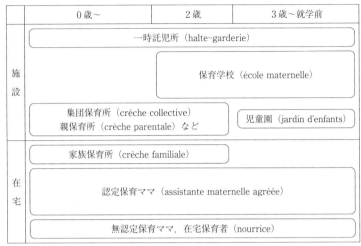

図1-4 フランスの主なサービス給付の体系（年齢別）
出典：内閣府 2005：83より筆者作成。

表1-2 保育学校に属する2歳児と3歳児の比率
(単位：%)

	1985年	1990年	1994年	1995年	1996年
2歳児	31.9	35.2	35.4	35.7	36.1
3歳児	93.3	98.0	99.5	99.7	99.9

出典：Martin et al. 1998：143, Table 5.1.

フランスのサービス給付

現金給付とともにサービス給付は本書で挙げる家族政策を構成する。フランスのサービス給付は，概ね0歳から3歳に提供する保育所と，3歳から6歳に提供する保育学校とに分けることができる（図1-4）。保育学校（école maternelle）はかなり普及しており，1980年代後半から3歳児の90％以上が保育学校で就学前教育を受けている（表1-2）[16]。2010年には，公立の保育学校が1万6,366か所，私立の保育学校が131か所あり[17]，政府がほとんどの就学前教育を提供している。この保育学校は教育制度のひとつとして位置づけられ，所管

は国民教育省[18]となっている。保育学校は無償で提供され，保育時間は8時30分から16時30分までと日本の幼稚園と比べても長時間であるだけではなく，保育学校のなかに託児所を併設するなどの課外の託児を引き受ける場合が多いという（神尾 2007：49）。

保育学校は1970年代には既に一般的に利用可能なものであった（Martin et al. 1998：142）。そのため，1970年代以降は女性の労働市場参加が進むなかで0歳から3歳向けのサービス給付の増大が対処すべき課題となり，保育学校でも2歳児の受け入れが拡大していった。保育学校のほかに，3歳から6歳の子どもを中心とするサービス給付として児童園（jardin d'enfants）がある。児童園は，保育学校に通っていない子どもや保育学校を短い時間しか利用していない子どもに対して保育学校の代替手段を提供している。児童園は母子保健局[19]のサービスに関する意見を受けたのちに県議会議長が開設し，財政的には家族手当金庫が一部を拠出する場合がある[20]。このように管轄や財政の仕組みが異なるものの，2歳児以降を受け入れることや，先生による教育を行うこと，保育学校や集合保育所の実際の時間割に沿った受け入れを行うことから提供されるサービスは保育学校とほとんど変わらないものだといえるだろう[21]。

0歳から3歳の子どもに提供される保育所は，フランスではクレシュ（crèche）と呼ばれる。クレシュという名称が付くサービス給付は，集団保育所（crèche collective），親保育所（crèche parentale），企業内保育所（crèche d'entreprise ou inter-entreprise），家族保育所（crèche familiale）の4つが代表的である。ただし，このうち家族保育所は認定保育ママを雇用するサービス給付であり，前者3つの保育所とは位置づけが異なっている。そのため，家族保育所については第5章で認定保育ママ制度を説明する際にふれることにしたい。

集団保育所と親保育所，企業内保育所はそれぞれの運営主体が異なっており，集団保育所は2010年の段階で66％が自治体（うち56％がコミューン，6％が県），

27％がアソシアシオン，7％がその他の組織によって運営されている（Border-ies 2012：5）。親保育所は親が運営する保育所であり，企業内保育所は企業が保育所を運営する。集団保育所は8時間から12時間の保育を行い，夜間や日祝日は休みである。また，集団保育所や企業内保育所はそれぞれ60人が受け入れの限度になっているが，親保育所は20人になっている[22]。2010年6月7日デクレでは新たにミクロ保育所（micro-crèche）と呼ばれる最大で10人の子どもを受け入れる小規模な施設が開設できるようになった。

このほかにも，集団保育所や親保育所と受け入れ人数を同じくしながら，短時間で一時的に子どもを受け入れる一時託児所（halte-garderie）がある。一時託児所は60％がコミューン，33％がアソシアシオン，3％が家族手当金庫，4％がその他の組織によって運営されている（Borderies 2012：5）。

保育学校を除いたこれらのサービス給付は施設ごとにひとつの役割しか担えない単一受け入れ（mono-accueil）と呼ばれる形で運営されており，それぞれに常時受け入れや一時受け入れ，フルタイムの受け入れ，短時間の受け入れなどの役割が異なる。しかし，近年は多機能受け入れ施設（établissement mul-ti-accueil）と呼ばれる6歳までの子どもに対して，常時，一時やフルタイム，短時間といった多様な受け入れをひとつの場所で行う施設が増加している。多機能受け入れ施設は2005年には集団保育所を抜き，保育学校を除くサービス給付のなかで最も受け入れ数の多い施設となった（Borderies 2012：3-4）。2007年には多機能受け入れ施設の受け入れ数がすべての単一受け入れ施設の受け入れ数の合計を上回るまで普及しており，2010年の推計値ではその数が17万7,984床となっている。単一受け入れ施設は12万5,281床であるため，多機能受け入れ施設の受け入れ数が拡大していることがわかる。

以上のサービス給付の展開からも多様な施策の展開がわかる。本書では第5章で認定保育ママの急増を中心にサービス給付と現金給付との関係を説明する。

第5章の認定保育ママの展開からは保育ニーズに合わせてサービス給付を増加させる手段として現金給付を利用し，1980年代後半からサービス給付とそれを経済的に支援する手当が交わるようになった。

4　合意可能な一致点としての「自由選択」

　序章で述べたように，本書の目的はフランス家族政策がいかにして形成されたのかを説明することである。そこに，これまで述べてきた「自由選択」の視点を加えると，本書の目的は，フランス家族政策がいかにして発展し，最終的に「自由選択」の明確化から多様なアクターが既存の施策による漸進的な変容に反対しなくなった過程を説明することと言い換えることができる。なぜフランスでは家族政策が「自由選択」を保障することになったのだろうか。これが本書で取り上げる具体的な問題となる。

　これまでのフランス家族政策の研究でも「自由選択」をキーワードとして挙げていた（神尾 2007；清水 2007；唐渡 2015：87-92）。しかし，具体的な施策の発展と再編に「自由選択」の価値を見出し，フランス家族政策を象徴するものとして説明する研究はほとんどみられなかった。日本では，社会保障法を中心に家族政策の内容を説明する研究が展開されてきた。1970年代の上村政彦によるフランス社会保障制度の説明や家族手当法の生成と発展を説明する論文が研究の先駆けであった（上村 1972, 1973）。1980年代末と1990年代末にもフランス社会保障の編著や論文で家族給付や児童福祉サービスに章が割かれた（都村 1989；藤井 1989；上村 1999；神尾 1999）。訳書ではバルビエとテレがフランスの家族政策を取り上げている（バルビエ・テレ 2006）。また，日本で子ども手当の導入が議論されて以降，フランス家族政策の発展を概観する著作も公刊された（江口 2011）。当然ながらフランスや海外でも家族政策の発展を論じる著作がで

ている（Lenoir 1991；Ancelin 1997；Steck 2005）。一方で，フランス家族政策の歴史研究は，深澤敦や福島都茂子が戦前の家族政策の展開やヴィシー政府での家族政策の扱いを詳細に検討している（深澤 2008, 2012；福島 2007, 2008, 2015）。また，小島宏による家族政策の雇用政策化を指摘する議論（小島 1998）や財政学の視点からフランス家族政策を説明する宮本悟の一連の論文（宮本悟 1995, 1999, 2000, 2001, 2007, 2008, 2010, 2011）も挙げられる。

　本書では，こうしたフランス家族政策の議論をより深めるために1970年代後半から2004年までに至るフランス家族政策の発展を議事録や政府資料を中心に検証し，多様なアクターが合意可能な「自由選択」が一致点となり既存の施策を利用するようになったことを説明する。

　次章の図 2 - 3 で示すとおり，1977年から1990年に至るまでに現在の原型となる多様な施策が実現してきた。このなかでも「自由選択」を目的として掲げてきたが，1990年からは施策の統合や削減で既存の施策の発展ではない家族政策が展開する可能性をもっていた。その後，統合や削減が利益団体の抵抗によって十分に実現しないなか，既存の施策での発展を誰もが反対しない環境づくりが必要だったといえる。1998年 6 月に「家族政策改革に向けて」と題する報告書が社会党議員であるジロから首相と雇用連帯大臣へ提出された。ジロ報告は，家族手当の所得制限の代替案として所得税における家族係数制度の改革を提案し，家族政策の普遍主義的性格を維持した。こうしてジロ報告は既存の施策を発展させる一方で，「選択の自由」（liberté de choix）の明確化を示した（Gillot 1998：12-13）。第 3 次保革共存内閣の時期にあって社会党の報告書が「自由選択」を示すことで左派が「自由選択」にもとづく既存の施策の再編に反対することはなくなった。その後，2002年に保革共存内閣が解消され右派内閣になってから乳幼児受け入れ給付（PAJE）の改革が始まるが，そのときには「自由選択」を保障する必要性が提案されており，右派も自らが提示して

56

きた統合案ではなく既存の施策での再編に反対しなくなったといえる。その結果，PAJE の再編で「自由選択」を施策の名称として用いるようになった。2004年には多子家族への支援や手厚い育児休業給付で女性が労働市場から退出する可能性を許容し，さらにサービス給付の拡充とそのための現金給付で女性が働きながら子育てできる環境も整備した。1990年から2004年の施策の配置に大きな変化はなかったが，既存の施策の漸進的な変容ではない統合や削減が最終的に「自由選択」の明確化によって実現しなかったことが重要である。「自由選択」は1990年と2004年の施策の配置を大きく変えないために必要な言葉であった。

註

（1）レーン・メイドナー・モデルはレーンの「自由選択社会」の構想と特に労働市場政策に関して異なっており，レーン・メイドナー・モデルの戦後福祉国家は典型的なライフサイクルを想定して設計されていた。

（2）『朝日新聞』2014年11月8日。

（3）2000年代半ばに日本で展開されたジェンダーフリー・バッシングは伝統的な家族像の強さを物語っている。1999年の男女共同参画社会基本法成立で1970年代から地道に歩んできたジェンダー平等がある程度の達成をみた（辻 2012：66-82）。しかし，2003年からジェンダーフリーという言葉が過度な男女平等を推進するものとして批判の対象となった。主にはジェンダーフリー教育への批判から生じたが，男女共同参画社会そのものを批判するまでに発展した。2005年12月に発表された第2次男女共同参画基本計画では「家族やひな祭り等の伝統文化を否定することは，国民が求める男女共同参画社会とは異なる」とされ，2000年代まで30年かけて進められてきたジェンダー平等へのバックラッシュとなった。ここから，性別役割分業を改革するジェンダー平等と，男らしさや女らしさを否定することを拒絶し，専業主婦を否定しない伝統的な家族像の維持も求めるジェンダーフリー・バッシングという対立が読み取れる。

なお，自民党国会議員がジェンダーフリーに関する文言を挿入するなどバック
ラッシュの内容を具体的に男女共同参画基本計画に取り入れることができた背景
には，2001年の中央省庁再編があった。重要政策会議として男女共同参画会議を
設置した結果，男女共同参画会議の構成員の半分が国会議員となり，基本計画の
議論へ国会議員が参画できたことが挙げられる（千田 2008）。

（4）チャイルド・トラスト・ファンドとジュニア個人貯蓄口座について以下のイギ
リス政府のウェブサイト（https://www.gov.uk/child-trust-funds, https://www.
gov.uk/junior-individual-savings-accounts 2015年3月25日現在）を参照。

（5）歴史的に遡ってフランスを固有の福祉国家の特徴をもつ国として説明するもの
としてメリアンの著作が挙げられる。メリアンは，フランス革命後の中間団体や
職域団体の廃止によって，それまで教会や職業団体などが行ってきた相互扶助活
動を国家が担うようになったことをフランス福祉国家の源流とする。そこから第
3共和政期の公的支援制度の発達や社会保険の誕生の遅れを指摘し，1920年代以
降のフランス福祉国家は，事業の中央集権化，社会保障の分野の拡大，労働者階
級の社会事業への協力，現代的な医療・社会基盤の整備といった原則をもつ社会
政策を発展させたと説明する（メリアン 2001：13-30）。

　なお，フランス革命以降のフランス福祉史は，田中（2012）を参照。

（6）本書はアクティベーションをエンプロイアビリティ（雇用可能性）が高まり福
祉と就労を結びつける就労支援などの施策を実施するひとつの政策体系として用
いる。福祉と就労を結びつけるものとしてワークフェアを用いる場合もあるが，
アメリカのような就労を福祉の条件として就労支援の施策が弱い政策体系と区別
するためにアクティベーションを用いる（宮本 2004）。ワークフェアとアクティ
ベーションの用い方の整理は三浦・濱田（2012）を参照。

（7）宮本太郎らは，エスピン＝アンデルセンの3つの類型から相対的に遅れている
福祉国家として南欧諸国を「地中海・南欧モデル」として析出し，日本との異同
を検討する（宮本ら 2003）。ただし，新川敏光によれば，脱商品化と階層化をそ
れぞれ独立した指標として図示した場合，「地中海・南欧モデル」に加えて日本と
スイスが脱商品化と階層化の両方が低い国として類型可能であるとする（新川
2005：271-274）。「地中海・南欧モデル」の例として挙げられるスペインの福祉国
家の形成と変容に関しては中島（2012）が詳しい。

（8）ただし、エスピン＝アンデルセンが同書において脱家族化の問題を取り上げた際には、それ以上フランスやベルギーに対して具体的に考察をしていない。

（9）おそらく、エスピン＝アンデルセンはこうしたメイヤーズらの指摘があるとしても社会保険の構造や家族の役割などからフランスが保守主義レジームに属すると考えているのであろう。

（10）分類は全国家族手当金庫のウェブサイト（https://www.caf.fr/aides-et-services/s-informer-sur-les-aides 2015年3月25日現在）にもとづく。全国家族手当金庫の整理では乳幼児向けと子ども・若者向けを別に扱っているが、重複するものが多く、子ども・家族関連給付とした。また、障がい者向けの給付は連帯・参加関連給付として分類した。

（11）家族手当金庫が提供する現金給付のほかにも、出産休業の所得保障が疾病保険初級金庫所管の出産保険から行われ、基本的に、産前6週、産後10週の休業中に疾病保険の基礎日額に相当する額が受給日額として与えられる。また、2001年12月21日法では出産に対する父親休暇の取得を認めるようになり、継続する11日間（多胎の場合は継続する18日間）の休暇が取得可能になっている。この際の所得保障も出産保険から出産休業と同じ給付で行う（神尾 2007：41-42）。

（12）在宅保育者はいわゆるベビーシッターであり、親の家で子どもを預かる者を指す。すべての在宅保育者が在宅保育手当や保育方法自由選択補足手当の対象となるわけではなく、親との関係次第では現金給付を受けずに在宅保育者を雇用する場合もありうる。一般的には、保育ママを含めた子どもを預かる者がヌヌ（nou-nou）と呼ばれるが（牧 2008：90-92）、認定保育ママと在宅保育者を区別するため、本書はヌヌという表現を使わない。

（13）ただし、補足的給付であっても家族補足手当は他の就業自由選択補足手当や保育方法自由選択補足手当との併給が認められている。

（14）ひとり親の場合、その親は子どもが1歳になるまで支給を受ける。

（15）ひとり親の場合、その親は子どもが3歳になるまで支給を受ける。

（16）19世紀フランスの保育学校の制度は、藤井（1997）が詳しい。また、フランスの歴史における子どもの見方の変化や学校の役割についてはアリエス（1980）を参照。社会文化史からアリエスの問題関心を説明したものとして天野（2007）がある。

（17）国民教育省ウェブサイト（http://www.education.gouv.fr/cid166/l-ecole-maternelle
-organisation-programme-et-fonctionnement.html 2015年3月25日現在）を参照。

（18）2016年現在，国民教育省の正式名称は，国民教育・高等教育・研究省（minis-
tère de l'éducation nationale, de l'enseignement supérieur et de la recherche）であ
るが，ここでは一般的な国民教育省という名称で用いた。

（19）protection maternelle et infantile. 母子保健局は，県議会議長のもとに置かれる
県の部局であり，母親と子どもの保健衛生に関する保護を保障する責務を負う。

（20）農業社会共済中央金庫が拠出する場合もある。農業社会共済中央金庫について
は第5章註（21）を参照。

（21）児童園の説明は以下のウェブサイト（http://www.mon-enfant.fr/web/guest/
modes-garde/structures-accueil/accueil-jardin-enfants 2015年3月25日現在）を
参照。

（22）親保育所は例外的に25人の受け入れが可能である。

第2章
「自由選択」の見取り図
―― ライフスタイル選択の政治 ――

家族手当金庫を横切る家族
(2013年5月31日, *Le Monde*, PASCAL GUYOT/AFP) (http://www.lemonde.fr/politique/article/2013/05/31/allocations-quotient-familial-la-gauche-redoute-la-polemique_3421588_823448.html)

前章では「自由選択」が家族政策の対立を乗り越える可能性や類型化の難しいフランス家族政策を説明する可能性を指摘した。また，フランス家族政策が現状において「自由選択」を用いていることをみてきた。それでは，なぜフランス家族政策では多様なアクターが既存の施策の発展を「自由選択」の明確化や保障から容認したのであろうか。

　本章では，フランス家族政策の制度的な発展と再編を説明する理論枠組みを提示する。まず，現状の多様な施策による家族政策がなぜ「自由選択」といいうるのかを説明するため，多様な施策それぞれの関係と配置をみていく必要があるだろう。本章は多様な施策それぞれの役割を整理するため，家族政策のもつ子ども支援と両立支援の2つの機能を析出することで施策の特徴を分類し，個人の多様なライフスタイル選択に対応した家族政策のあり方を提示する。第1節では，1990年代のジェンダーと福祉国家の関係を整理し，比較福祉国家研究で家族政策がどのように取り上げられてきたのかを確認する。第2節では，福祉国家再編をめぐる議論のなかから，家族政策との関連が指摘できる社会的投資戦略および仕事と家庭の調和の議論を取り上げ，福祉国家再編期の家族政策の機能を論じる際の理論的潮流をみていく。第3節では，子ども支援と両立支援という家族政策の2つの機能を析出し，家族政策の施策を整理するための政策目的集合を提示する。そのうえで，ハキムやルイスの議論を参考に女性のライフスタイル選択についてみていき，家族政策と政策目的集合との関係を提示する。

　以上の政策目的集合を用いてそれぞれの時代の家族政策を配置すると，時代ごとに子ども支援中心か，多様なライフスタイルに対応しているかといった違いを把握できる。しかし，その発展と再編の過程を説明できない。そのため，家族政策がいかにして発展してきたのかを説明する別の理論が必要となる。本書では家族政策の発展と再編を長期的な政治過程で生じる政策変化から説明し，

その説明に歴史的制度論を用いる。第4節では，歴史的制度論のなかでも漸進的変容論を利用し，そのうち「制度併設」がフランス家族政策の発展と再編の政治過程を説明するのに適当であることを示す。

　なお，はしがきでも述べたように本書で取り上げる家族政策は主に現金給付とサービス給付である。家族政策はそれを用いる人によって定義が異なり，統一された定義はないといっていい（所 2003：267-269）。家族政策を広く定義した場合，結婚や離婚をめぐる私法上の婚姻制度や中絶や避妊をめぐる家族の再生産の政策も含め，家族に関わる政策の総体として捉えることが可能である。しかし，本書では福祉国家との関連から家族分野への再分配に焦点をあて，主に家族手当や出産手当金，育児休業給付などの現金給付と，保育所や幼稚園などのサービス給付を家族政策として扱う。これらは OECD の家族関連社会支出として定義づけられた現金給付（①家族手当，②出産・育児休業，③その他給付）とサービス給付（①デイケア／ホームヘルプサービス，②その他給付）に対応する[1]。現金給付とサービス給付以外の婚姻や扶養に関連する家族法の領域および個人単位か世帯単位での課税方式や配偶者控除といった家族に影響を与える税制は必要に応じて取り上げることにしたい。

　さらに本書では子どもへの支給対象年齢を 0 歳から 6 歳までに限定して家族政策を論じる。日本の児童手当は小学校入学後も支給しており，フランスでは，前章の表 1 - 1 からもわかるとおり，20歳未満でも給付を受け取ることができる。こうした点から家族政策の対象を 0 歳から 6 歳までに限定しない説明も可能である。しかし，10代後半を家族政策によって支援することは本書が課題とする仕事と家庭の調和や子育て支援という本来の目的と離れる可能性もある。家族政策のなかで 6 歳以上への給付が重要であることはいうまでもないが，家族政策は主に小学校入学前の子どもをもつ家族を対象に支給することや，保育所への入所期間などをふまえ，本書は 6 歳までの子どもをもつ家族に対して支

給する家族政策を主な対象として説明する。

1 福祉国家・ジェンダー・家族政策

1990年代のジェンダー派福祉国家研究

エスピン＝アンデルセンが福祉国家を説明するのに自由主義，社会民主主義，保守主義の3つのレジームを提示した際，この「主流派」福祉国家研究に対してフェミニストを中心とした福祉国家研究が最も多くの批判を寄せたといえよう（堀江 2001：17）。これらの研究者を「ジェンダー派」福祉国家研究者と呼んでよいならば，「ジェンダー派」の代表的な論者は，エスピン＝アンデルセンの福祉レジーム論に対して，女性の就労構造などに注意は払われているものの，女性や家族，ケアが政府や市場の役割に比べて軽視されていると批判した。また，福祉レジーム論が用いる脱商品化指標が男性のライフスタイルを中心としていることも批判した。

たとえば，オコナーはエスピン＝アンデルセンの権力資源動員論が主に政府と労働市場の関係に注目しているため家族やジェンダーを無視した立場であることを批判し，権力資源動員論にジェンダーを取り入れるべきだと主張した。また，脱商品化指標は，被扶養者としての女性を考慮した個人の自律によって補完されなければならないとした（O'Connor 1993）。オロフも，エスピン＝アンデルセンらが主張する権力資源動員論はケアの提供などの家族の役割を無視しており，政府と市場の関係が中心であると批判した。そして福祉国家をみるためには，労働市場での雇用へのアクセス，権力への能力，自律した家族を維持形成する能力の3つの次元を新たに補完しなければならないとした（Orloff 1993）。

1990年代の福祉国家研究は，エスピン＝アンデルセンへの批判だけではなく，

ジェンダーを取り入れた新たな類型も提示した。シーロフは「女性労働良好度」と「家族福祉志向」という2つの指標から類型化を行った（Siaroff 1994）。「女性労働良好度」は女性の有償労働のしやすさを表し、「家族福祉志向」は政府による家族福祉の支援の程度を示している[2]。シーロフは2つの指標から4つの福祉国家を類型化した。第1に、「女性労働良好度」と「家族福祉志向」の両方が高い「プロテスタント社会民主主義福祉国家」がある。代表的な国はデンマーク、フィンランド、ノルウェー、スウェーデンである。第2に、女性の労働市場への参加を促進するために「女性労働良好度」は高いが、家族福祉は市場が担い手となるために「家族福祉志向」は低い「プロテスタント自由主義福祉国家」が挙げられる。オーストラリア、カナダ、ニュージーランド、イギリス、アメリカが代表的な国となる。第3に、カトリックの影響が強いために家族への福祉が充実し、「家族福祉志向」は高いが、女性は労働市場の担い手としてはみられない傾向があるため「女性労働良好度」は低い「先進キリスト教民主主義福祉国家」である。これにはオーストリア、ベルギー、フランス、ドイツ、ルクセンブルク、オランダといった大陸ヨーロッパが該当する。最後に、「女性労働良好度」と「家族福祉志向」の両方が低い「遅れた女性動員福祉国家」が挙げられる。該当する国はギリシャ、アイルランド、イタリア、日本、ポルトガル、スペイン、スイスである。こうした類型はエスピン＝アンデルセンの類型とはやや異なる家族と女性を支援する多様な福祉国家を示している。

　また、セインズベリは、「稼ぎ手モデル」と「個人モデル」という2つのモデルを提示し、社会政策が女性をどのように取り込んでいるのかを整理した（Sainsbury 1994）。「稼ぎ手モデル」は稼ぎ手を夫と想定しているため「男性稼ぎ手モデル」と同じ内容である。「個人モデル」は特定の家族像を想定しないことや、社会保障の受給資格が夫婦間で同一であること、給付や拠出が世帯ご

66

とではなく個人ごとであることなどジェンダーに関する指標からなるモデルである。ここでは社会政策の単位を男性稼ぎ手ではなく個人にすることが重要であった。「稼ぎ手モデル」は保守主義レジームや南欧，日本などの家族主義の強い国々でよくみられる。ただし，自由主義レジームや社会民主主義レジームが単純に「個人モデル」であるとはいえない。セインズベリはオランダ，アメリカ，イギリス，スウェーデンの男女の社会権を分析した結果，オランダ，アメリカ，イギリスは「稼ぎ手モデル」であり，スウェーデンは「稼ぎ手モデル」からは離れるが「個人モデル」には適合しないとした（Sainsbury 1994：166-167）。

　各国で「男性稼ぎ手モデル」が維持困難になり，このモデルからの転換を模索するなかで，「個人モデル」への移行は，いつ，どのように，どの程度移行したのかに関心が注がれる（Lewis 1997）。オコナーらは自由主義レジームを代表するアメリカ，カナダ，イギリス，オーストラリアであっても，「男性稼ぎ手／女性ケアの担い手」の形成や変容はそれぞれ異なっており，「ジェンダー化された政策論理」を各国が独自にもつとする（O'Connor et al. 1999）。これらの違いはジェンダーを男女とも同一であることを重視するか差異を重視するかによって生じる。アメリカやカナダは同一であることを重視し，アメリカの場合は労働市場や身体の権利を認め，市場と残滓的な社会扶助をより強調する。また，イギリスは差異を重視し，男性稼ぎ手の家族形態を維持する一方で，オーストラリアは女性を自律した個人として認めながらもその地位をケアの提供に求める形態をとる（O'Connor et al. 1999：190-197）。

　以上のように，ジェンダー派福祉国家研究はエスピン゠アンデルセンを中心とした「主流派」福祉国家研究に対して様々な視点から批判を行った。ただし，1990年代のジェンダー派福祉国家研究は，家族を扱うことよりも母や妻としての女性の地位の評価に関心を寄せてきた（デイリー・レイク 2009：12）[3]。つま

り，男性稼ぎ手を念頭に置いた男性 - 女性の対立軸が議論の中心であり，家族政策が多様な家族を支援するためにいかなる対応をしてきたのかは中心的な課題として浮上しておらず，1990年代の議論を基盤としてそれ以降に取り組まれるようになったといえる。

「主流派」福祉国家研究によるジェンダーの受容

エスピン＝アンデルセンは1990年代のジェンダー派福祉国家研究から向けられた批判に応えるため脱家族化指標を導入した（エスピン＝アンデルセン 2000）。この指標は女性の自律を図るための政策がどれだけ実現されているかという程度を示すものである。そのため，家族自体の機能を否定するものではない。これはエスピン＝アンデルセンが伝統的な家族価値の復権を図ろうとするキリスト教系保守主義の立場を「家族主義」として「脱家族化」と使い分けたことからも明らかだろう（エスピン＝アンデルセン 2000：86-87）。

権力資源動員論の代表的論者であるコルピは，ジェンダー派福祉国家研究の議論をふまえ，一般家族支援型，共稼ぎ支援型，市場志向型という３つの「ジェンダー政策制度」を析出することで福祉国家の国際比較を行った（Korpi 2000）。コルピは福祉国家をジェンダー政策制度で類型化する際，伝統的な性別役割分業を前提とする「一般家族支援」と，女性の労働市場参加やケア労働の再分配を奨励する「共稼ぎ支援」の２つの指標から類型化した[4]。これらの指標で1985年から1990年の各国をみてみると，「一般家族支援」はベルギー，ドイツ，フランスが高く，カナダやイギリス，スイス，日本，アメリカなどが低かった。また，「共稼ぎ支援」は，スウェーデンやデンマーク，フィンランド，ノルウェーが高く，やはりカナダやイギリス，スイス，日本，アメリカなどは低かった。このことからコルピは，男性稼ぎ手を支援し，労働の性別分業を前提とする一般家族支援型が大陸ヨーロッパを中心に存在し，女性の労働市

場参加やケア労働の配分を奨励する共稼ぎ支援型が北欧を中心に存在するとした。また，アングロサクソン諸国に日本やスイスなどを含めた国々は一般家庭支援と共稼ぎ支援のどちらも弱く，市場の影響が強い市場志向型として類型化した。

　以上のジェンダー派福祉国家研究と主流派福祉国家研究の議論は，批判的な議論の応酬から対話の方向への発展と説明できる（Mahon 2001）。また，ここでみてきた主流派福祉国家研究は，批判への反省から「脱家族化」や「ジェンダー政策制度」を採り入れており，その結果として，これらの指標やモデルの重要な構成要素となる家族や家族政策を福祉国家の分析に必要なものとして扱うようになっている。このように次第に家族政策が福祉国家とジェンダーの関係を説明する際の鍵になっている。

2　社会的投資と仕事と家庭の調和

　上述のように，エスピン＝アンデルセンが1990年に提示した『福祉資本主義の三つの世界』は，ジェンダーや女性の役割を軽視しているという批判を受けた。以降の福祉国家と家族政策の関係は社会的投資戦略と，仕事と家庭の調和という２つの議論がときに交じり合いながら形成されたといえよう[5]。

社会的投資戦略

　序章で述べたように，1990年代後半以降の福祉国家は社会的投資の時代としてみることができる。ここでの社会的投資戦略は，職業訓練や子育て支援での人的資本への投資によって労働市場の不安定化に備えて福祉国家の再編を目指す戦略だといえる。また，主に女性や子ども，若者が投資の対象となる。

　社会的投資戦略は，イギリスの労働党政権が1997年に政権交代を遂げるなか

で，その理論的基盤となった『第三の道』のなかに盛り込まれた。ギデンズは『第三の道』のなかで，戦後福祉国家の枠組みの外にある様々な要因の働きを活用することでウェルフェアを高めることが必要だとする（ギデンズ 1999：195-210）。そのためには，生計費を直接支給するような福祉国家ではなく，できる限り人的資本に投資する社会的投資国家を構想しなければならないとした。ギデンズは，社会的投資国家に重要なものとして家族に優しい職場づくりを挙げ，サービス給付や家族手当などの子育て支援だけでなく，在宅勤務や長期休暇などの勤務形態の多様化が仕事と家庭の調和に役立つとした[6]。「第三の道の成否は，家族政策のいかんにかかっている」のである（ギデンズ 1999：154）。

　ギデンズが『第三の道』から社会的投資戦略を提示し，未来への経済的投資が重要であるとした一方で，エスピン＝アンデルセンは従来の所得保障を前提としたうえで福祉国家を再構築するために社会的投資が必要であるとする（濱田 2014：141-146）。そして，社会的排除や貧困問題の解決には子どもへの社会的投資が必要であり，子どものいる家族への所得保障の重要性が増すとする（Esping-Andersen et al. 2003：66）。エスピン＝アンデルセンはジェンダー平等に新しいジェンダー契約が必要であり，女性の需要への対応だけでなく女性の雇用が社会的なリターンも生むため，女性の機会均等の促進が重要であるとした。その際には，広く合意のあるサービス給付や育児休業，子どもが病気のときの休業を認めるだけではなく，何らかのかたちで男性がより女性的なライフコースを描けるようにならないとジェンダー平等は達成できないとした（Esping-Andersen et al. 2003：94-95）。女性のためには，女性の就労支援や，男性のライフスタイルの女性化，国家－市場－各種団体との新しい役割分担が重要であり，子どものためには，社会的投資や機会均等が重要であるとした（エスピン＝アンデルセン 2008，2011）。

　本書では，ギデンズとエスピン＝アンデルセンが異なる視点から社会的投資

戦略を強調したことよりも，両者がともに社会的投資戦略からの改革を強調したという共通性に関心を寄せる。ジェンソンによれば，ギデンズやエスピン＝アンデルセンが示した社会的投資戦略は 3 つの点から整理できる（Jenson 2009：458-459）。第 1 に，人的資本への投資の強調である。第 2 に，小さな子どもをもつ親を対象とした新しい社会プログラムの提供がある。そして第 3 に，子どもの貧困が国際的なテーマになったことでシティズンシップの再定義を必要としたことが挙げられる。こうした社会的投資戦略に適合的な家族政策は「レゴ・パラダイム」と呼ばれる。ここで示す「レゴ・パラダイム」は EU や OECD での新しい社会的リスクへの対応にみられるアイディアの収斂傾向を指す言葉である（Jenson and Saint-Martin 2006）。「レゴ・パラダイム」は 2 つの面から構成され，第 1 にはメタファーとして，新たに登場する社会的な基本構成要素となる「ブロック」（building block）への収斂を示す名称である。第 2 には理念型として，未来志向で投資中心型のアクティベーション戦略の鍵となる特徴を把握するための名称として構成される。「レゴ・パラダイム」の具体的な特徴は，生涯にわたる学習の重要性と，未来のライフチャンスに向けた人的投資，コミュニティ全体への利益としての家族政策の提供という 3 つから描かれる。こうした「レゴ・パラダイム」から新しい社会的リスクに対する保護の必要性というアイディアへの収斂を導くことができる。

　このように社会的投資戦略は若者や失業者への支援も対象となる。この場合，主に積極的労働市場政策への支出を増大させることで対策を講じていく（Bonoli 2012）。代表的な施策は職業訓練の充実であり，最低所得保障などの社会保障の給付条件に職業訓練を求めて福祉と就労を結びつけるアクティベーションも含まれる。フランスは1988年に包括的な最低所得保障制度である参入最低所得（RMI）を創設した。RMI は福祉と就労を結びつけるための最低所得保障制度であった。そして2009年に活動連帯所得（RSA）へと再編された。RMI は

結果として十分に就労と結びつかなかったが，RSA は就職後も手当を継続して支給するほか，就職したために世帯収入が減少することのない制度となり，より明確に福祉と就労を結びつける最低所得保障制度となった。このように最低所得保障制度は社会的投資戦略の一部として積極的労働市場政策のなかに位置づけられ，フランスは徐々に福祉と就労を結びつけるアクティベーションを志向するようになった[7]。

　社会的投資戦略は福祉国家再編のなかで子どもや女性，若者への人的資本の投資に関心を寄せ，この戦略の具体的な実現のために家族政策や積極的労働市場政策の重要性が増している。こうしたことから1990年代後半を「社会的投資の時代」と表現できるのである（Morel et al. 2012）。

仕事と家庭の調和

　女性の労働市場参加が増大するとともに，これまで「男性稼ぎ手モデル」のなかで主に女性が担ってきた子育てなどの家事労働の分担が問題となった。こうした問題を解決するため，働きながらでも子育てを可能にする施策の必要性が増大した。それが仕事と家庭の調和と呼ばれる議論であり，男性と女性が仕事と家庭生活のどちらかに偏った選択を強いられるのではなく，多様な働き方や生き方の選択が可能になるよう福祉国家の再編を目指すものである。2016年の調査をみると，日本の15歳以上の週全体１日平均での家事関連時間は女性が３時間28分であるのに対し男性が44分である[8]。共働き世帯に限った場合，女性が４時間18分であるのに対し男性が39分であり，状況はさらに悪化する。働いている男性は長時間労働や帰宅時間の遅さなどの要因から家事関連時間が短くなるという理由も考えられるが，こうした状況ではより一層仕事と家庭の調和を推進する必要がある。

　日本では2007年12月に「仕事と生活の調和（ワーク・ライフ・バランス）憲章」

を策定している(9)。この憲章のなかで仕事と生活の調和が実現した社会を「国民一人ひとりがやりがいや充実感を感じながら働き、仕事上の責任を果たすとともに、家庭や地域生活においても子育て期、中高年期といった人生の各段階に応じて多様な生き方が選択・実現できる社会」とする。この仕事と生活の調和が実現した社会は具体的に、就労による経済的自立が可能な社会、健康で豊かな生活のための時間が確保できる社会、多様な働き方・生き方が選択できる社会を目指すべきものである。

　こうした日本での展開は他国から影響を受けたものである。ルイスは、社会的経済的変化に対してサービス給付の充実や子どものシティズンシップの獲得といった子どもを中心とした社会政策での対応が必要だと指摘する（Lewis 2006）。また、ルイスらは具体的にフランスやドイツ、オランダ、イギリスで2000年代に展開されるサービス給付、育児休業、労働時間の短縮といった仕事と家庭の調和支援策を取り上げ、これらの改革の方向性を整理する（Lewis et al. 2008）。それぞれの改革における政策内容や政策目標の変化の仕方は異なるものの、4か国ともに女性の労働力率を上昇させながら現金給付を中心とした仕事と家庭の調和支援策を講じている。

　ゴーニックとメイヤーズは新しい福祉国家の社会像として「共稼ぎ／2人ケアの担い手社会」の形成を理想であるとし、この形成のためには育児休業とそれに伴う給付、労働時間の規制、幼児教育とケアに関心を寄せる（Gornick and Meyers 2009：21-26）。また、国内での取り組みだけではなく、ストラティガキはＥＵレベルでのジェンダー平等政策が雇用政策と結びついて仕事と家庭の調和支援策として再定義されるプロセスを分析する（Stratigaki 2004）。

　前節で説明した1990年代までの議論はジェンダーの視点を福祉国家にいかにして取り入れるのかを重視してきたため、母や妻としての女性の地位が議論の中心であり、家族全体を取り上げた議論は少なかったといえる。しかし、2000

年代に入ると，働きながら子育てをする環境整備として具体的に家族政策など
を取り上げる仕事と家庭の調和の議論が登場し，「男性稼ぎ手モデル」のなか
で主に女性が担ってきた子育てなどの家族の役割を再分配する，政府－市場－
家族の役割分業へと福祉国家の関心が移ってきたといえよう。

3　家族政策の政策目的集合

家族政策の2つの支援と政策目的集合

　前節で整理した社会的投資戦略および仕事と家庭の調和の2つが，家族政策
とどのような関係にあるのかを集合で示すと図2-1となる。この集合では，
福祉国家再編期における家族政策の2つの機能として，子ども支援と両立支援
を提示する。ただし，子ども支援が社会的投資戦略に対応し，両立支援が仕事
と家庭の調和に対応しているわけではない。前節でもわかるように，社会的投
資戦略でも仕事と家庭の調和でも，その両方において家族政策が必要とされて
いる。こうした家族政策の様々な必要性から，ここでは子ども支援と両立支援
という2つの家族政策の性格を提示し，家族政策の多様な施策の配置を試みる
ものである。

　まず，子ども支援とは，子どもを中心とした社会的投資戦略を実現するため
の支援であり，主には子どものいる家庭内で親が保育することを保障する。日
本の子育て支援は親子のための子育てサロンや子育て支援センター，児童館，
乳児家庭全戸訪問事業，放課後児童健全育成などが具体的な施策として挙げら
れ[10]，本書で想定する子どものための現金給付などは含んでいないため，子
ども支援という言葉を日本の制度の文脈で使う場合，その使い方には注意が必
要である。つぎに，両立支援は，女性を中心とした仕事と家庭の調和を実現す
るための家族政策による支援であり，主として子育てしながら就労を継続する

図 2-1 家族政策の政策目的集合
出典：筆者作成。

ための施策が挙げられる。そのため，両立支援は女性の労働市場参加を奨励するか，少なくとも女性の労働市場参加の阻害を想定しないものである。社会的投資戦略との関係では，女性への社会的投資を重視した施策は両立支援として考えることができる。

本書で家族政策を子ども支援と両立支援とに区別した政策目的集合から説明するのは，前章でも述べた家族政策の個別の施策がもつ機能の多様性や相補性に注目するためである。家族政策の施策によっては子どもにも女性就労にも作用するものがあるだけでなく，子どものために使用するか女性の就労継続のために使用するかの使途を明確にしない現金給付などもあり，実際には子ども支援と両立支援の両面を含む施策が存在する。また，使途を明確にしないことで特定の家族像に固執しない政治的な合意に至る可能性も考えられる。

これまでの家族政策の説明では，2つの独立した指標によって説明することが多かった。第1節で述べたシーロフの類型化は，女性就労のための施策を女性労働良好度に反映し，子ども支援は家族福祉志向に反映したといえるだろう(Siaroff 1994)。しかし，シーロフの指標では，女性労働良好度に家族政策が反映されておらず，家族政策が仕事と家庭の調和支援策としての意味をもつことが明確ではない。保育所をはじめとするサービス給付は女性就労を継続させる機能をもっており，サービス給付は育児休業給付を家族福祉志向のみの指標と

して用いるのは家族政策のもつ機能を十分に捉えられない可能性が残る。

　第1章で述べたコルピらの議論も各国の家族政策をそれぞれの施策を伝統的家族次元，共稼ぎ次元，2人ケア提供者次元という3つに分けて類型化を試みたものである（Korpi et al. 2013）。この説明では，0歳から3歳向けの現金給付が伝統的家族次元として女性の就労継続ではなく家族を支援するものとしてのみ扱われており，仕事と家庭の調和を経済的に支える意味での現金給付の役割が存在する可能性を排除している。

　これらの議論は個別の施策を指標化することで家族政策の国際比較に成功している。その一方で，各国家族政策の政治過程を説明する場合，施策は必ずしも指標化された次元での対立から成立したものではないため参照できない可能性がある。ときには特定の家族像で対立する右派左派ともに施策の必要性を認めて幅広い合意から施策が形成される場合も存在する。序章で指摘したように，日本の福祉レジームの再編過程は「多元主義家族」と「平等主義家族」の接合傾向と「母性主義家族」と「父性主義家族」の連携から総体を把握できるのであり（辻 2012：229-239），政治過程をみていく際には家族政策の多様で相補的な機能から連携が生じたことをみていく必要がある。そのためには，個別の施策を指標化するのではなく，家族政策の機能の重なり合いを集合からみていくほうが適しているだろう。

　本書の政策目的集合では，コルピらが伝統的家族を支援するとした0歳から3歳向けの現金給付を，伝統的家族も含めた家族の子ども支援と仕事と家庭の調和を支える両立支援との両方の性格をもつ施策として位置づける。たとえば，日本の児童手当のように使途を限定しない家族手当は，親が子どもの保育に手当を使用できるため子ども支援の側面をもつ一方で，保育所などの利用に手当を使うことで女性が労働市場への参加を継続できる両立支援の側面もある。ギデンズやエスピン＝アンデルセンが社会的投資の議論を行う際にジェンダー平

76

等の重要性を指摘したことから考えると，家族政策の施策が子ども支援と両立支援の2つの機能を同時にもつことは，子どもへの社会的投資の特化にとどまらずジェンダー平等への具体的な取り組みを包含する施策が存在する可能性を示している。

　また，サービス給付を取り上げた場合，幼稚園などの就学前教育は教育を通じて子どもの人的資本への投資を行うため，子ども支援として考えられる。特に日本の幼稚園のように子どもを預かる時間が短い場合には幼稚園が終わった後の子育てのために女性の就労機会が奪われる可能性が高まり，子ども支援が強調されることになる。保育所は，子どもへの人的資本への投資を含むだけではなく，女性の労働市場への参加に対しても子どもを預かることで支援する体制が整備されており，子ども支援と両立支援の両方の側面をもつだろう。一方で，親がベビーシッターを個人で雇う場合などは，保育の質を担保することが幼稚園や保育所に比べて難しく，子どもへの教育よりも女性就労の機会を維持することがより優先されると考えられ，両立支援として位置づけることができよう。ただし，幼稚園の預かり保育などによって子どもが幼稚園で預けられる時間が拡大した場合などは両立支援の側面を含むと考えられる。どのような施策がいかなる支援の要素をもっているのかは具体的な施策の実態に沿って整理する必要がある。

　あくまでもこの政策目的集合は理念型として家族政策を整理したに過ぎず，明確に区別できない場合もあるが，こうした整理からある時点での多様な施策の配置を確認することができる。

　以上，福祉国家再編期における家族政策の機能を子ども支援と両立支援という2つの側面から抽出した。この政策目的集合は政党や労働組合，経営者団体などの多様なアクターが家族政策の具体的な施策を打ち出す際の考え方や認識を示したものである。政策目的集合を利用すれば，多義的な効果をすべて扱っ

た場合にその多様性や相補性ゆえに整理が困難になる家族政策を，福祉国家再編期の政治に適合的な子ども支援と両立支援という2つの機能からより単純に整理することが可能となる。

女性のライフスタイルの多様性

さて，このように子ども支援と両立支援から家族政策を整理した場合，政策目的集合と福祉国家再編期の個人のライフスタイルとの関係はどのように描くことができるだろうか。本書では，ハキムやルイスの議論を参考に考えたい。

ハキムは，女性のライフスタイル選好を，家庭中心型，環境順応型，仕事中心型の3つの理念型として捉え，女性の選好や優先順位の多様性が女性の間で対立する利益を生むとする（Hakim 2001：6-9）。第1に，家庭中心型は人生を通して家族生活と子どもを最優先に考え，基本的に就労を好まないライフスタイルを選好する。第2に，環境順応型は，仕事と家庭の調和を望む女性や非正規で雇用される女性を含む最も多様なグループである。このグループは，家庭中心型とは異なり就労したいという意識はもっているが，このグループの女性全員が完全には就労に結びつかず，社会保障の受給資格も就労した際の条件にもとづいて獲得する。第3に，仕事中心型は，人生を通して仕事に就いていることを最も優先するライフスタイルを選好する（表2-1）。

また，ハキムは，具体的な数字の根拠を示さないものの，家庭中心型，環境順応型，仕事中心型の女性の比率を20％，60％，20％とし，それぞれのグループに10〜20％ポイントの幅があるとした。ハキムによれば，20世紀末のアメリカやイギリスでは家庭中心型と仕事中心型がそれぞれ5分の1程度存在し，多面的な環境順応型が50％を超える規模で存在するという。また，ヨーロッパ諸国をみていくと，大雑把に3分の1ずつに分けられるとする（Hakim 2001：157）。

表2-1 21世紀における女性のライフスタイル選好の分類

家庭中心型（Home-centred）	環境順応型（Adaptive）	仕事中心型（Work-centred）
女性の20%（10〜30%で変動）	女性の60%（40〜80%で変動）	女性の20%（10〜30%で変動）
人生を通して家族生活と子ども を最も優先。	仕事と家庭の調和を望む女性や 非正規職女性を含む最も多様な 女性グループ。	人生を通して雇用，政治，ス ポーツなどの活動を最も優先。 子どものいない女性はこのグ ループに集中。
就労を好まない。	就労したい。しかし完全には就 労に結びつかない。	就労あるいは同程度の活動に結 びつく。
男性稼ぎ手から提供（intellec- tual dowry）される社会保障の 受給資格。	就労にもとづく社会保障の受給 資格。	雇用などによる訓練や受給資格 のなかで多額の投資。
社会政策や家族政策に敏感。	すべての政策にとても敏感。	雇用政策に敏感。

出典：Hakim 2001：6．

　女性のライフスタイル選好をハキムのように女性の割合まで含めて具体的に提示するものは少ないが，これまでの研究と女性のライフスタイル選好との類似性を指摘できる。たとえば，ルイスは，「男性稼ぎ手モデル」が維持困難となっているもののお互いのパートナーがフルタイムの労働や経済的な自立を達成できていない現状において，家族内での男性と女性の労働とケアのパターンを表2-2のように整理する（Lewis 2001：154-157）。ルイスは労働とケアの再編を男性と女性の間で行う際のモデルを6つ提示し，多様な働き方や生き方をする福祉国家再編期のモデルを「成人労働者モデル」と総称した。ルイスは労働とケアの関係を男性と女性の両方の視点から多様なパターンで提示したが，ハキムのライフスタイルの理念型は女性のライフスタイルに焦点をあて，より多様な条件を包含できるように単純化したものだといえよう。

　以上のライフスタイルの選択をめぐる議論は欧米に限ったものではない。日本でも2002年に男女共同参画会議影響調査専門調査会が『「ライフスタイルの選択と税制・社会保障制度・雇用システム」に関する報告』を提出し，基本的な改革の方向性として，第1に制度・慣行が男女の社会における活動の選択に

表 2-2 労働とケアの男性と女性のパターン

①男性稼ぎ手モデル	
男性 FT 稼ぎ手	女性 FT ケア担い手
②共稼ぎモデル 1	
男性 FT 稼ぎ手，女性短時間 PT 稼ぎ手	主に女性稼ぎ手と親族によるケア提供
③共稼ぎモデル 2	
男性 FT 稼ぎ手，女性長時間 PT 稼ぎ手	主に親族，政府，非営利，市場によるケア提供
④共稼ぎモデル 3	
男性 PT 稼ぎ手，女性 PT 稼ぎ手	男性・女性稼ぎ手によるケア提供
⑤二重キャリアモデル	
男性 FT 稼ぎ手，女性 FT 稼ぎ手	主に親族，政府，非営利，市場によるケア提供
⑥単身稼ぎ手（ひとり母親家族）モデル	
女性 FT ／ PT 稼ぎ手 政府の給付に頼る FT 母親	母親によるケア提供 母親，親族，政府によるケア提供

注：FT はフルタイム，PT はパートタイムの略称。
出典：Lewis 2001：157.

対して及ぼす影響をできる限り中立なものにすること，第2に就業に関する選択等に中立的な税制・社会保障制度，第3に就業に関する選択等に中立な雇用システム，第4に中立性確保とともに「子どもを産み育てることにやさしい社会」の実現を指摘した（男女共同参画会議影響調査専門調査会 2002）。ただし，日本はライフスタイル選択に対応した改革の必要性を提示するものの，ほとんど実施していない。大沢真理は，公的年金制度を取り上げてライフスタイル選択の観点から日本の現状をみた場合，日本はアメリカとともに最も強固に「男性稼ぎ手」中心であると指摘する（大沢 2007：136-144）。日本では財政状況が厳しいなかで「中立」を軸として多様なライフスタイル選択を認めるため，予算を伴った具体的な施策を十分に展開せず，ライフスタイル選択の幅は狭いままだといえる。

女性のライフスタイル選択と家族政策

　こうしたハキムやルイスの議論をもとに女性のライフスタイルと家族政策の関係について整理するとどのようなことがいえるだろうか。

　子ども支援のみを政策目的とする施策を展開した場合，家庭中心型のライフスタイル選択に向けた政策となり，仕事中心型のライフスタイル選択にはほとんど関係のない政策になる。この場合には，表2-1で示したように，仕事中心型の女性は雇用政策や労働市場政策といった家族政策の外部にある政策に敏感になるだろう[11]。他方で，サービス給付を中心とした両立支援のみを政策目的とする施策を展開した場合，女性は子育てをしながら労働市場で活躍できる環境が整備されるため，ハキムが雇用政策に敏感とした仕事中心型の女性にも家族政策が意味をもつものになるだろう。子ども支援と両立支援が重なり合う施策が重点的に発展した場合，家庭中心型，環境順応型，仕事中心型のいずれのライフスタイル選択にも対応することになる。たとえば家族手当は特定の使用目的に限定しない現金給付であり，環境順応型のライフスタイル選択に対応するだけではない。家族手当は，家庭で保育をする際に生じる支出を補填できるため家庭中心型のライフスタイル選択にも対応できるし，保育所などのサービス給付を利用した際の経済的負担を軽減するため仕事中心型のライフスタイル選択にも対応できる。子ども支援と両立支援の両方の側面をもつ施策は，所得制限を除きすべての人を対象とする普遍主義的な給付で展開される[12]。

　こうした個人のライフスタイル選択と家族政策の関係を整理すると図2-2となる。家族政策とライフスタイル選択との関係からは，政策当事者や労使代表などの政策形成に関与する多様なアクターがどのライフスタイルに影響を与える施策かという考えや方向性を認識し，共有することで家族政策の政策変化が生じると推測できる。

　序章でも述べたように，日本でも2010年に子ども手当を導入し，それまでの

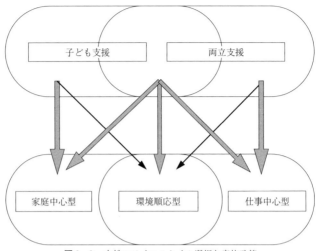
図 2-2　女性のライフスタイル選択と家族政策
出典：筆者作成。

児童手当から受給対象年齢の拡大や所得制限の撤廃，給付の増額を行った。「社会全体で子育てする国にします」とマニフェストに掲げて政権交代を成し遂げた民主党は，仕事中心型の女性や家庭中心型の女性に的を絞った家族政策ではなく，社会全体で幅広い合意の得られる給付先が必要であったと考えられる。そのためには，配偶者控除の廃止やサービス給付の提供拡大よりも先に，子ども支援と両立支援とも重なり合い，それぞれの家族で使途を決める子ども手当の増額を優先したと考えられる[13]。

女性の労働市場参加の拡大や家族形態の多様化に伴い，「男性稼ぎ手モデル」時代のライフスタイルよりも多様なライフスタイル選択が必要とされる現状では，子ども支援と両立支援の重なり合う普遍主義的な家族政策の展開が様々なアクターの支持を得やすいだろう。しかし，ジェンダー平等との関係では複雑な状況を指摘できる。

両立支援のみの施策はベビーシッターなどのサービス給付が代表的なもので

あり，女性の労働市場への参加を前提とするため，ジェンダー平等の推進と合致するものが多い。また，子ども支援と両立支援の重なり合う部分でも育児休業給付などは子ども支援の側面はありながらも女性の労働市場参加との関係が明確であるためにジェンダー平等の推進と重なり合う余地がある。

　他方で，子ども支援はジェンダー平等とは逆行する可能性がある。宮本太郎によれば，無償労働を評価する制度は，ジェンダー拘束的評価，ジェンダー中立的評価，ジェンダー是正的評価に区別ができる（宮本 2005a：24-25）。ジェンダー拘束的評価は，女性が無償労働を担うことに対する報酬である。具体例として1979年にドイツで導入された乳児を保育する母親に4か月間の所得を保障する母性休業手当が挙げられる。形式的には男性も受給可能なものとしたうえで無償労働を評価する制度はジェンダー中立的評価と呼ぶことができるが，形式的には中立であっても実質的に女性を無償労働に拘束する機能をもつ可能性が高い点は注意が必要である。第1章で例示したドイツの保育手当も女性を労働市場から退出させる可能性をもっており，批判の対象となっている（白川 2014：267）。最後に，男性のみに限定して無償労働を評価する制度があれば，それをジェンダー是正的評価と呼ぶことができ，スウェーデンの両親保険制度のなかにある「パパの月」はジェンダー是正的評価の数少ない例であるとする。政策目的集合が仕事と家庭の調和を含む両立支援を取り入れていることをふまえて以上の区別をみると，女性が無償労働を担うことに対する報酬としてジェンダー拘束的評価を行う施策が子ども支援のみの施策として考えることができる。

　子ども支援の具体例としてはドイツの母性休業手当や保育手当のほかに，フランス第3共和政期の専業主婦手当金（prime de la mère de foyer）が挙げられる（宮本 1995：188-189）。第3章第2節でみるように，専業主婦手当金は，女性が家族内で子育てを行う場合に支給する手当であるため，女性の労働市場への参

加を求めず，家族主義的あるいは出産奨励主義的な側面が強い施策である。そのため，女性の労働市場への参加を阻害する家族政策として考えられる。また，第3子へのボーナスとして支給する現金給付など，多子を条件に支給される現金給付は子どもの多い女性を労働市場から退出させる効果をもつだろう。

　ただし，女性の労働市場参加の高まりや性別役割分業が解消されつつあることから，現在では子どもの社会的投資のみの施策であっても出産奨励や多子奨励を明確に打ち出すことはほとんどない。また，家族政策の条文はジェンダーに対して中立的なものになっているため，表面上，女性を労働市場からの退出へと誘導する施策は少ない(14)。

　子ども支援のみの施策だけではなく，子ども支援と両立支援の重なり合う部分の施策でも，女性を労働市場から退出させる効果をもつ場合が考えられる。実際，第4章で述べるように，フランスは1994年の改革で育児親手当（APE）の受給資格を第3子以降から第2子以降に引き下げた際，3歳未満の子どもを2人以上もつ女性の労働力率が減少する結果を招いた。こうした事例は，ある施策が，家庭中心型，環境順応型，仕事中心型のいずれのライフスタイル選択にも対応した普遍主義的給付を実現する一方で，金額の大きさや労働市場と雇用の状況，性別役割分業の強さ，家族の所得状況など社会的経済的な状況次第で女性を労働市場から退出させる可能性があることを示している。そのため，家族政策が女性の労働市場参加の促進を含めたジェンダー平等と両立可能な政策として成立するためには，多様なライフスタイル選択に対応した子ども支援と両立支援の重なる部分の施策のみを手厚くすることだけでは解決できず，両立支援のみのライフスタイル選択を視野に入れた家族政策を提供する必要がある。1990年代以降のフランスでもジェンダー平等との関係から仕事中心型のライフスタイル選択を促す両立支援のみの施策が他の施策よりも充実するようになった。

ライフスタイル選択と「自由選択」

　それでは，これまで説明してきた政策目的集合とフランス家族政策の「自由選択」との関係はどのように示すことができるのだろうか。

　図2-3はフランス家族政策のなかでも主な現金給付を政策目的集合に沿って配置したものである。特定の時代を切り取って多様な施策の配置をみると，子ども支援と両立支援の重なる部分を手厚くするだけではなく，次第に両立支援も含めて発展する家族政策を視認できる。

　第1に取り上げる時代として，1955年8月6日法で労働者以外に単一賃金手当相当分を支給する主婦手当を開始したあとの1956年を挙げることができる。1946年に社会保障関係立法の法典化が実現され，社会保障法典の第5編が「家族給付」を構成するようになった（上村 1999：166-168）。1956年の時点で社会保障法典第510条に定められた家族給付は，産前手当，出産手当，家族手当，単一賃金手当，主婦手当の5種類以外に1948年に新設した住宅手当のみであった。主婦手当と住宅手当以外は戦前から継続して支給してきた。単一賃金手当と主婦手当は賃金労働者や自営業者が就業しない配偶者をもつ場合に支給する手当であり，女性の就労を阻害して家庭で保育をする子ども支援のみの手当であると考えてよい。その他の給付は支給条件が中立的な手当であり子ども支援と両立支援の重なる部分の手当とみてよいだろう。

　第2に，1977年はそれまでの単一賃金手当と主婦手当などが家族補足手当へと統合された年である[15]。1975年に創設した産後手当[16]以外には大きな変更はなく，戦後から1970年代までは子ども支援を中心とした現金給付を展開してきたことがわかる。

　しかし，認定保育ママの急速な拡大を後押しするようになった認定保育ママ雇用家庭補助（AFEAMA）が成立した1990年になると，産前手当と産後手当を統合した乳幼児手当以外にも育児休業給付にあたる育児親手当（APE）を支

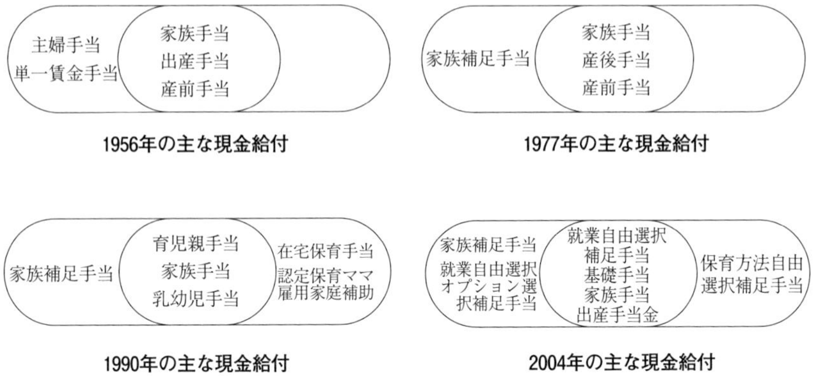

主婦手当
単一賃金手当

家族手当
出産手当
産前手当

1956年の主な現金給付

家族補足手当

家族手当
産後手当
産前手当

1977年の主な現金給付

家族補足手当

育児親手当
家族手当
乳幼児手当

在宅保育手当
認定保育ママ
雇用家庭補助

1990年の主な現金給付

家族補足手当
就業自由選択
オプション選
択補足手当

就業自由選択
補足手当
基礎手当
家族手当
出産手当金

保育方法自由
選択補足手当

2004年の主な現金給付

図2-3 フランス家族政策（現金給付）の時代ごとの施策配置

出典：筆者作成。

給するようになり子ども支援と両立支援の重なる部分が手厚くなった。加えて，親がベビーシッターを雇用した場合や認定保育ママを雇用した場合にも経済的な支援を行うようになり，両立支援のみの部分の拡大も読み取れる。このように政策目的集合から確認すると，働きながら子育てすることを含めた多様なライフスタイルの選択を可能にする施策が1980年代を通じて拡大したことがわかる。こうした過程は2004年に「自由選択」を施策の名称に含むようになった乳幼児受け入れ給付（PAJE）の再編でも継続していることがわかる。

　ここで重要なことは，両立支援のみの施策を拡大させながらも，子ども支援のみの施策を廃止していないことである。多様な施策によってライフスタイル選択の多様性を確保するためには，たとえ女性が労働市場から退出する可能性を高める子ども支援のみの施策であっても廃止することなく，個人にライフスタイル選択の手段をもたせることになる。

　女性の労働市場参加に伴って，ジェンダー平等との関係を家族政策に反映することも重要な課題である。そのため，子ども支援と両立支援の重なり合う施策と両立支援のみの施策でどのようなバランスをもった家族政策を展開するのか，あるいは子ども支援のみの施策も取り入れた幅広い家族政策を展開してい

くのか，といったライフスタイル選択への対応をめぐって，福祉国家が想定するライフスタイル・家族像を政治的に決定することが求められている。この文脈では，「自由選択」のようにあえてライフスタイル選択の幅を狭めないようにする戦略もありうるし，徹底したジェンダー平等の達成に向けて仕事中心型のライフスタイル選択に特化する戦略もありうる。こうしたライフスタイル選択の政治ともいえる家族政策の展開が今後の福祉国家の再編期の方向を定めるひとつの視角になってくる。

　ここで生じる政治的な対立は2つの面から考えられる。第1に，子どもをもつすべての家族を対象にすべきという普遍主義をめぐる対立である。普遍主義的な給付の提供はすべてのライフスタイル選択に対応することになる。しかし，財政状況によっては普遍主義的な給付に所得制限を設け，高所得者に対する保育の負担を家族や市場に委ねることで，普遍主義から撤退することもある。子どもの保育の担い手を個人にするか社会にするかという選択のなかで，すべてのライフスタイル選択に対応した普遍主義を家族政策に導入するかが争点になる。

　第2に，特定のライフスタイルを支援すべきかという支援対象をめぐる対立である。家族政策の支援対象を家庭中心型のライフスタイルにするのか，仕事中心型のライフスタイルにするのかによって，ライフスタイル選択に家族政策が与える影響は異なってくる。それぞれの政党や労使代表，家族団体などがもつ家族観や家族政策の目的次第では，どれかのライフスタイル選択を重視する家族政策が形成される。少子化や女性の労働市場参加に応じて，どのライフスタイルを支援するのかが争点となる。財政問題や効率的な施策の再編をめぐる対立だけではなく，これらの政治的対立をフランスが「自由選択」によってどのようにして乗り越えたのかが問題となる。

4　家族政策の発展と変容

　以上のようにフランス家族政策を政策目的集合との関係から整理した。こう
することで「自由選択」をキーワードに多様なライフスタイル選択に沿って
様々な施策を配置していることがわかるだろう。しかし，政策目的集合が現状
のフランス家族政策の整理に説得的であっても，なぜフランス家族政策が現状
のように「自由選択」に沿った発展をしてきたのかという過程は説明できない。
そこで本書では歴史的制度論のなかでも漸進的変容論に着目し，フランスが
「自由選択」を基調とした家族政策を徐々に発展させる政治過程を「制度併設」
として説明できることを指摘する。

　福祉国家再編期の家族政策は，遠因として女性の労働市場参加の増大と家族
形態の変容が政策変化を引き起こしているといえる。こうした社会的経済的変
化に伴い，政策変化がある時点で発生し，その後も徐々に政策変化が増分して
いくことになる。こうした変化の説明は，歴史的制度論のなかでも「漸進的変
容論」での説明が適していると考えられる。

断続的均衡論と漸進的変容論

　ピアソンとスコチポルによれば，歴史的制度論には，大きな問題を扱う傾向，
歴史過程の追跡，制度配置と文脈への着目という3つの特徴がある（Pierson
and Skocpol 2002：696-713）。このなかでより重要な特徴として歴史過程の追跡
があり，歴史過程を記述することで因果関係をより厳密に主張しようとし，そ
の結果因果的推論に貢献する。歴史過程を追う際には，経路の発生に関わる過
程と経路の再生産に関わる過程から説明することになり，経路の再生産時に生
じる経路依存性が自己強化やポジティブフィードバックを生じさせて歴史過程

第**2**章 「自由選択」の見取り図

表2-3 制度変化の類型:過程と結果

変化の過程		変化の結果	
		連　続	断　絶
	増　分	適応による再生産	漸進的変容
	急　激	存続と回復	崩壊と交替

出典:Streeck and Thelen 2005:9. 訳は阪野 2006:77に
　　もとづく。

の安定性を説明する(阪野 2006:70-76)。

　経路依存性に着目した場合,歴史的制度論は「断続的均衡論」と「漸進的変容論」という2つの議論に分けることができる[17]。

　まず「断続的均衡論」は,短期間に広く変化を生じさせる出来事が生じ,その変化の帰結が長期間継続することになる。ピアソンは具体的な特徴を4つ挙げる(Pierson 2000:263)。第1に複数均衡をもつことであり,帰結は定まった1点のみに至るのではなく数多くのなかから生じる。第2に偶発性であり,適当な時期の比較的小さな出来事が持続的で大きな帰結を生む。第3にタイミングとシークエンスが重要な役割をもっており,いつ事象が生じたのかが重要であって,「あまりに遅く」生じた事象はほとんど効果をもたない。そして第4に慣性であり,一度ある経路依存性が確立されると,ポジティブフィードバックは単一の均衡に至る場合が多いため,この均衡が変化への耐性をもつことになる。こうした説明から,断続的均衡論は,ある事象によって変化が起こり制度の出発点となるタイミングと,経路依存性が生じて制度遺制が再生産されるシークエンスとに分けられることになる。

　次に「漸進的変容論」は,原因が生じる過程を重視し,経路依存性のなかに変化を見出そうとする。表2-3で示したストリークとセーレンの整理では,断続的均衡論が説明する現実は変化の過程が急激であり,変化の帰結が以前と断絶するため,変化が生じずに制度が持続するか,変化が生じて既存の制度が

89

交替するかのどちらかである。これに対してセーレンは，崩壊に至らない変化を断続的均衡論は説明できないと批判した（Thelen 2003：209）。確かに，断続的均衡論では，変化が起こるときは短期間のタイミングであり，シークエンスの段階では経路依存性によって変化が生じないとされる。シークエンスが続く長期間に変化が生じた場合，断続的均衡論では変化が説明できないことになる。こうした点から漸進的変容論は緩やかな変化に対して説明を加える理論として断続的均衡論よりも説得的である。

　しかし，シークエンスのなかで変化が起こるとした場合，歴史的制度論の大きな特徴のひとつである経路依存性が変化への耐性をもつという特徴を失うため，その理論的意義が弱まる。漸進的変容論が歴史的制度論としての意義を放棄し，歴史過程のなかで生じる変化を記述するのであれば，制度的な制約ではなく利益やアイディアなどのその他の要因によって変化を説明しても成り立つため，漸進的変容論はあくまでも歴史的制度論として論じられる必要がある。したがって，漸進的変容論における経路依存性の重要性は指摘しなければならない。

漸進的変容の類型化

　セーレンはこれまでの断続的均衡論から漸進的変容論へと発展させる3つの対処法を提示した（Thelen 2003：221-222）。第1に，歴史的制度論の定義を緩めることであり，歴史的制度論を「過去が未来に影響を与える」という意味にまで拡大させて対応するものである。しかし，この定義では歴史的制度論としての理論的な意味をなしておらず，分析的な鋭さを失うとした。第2に，経路依存性の特定の部分に焦点をあて，経験的な現象の種類を検証することである。これは，上述のピアソンが断続的均衡論で挙げた経路依存性の複数均衡，偶発性，タイミングとシークエンスの役割，慣性という4つの特徴から，それにあ

てはまるかあてはまらないかを詳細にみていき，そこから変化の要因を捉えようとする。第3に，再生産メカニズムと変化の論理を分けることである。これは，様々な制度のなかにあるフィードバックの過程を分析し，どのような状況下で変化を生じさせる再交渉が起こるのかを分析する。

　セーレンは，第3の対処法による漸進的変容論の理論的発展を目指し，ストリークとともに漸進的変容の5つの形態を提示した（Streeck and Thelen 2005：18-31；阪野 2006：78-83）。

　第1に，制度置換（displacement）は，支配的な制度に対して従属的な制度が漸進的に影響力を増してくることで変化が生じる。これは，支配的な制度からの離反によって生じ，既存の制度内において新しい「論理」が積極的に取り入れられることになる。このため，既存の制度の修正や改正ではなく，異なる制度への移行によって変化が生じる。

　第2に，制度併設（layering）は，既存の制度に新しい要素が「付け加えられる」（attached）ことで既存制度の地位や構造を徐々に変化させることであり，既存の制度と新たな要素との差異の拡大が変化のメカニズムとなる。

　第3に，制度放置（drift）は，外部環境の変化にもかかわらず既存の制度の維持管理を放置したために制度の実際の機能が低下することを指す。制度併設同様に政治的な過程が蓄積することで変化を促進するが，制度放置は非決定によって生じるため他の変化とは異なる。ハッカーはアメリカの医療保障制度が1980年代以降に適用範囲を実質的に縮小させる事例を制度放置として扱う（Hacker 2005：57-62）。

　第4に，制度転用（conversion）は，新たに生じる目的や機能に適合させるよう既存の制度を再定義，再解釈することで変化が生じることを指す。既存の制度と現実との間のギャップは，制度設計時点から意図せざる結果が生まれることや，制度を志向する際に生じる曖昧さ，制度利用者の意図的な利用，時間

経過による文脈の変化から生じる。

　最後に，制度崩壊（exhaustion）は，他の4つの事例とは異なり，長期間による変化に制度が耐えられなくなり崩壊することを指す。

　以上の5つが長期間にわたる変化の過程を経た漸進的変容を示している。これらの変化には元となる事例が存在し，それぞれの変化のメカニズムや詳細な変化の展開にあてはめることで，いくつかの変化を伴う経路依存性のパターンの析出が可能になる[18]。ただし，なぜ5つなのかという問題は存在する。また，その後の制度変化の議論（Mahoney and Thelen 2010）が行為分析を導入することで「多元主義への回帰」がみられるという問題もある（新川 2011a：27-33）。そのため，制度の安定性のなかでの変化を既存の制度や政治文脈から把握することで歴史的制度論としての位置づけを明確にする必要がある。

フランスの家族政策――「自由選択」による制度併設（layering）

　本書では以上の漸進的変容論のなかでも制度併設（layering）に沿ってフランス家族政策が発展してきた政治過程を説明する。

　改めて制度併設について述べると，制度併設は新しい要素が付け加えられることによって既存制度の地位と構造が漸進的に変化することを指す。そのメカニズムは既存の制度と現実との差異の拡大から生じる。具体的には，まず，既存の制度の周縁で創設された新制度が急速に拡大する。その後，周縁で生まれた新制度が既存の制度の中心部へと侵食し始める。そして，次第に新制度が既存の制度からの支持を横取りするようになる。その影響から，既存の制度の不安定なイメージが固定化する。最終的には，既存の制度と新制度の妥協による既存制度の漸進的崩壊が進行する。

　制度併設を最初に示したシックラーは，異なる利益が競合する連合間の相互行為と緊張のなかで制度発展が行われる「つながりを欠く多元主義」がアメリ

カ議会の制度発展の特徴であると示した（Schickler 2001）。その際，1909年と1910年の議会運営規則改革や1925年の大統領選挙造反者への処罰，1974年予算法などいくつかの事例で既存の制度に新制度が付け加えられることで制度発展が行われることを発見した。また，ハッカーは福祉政策における制度併設の具体的な事例を提示し，アメリカで既存の公的年金に私保険的性格の強い年金プログラムが併設され，この新制度の税制優遇や規制緩和から労働者が新制度に流れることで公的年金制度が手を加えられずに空洞化したことを示した（Hacker 2005：62-68）。

　フランスの家族政策の事例は制度併設の詳細なメカニズムすべてに合致するものではないが，重なる部分が多い。フランスの現金給付は家族手当として戦前から普遍主義的な給付を整備しており，戦後もこの性格を維持した。この家族手当で普遍主義的な給付を行うほかに，戦前から単一賃金手当や主婦手当といった専業主婦を支援する給付も用意した。その後，女性の労働市場参加と家族形態の多様化に沿い，専業主婦向けの給付にとどまらない様々な補足的給付が新たに付け加えられるようになった。1986年には育児休業給付となる育児親手当（APE）や，ベビーシッターの雇用を支援する在宅保育手当（AGED）を開始し，1990年には認定保育ママ雇用家庭補助（AFEAMA）を創設した。こうした給付は1990年代以降も拡大し，2004年には乳幼児受け入れ給付（PAJE）に組み込まれて手当の名称に「自由選択」を使用するに至った。

　このように，1970年代後半以降の家族政策の発展と再編は，既存の普遍主義的な家族手当に加えて多様な現金給付が付け加えられ，既存の制度の周縁で創設された新制度が急速に拡大する制度併設のメカニズムと合致する。また，その後の展開は，普遍主義的な家族手当に付け加えられた施策が充実していくことで周縁で生まれた新制度が既存の制度の中心部へと侵食し始めたといえる。

　ただし，その後の制度併設の説明であれば，次第に新制度が既存の制度から

の支持を横取りするようになるが，フランス家族政策の事例は，家族手当という既存の制度と共存しながらも付け加えられた施策が発展していくことになった。本書が対象とする2004年まで，既存の制度の不安定なイメージの固定化や，既存の制度と新制度の妥協による既存制度の漸進的崩壊の進行は起こっておらず，完全には制度併設として説明できない。それでも，政策変化のなかに既存の財政上の管理運営体制となる家族手当金庫を存置させながら改革を進める経路依存性も確認でき，大規模な改革が提案されても既存の制度が維持，発展するなど，新制度が付け加えられたことから既存制度の地位と構造が漸進的に変化して「自由選択」を多様なアクターが反対しなくなることで既存の施策を発展させる制度併設としての家族政策の展開が説明できる。

　制度併設による説明はサービス給付の発展からも可能であろう。フランスのサービス給付は戦後の早い段階で3歳から6歳までを中心とした保育学校が整備され，1970年代以降は0歳から3歳までを中心とする保育所などの整備が必要とされてきた。認定保育ママ制度は施設によらない人的資本を活用する保育の仕組みとして1977年から導入され，保育学校などの施設サービスに新しい制度として付け加えられた。しかし，主に保育ママの経済的要因から1980年代の認定保育ママの利用は停滞した。そのうえ保育所などの整備は1980年代の家族のニーズに対応するまでの拡大はみられなかった。こうしたことから，認定保育ママの利用を改善するため，1989年には保育ママ仲介制度（RAM）を導入し，家族手当金庫が親と認定保育ママの仲介をするようになるほか，1990年には現金給付であるAFEAMAを創設するようになり，1990年代以降給付額が拡大していった。以上の説明は，1990年前後に行われた認定保育ママ制度の改善によって，1977年に既存の制度に付け加えられた認定保育ママの数が急増して保育所以上に主要な保育方法へと発展する漸進的変容が生じたことを示している。

　こうした制度併設による説明の一方で，実際の政治過程をみると，新しい政

94

策に向けたアイディアの提示やその挫折，政党，労働組合，家族団体などの多様なアクターによる具体的な施策の促進と阻害などを経て，結果的にすべてのアクターがフランス家族政策で「自由選択」という全体的な方針を合意可能なものとして反対しなくなった。

アクターの戦略的相互行為においてアイディアの役割に注目することは，他のアプローチがもつ変化を十分に説明できないという問題点に対して，むしろ変化を射程に収めることで福祉国家の多様な再編過程に説明を加えるものである（加藤 2012：152-155）。たとえば，ホールの「政策パラダイム論」は，イギリスでのケインズ主義からマネタリズムへの急進的な変化に対してアイディアを介在させた政策ネットワークの形成に着目する（Hall 1993）。このようにアイディアは制度や政策に働きかけることで大きな変化を生み出すことが可能である（佐々田 2011；木寺 2012）。しかし，アイディアが共有されない場合や，アイディアが途中で挫折した場合，世論に代表される外部からの強力な支援がない場合などには変化を説明できず，別の要因から説明する必要がある。フランス家族政策の場合，他の年金や医療などの社会保障に比べても財政的な規模が小さく，家族の価値を利益として掲げるアクターが中心となって施策の統合や削減に抵抗したこともあり，アイディアがメディアや多様なアクターに影響を及ぼして大きな変化を生み出すことは困難であったと考えられる。こうした政治的な要因を含めた詳細な説明は第3章と第4章で行う。

フランス家族政策とライフスタイル選択

以下の章では，これまで提示した政策目的集合と制度併設による説明に沿って，フランス家族政策が発展した政治過程を記述し，最終的に「自由選択」がフランス家族政策の方針として明確化されることで多様なアクターが既存の施策の発展に反対しなくなったことをみていく。

95

第3章では，フランスの現金給付について安定的に発展してきた1970年代までをみていく。フランスでは普遍主義的な家族手当を第2次世界大戦前から用意し，出産奨励策として家族を経済的に支援する家族政策を採用した。第2次世界大戦後には，家族政策を管理運営する家族手当金庫が独立した組織として確立し，家族政策の安定的な発展を支える構造が成立した。第3章ではこうした基盤形成の時期を説明する。

　第4章では，「自由選択」を目的とする家族政策が現れた1970年代後半から「自由選択」を手当の名称として用いた2004年の改革までを扱う。フランスでは女性の労働市場参加や家族形態の多様化に対して，家族手当や基礎手当を中心に，家庭中心型，環境順応型，仕事中心型のいずれにも影響を与える子ども支援と両立支援が重なり合う部分での政策対応を行ってきた。また，就業自由選択補足手当や保育方法自由選択補足手当は相対的に仕事と家庭の調和を目指す両立支援を推進し，環境順応型と仕事中心型のライフスタイル選択に対応してきた。ただし，出産奨励主義の影響を受けた多子家族支援を未だに残しており，家庭中心型への支援も継続している。こうしたすべてのライフスタイル選択への対応が「自由選択」として多様なアクターの合意可能な一致点となった。ここに至るまでには既存の施策の統合案であるアイディアや普遍主義的現金給付への所得制限の導入など制度の安定的な発展に対立する施策も登場した。こうした対立を乗り越えてフランス家族政策は制度併設で発展してきた。

　第5章では，サービス給付のなかでも特に認定保育ママに焦点をあて，現金給付による経済的な支援を伴ったサービス給付となる認定保育ママの機能が「自由選択」のなかで両立支援部分の発展を支えたことをみていく。認定保育ママが主たる保育方法となることで仕事と家庭の調和を支援する両立支援への手厚い制度的保障が成り立っている。

　終章では，第3章から第5章の議論を整理したのち，フランス家族政策が制

96

度併設で説明できることを示す。そして多様なアクターがフランス家族政策の再編で合意可能なものとした「自由選択」がもつ意義と限界も考える。「自由選択」は多様なアクターの対立を乗り越える可能性やフランス家族政策の困難な位置づけを説明する可能性を示す一方で、サービス給付の拡大による真の「自由選択」の実現や、労働市場の階層化、普遍主義的現金給付の不安定化といった課題も残されている。

註

（1）これらは OECD Social Expenditure Database の定義による。

（2）「女性労働良好度」は有償労働者に占める女性の比率や賃金格差、高等教育を受けている比率、エリートの男女比から指標化する。「家族福祉志向」は社会保障支出や家族政策への支出、育児休業、サービス給付から指標化したものである。

（3）ここでいうジェンダーや女性の地位の議論で提示されるジェンダー平等政策は幅広く考えられ、男女雇用機会均等法や男女共同参画社会基本法などを含め、労働市場での女性の地位のみならず女性の政治参加や家庭内での男女平等を志向する政策であるといえる。このなかには、中絶や避妊などの家族の再生産に関わる政策やセクハラ、ドメスティック・バイオレンスを防止する政策など女性差別の撤廃も含まれる。限りなく広く定義すれば、家族政策を包含する政策ともなるだろう。

（4）「一般家族支援」は、子ども向け現金給付や家族を対象とした税控除、3歳以上の就学前のサービス給付を指標とし、「共稼ぎ支援」は、0歳から3歳までのサービス給付、出産休業給付、父親向けの休業給付、高齢者向け公的ホームヘルプサービスを指標とした。

（5）社会的投資戦略と、仕事と家庭の調和という2つの議論に注目するにあたって、田村哲樹が1990年代以降の労働／ケアの再編のありうるパターンを近年の福祉国家の3つの政策言説から説明したことは参考にすべきである（田村 2011：192-203）。

第1に、「社会的投資」の政策言説は、ギデンズやエスピン＝アンデルセンなど

の議論にみられる，既存の男性稼ぎ手モデルからは決別し，ジェンダー平等の達成も視野に入れた労働／ケアの再編を目指す政策言説である。第2に，「ケアの再分配」の政策言説は，「社会的投資」に欠けているものとしてジェンダーへの配慮を挙げ，男女がケアをシェアすることに主眼を置く政策言説である。ここでは，完全に商品化することのできないケアの存在から男女間でのケアの再分配の重要性を主張する。第3に，「ケアの絆」の政策言説は，無償で行われるケア労働の代替不可能な重要性に焦点をあてるという意味で「ケアの再分配」と同じであり，商品化に傾きがちな「社会的投資」とは異なる政策言説である。ただし，「ケアの再分配」とは異なり，「男性のケア」の観点よりは，「ケアを担う／与えられる」という関係に着目し，異性愛夫婦による家族を超えて女性に焦点をあてて議論する。

　本書ではこれらの3つの政策言説からではなく，社会的投資戦略と仕事と家庭の調和の2つの議論から説明する。社会的投資戦略が「社会的投資」の政策言説に対応するのは理解しやすいものとして，仕事と家庭の調和と「ケアの再分配」および「ケアの絆」の関係は注意する必要がある。

　家族ではなく家族政策を分析する場合，家族内に存在するケアの再分配の問題（男性の行動を変えることや無償のケアを行う主体の再構成）を政策によって政府が直接介入することで解決することは考えにくい。それは，田村がマクロな「言説政治」とミクロな「日常的な政治」とに政治の次元を分けて考察し，労働／ケアのあり方のゆくえを公式の政策形成過程のレベルで規定するのは言説政治であるとしていることからも考えられるように（田村 2011：208），家族政策が当事者間での労働／ケアの関係のすべてを決めることはないだろう。そのため，家族政策を取り上げる場合には，政府が「ケアの再分配」や「ケアの絆」に対してどのように間接的に支援するのかに関心が移ることになる。本書では，「ケアの再分配」と「ケアの絆」という2つの政策言説の重要性を認識したうえで，「日常的な政治」での労働／ケアの再分配を間接的に支援する議論を仕事と家庭の調和としてまとめ，それを支える家族政策の機能を議論する。社会的投資戦略にも家族政策は含まれるが，ここでの仕事と家庭の調和はそれぞれの政策言説が接合する可能性のなかで仕事と家庭の調和を望む男性の視点やそれを女性のみに限定することへの疑問を解消するための施策の提示にもなりうるだろう（Cf. 田村 2011：

207-209)。

（6）『第三の道』では家族関係にも言及し，伝統的な家族からの転換として，家庭内での対等の権利と義務や，子どもの共同養育，親子関係の生涯契約，社会的に統合された家族などの要素をもつ「民主的家族」の必要性を説いた（ギデンズ1999：154-167）。

（7）フランスでは家族手当を20歳未満まで支給しているが，これは若年層への支援というよりも高い高等教育就学率と低い就業率を受けて労働市場への若者の参入を遅らせている側面が強い（バルビエ・テレ 2006：118）。

（8）平成23年社会生活基本調査を参照。家事関連時間とは，家事，介護・看護，育児および買い物の時間を合わせたものである。

（9）本書ではこの憲章の「仕事と生活の調和」を「仕事と家庭の調和」とする。

（10）厚生労働省ウェブサイト（http://www.mhlw.go.jp/stf/seisakunitsuite/bunya/kodomo/kodomo_kosodate/kosodate/index.html 2015年3月25日現在）を参照。

（11）ハキムは仕事中心型の女性グループに子どものいない女性を含めているが，本書で取り上げる家族政策は子どもがいる家族を主たる対象として取り上げるため，子どものいない女性はほぼ含まれない。また，ハキムはそれぞれのグループで反応する政策が異なると考えているが，本書では家族政策が女性のライフスタイルそれぞれに影響を及ぼすと考える。

（12）子ども支援と両立支援の重なる部分での家族政策の展開は，すべてのライフスタイル選択に対して給付するため，税財源による社会保障の根拠ともなりうるだろう。

（13）民主党が政権を担った際に現金給付が先行した理由はこの他にも考えられ，行政不信にもとづくサービス給付が非効率であるという国民の思いから，現金給付が最も国民の支持を得やすい政策だと民主党が判断したとも考えられる（宮本ら編 2011：123-124）。

（14）家庭環境にかかわらず子どもへの社会的投資を行う子ども支援のみの家族政策として考えるならば，ひとり親への現金給付や孤児を受け入れた場合の現金給付などは特定の家族への子ども支援として位置づけることが可能であろう。

（15）正確には単一賃金手当と主婦手当，保育費用手当が家族補足手当に統合された。保育費用手当については第3章第4節を参照。

(16) 産後手当（allocations post-natales）は1975年1月3日法で創設されたそれまで
の出産手当に代替する現金給付であった（Monnier 1977：65；Rasle 1977：
1012-1013）。

(17) 2つではなく「決定的経路依存性」を含めた3つの経路依存性のあり方から説
明する議論もある（Crouch 2005：74-75）。その際，「決定論的経路依存性」は，
ある時点で固定された経路によって，アクターが変化や退出の可能性のない道筋
を不可避に強いられるものとして説明される。そのため，これには変化の可能性
がない。決定論的経路依存性の具体的な事例は，キーボードのQWERTY配列が
挙げられる（David 1985）。

(18) より演繹的な分析を志向するならば，ハッカーが整理した制度転換戦略の整理
を挙げることができる（Hacker 2005：48；宮本太郎 2008：55）。ハッカーは，
セーレンの整理にもとづきながら，政治における現状維持志向と制度自体の転換
に対する抵抗という二次元で変化を類型化した。

第3章
「自由選択」への助走
―― フランス家族政策の成立と安定 ――

全国家族手当金庫のロゴマーク
(2015年6月11日, *Le Monde*, PHILIPPE HUGUEN/AFP) (http://www.lemonde.fr/argent/article/2015/06/11/allocations-familiales-ce-que-vous-toucherez-a-partir-du-1er-juillet_4652330_1657007.html)

本章では，1970年代までの現金給付の発展に注目し，現在に至るまでのフランス家族政策の構造や管理運営体制の制度配置がこの時期に決定されたことをみていく。本書ではフランス家族政策の全体像を基礎的給付と補足的給付の2階建て構造から説明する。多様なライフスタイル選択を支援する施策は主に1970年代後半から登場し，1990年代のアイディアによる統合案や削減の政治を乗り越え，1990年代後半に既存の施策を「自由選択」として明確化することで2000年代以降もさらなる発展を遂げてきた。ただし，フランス家族政策の特徴のひとつである2階建て構造は戦前から既に整備されていたため，いかにして2階建て構造が成立してきたのかを説明する必要がある。そこで本章では戦前から1970年代までの家族政策の動向を扱う。なお，既に戦前を中心としたフランス家族政策の研究は日本でも蓄積があるため，次章につながる現金給付の発展に関連した叙述に限定する。

　以下，第1節では，フランス家族政策を説明するにあたって重要な基礎的給付と補足的給付の関係を説明する。そこから2階建ての構造をもつフランス家族政策の現金給付を図示することで今後の議論の出発点とする。第2節では，戦前からの家族手当の整備を概観し，普遍主義的現金給付が戦前から確立したことを確認する。第3節では，戦後の家族手当金庫の分離によって金庫の自律性が維持され，その後の現金給付の財政や管理運営体制に影響を与えたことを説明する。最後に第4節では，1970年代半ば以降の「自由選択」に至る現金給付が付け加えられ始める政策的な背景について離婚や避妊，扶養などの女性と家族をめぐる環境変化と特定の子どもや家族を対象とした最低所得保障の展開からみていく。

1　2階建ての現金給付とライフスタイル選択

　フランス家族政策は多様な施策にわたっており，これらの施策がどのように配置されているのかをわかりやすく捉える必要がある。本書では，フランス家族政策を2階建て構造からなるものとして説明する。

　まず，1970年代後半から多様な施策が付け加えられてきたことを説明するために家族政策が基礎的給付と補足的給付から成り立つことを説明したい。基礎的給付と補足的給付の位置づけの違いは，2004年の乳幼児受け入れ給付（PAJE）をめぐる議論のなかで登場する。詳しくは次章で述べるが，このPAJE に関する報告書のなかで，基礎的給付と補足的給付に分けて考えることが合意可能な一般的結論のひとつに挙げられた（Hermange et al. 2003a：185）。ここでいう基礎的給付はできる限りすべての家族を対象とした現金給付のことであり，補足的給付は基礎的給付を受給したうえでそれぞれの家族の乳幼児受け入れの状況に応じて支給する現金給付のことを指す。本書では，現金給付全体の構造を明らかにするため，PAJE の対象となる施策以外にも基礎的給付と補足的給付の分類を適用し，すべての子どもを対象とした普遍主義的な給付を行う基礎的給付としての1階部分と，そのうえに特定の子どもや家族のために給付を行う補足的給付として2階部分からの現金給付がフランス家族政策の基本的な構造であると説明していく（図3-1）。

　1階部分は，すべての家族を対象とした普遍主義的給付であるため，家庭中心型，環境順応型，仕事中心型のどのライフスタイル選択にも対応可能な給付となる。第2子以降に提供される家族手当は，所得制限もなく受給要件も20歳未満の子どもが2人以上いることのみであることから，家庭中心型，環境順応型，仕事中心型それぞれの多様なライフスタイル選択を支援する施策である。

104

第3章 「自由選択」への助走

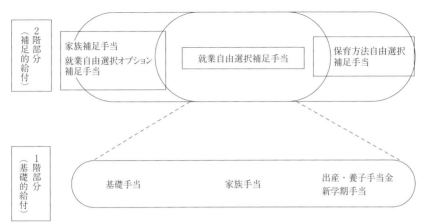

図3-1 フランス家族政策の現金給付における2階建て構造
出典：筆者作成。

また、PAJEのなかでも、基礎手当は、所得制限があるものの、家族手当が及ばない第1子に向けた家庭中心型、環境順応型、仕事中心型のライフスタイルにいずれも等しく効果をもたらす施策である。このほか、出産が判明した場合や養子を受け入れた場合に支給される出産・養子手当金、6歳以上18歳未満の学生がいるすべての家族に新学期への準備金として支給する新学期手当などが1階部分の給付として考えられる。

2階部分はPAJEの改革以降「補足手当」という名称を用いた現金給付が該当する。就業自由選択補足手当は、受給する以前の就労が条件となり、復職を前提とした子育てのための休暇かパートタイムでの就労が必要となる現金給付である。就業自由選択補足手当は育児休業給付であり、復職して仕事を継続することや仕事をそのまま辞めて育児に専念することのどちらのライフスタイル選択も個人に委ねる仕組みであるため、すべてのライフスタイル選択に対応した2階部分の補足的給付である。

PAJEでは保育方法自由選択補足手当も創設された。これは、職業活動に従事している親が認定保育ママや在宅保育者を雇用した際に支給され、働きなが

ら子どもを育てる家族に特化した現金給付である。保育方法自由選択補足手当による経済的支援を受けて，親以外からの保育を受けることが可能となる。ただし，認定保育ママや在宅保育者は保育所や保育学校による保育や教育に比べるとその質の確保が難しく，子ども支援よりも女性が労働市場で継続的に働けることを支援する両立支援の側面が強いと指摘できる。ここから保育方法自由選択補足手当は仕事中心型のライフスタイル選択に親和的だといえよう。

1977年に作られた家族補足手当や2006年に創設された就業自由選択オプション補足手当は，他の給付が第1子や第2子をもつ家族でも受給できるのに対して，第3子以上をもつ多子家族に限定して支給する現金給付である。こうした経済的支援は第3子以上をもつ家族に対して労働市場から退出して生活できる可能性を高めることにつながり，子ども支援のみの目的をもつ現金給付として整理できる。

1階部分と2階部分の区別は，以上のように普遍主義的か否かで区別できるだけでなく，併給可能かどうかという受給条件からも区別することができる。たとえば，保育方法自由選択補足手当と就業自由選択補足手当の併給には条件があり，どちらかが満額支給された場合には併給できない。これに対して，家族手当や基礎手当は併給に関して特に制限はなく，補足手当とは違い特定のライフスタイル選択に関係なく受給可能である。現金給付は1階部分の給付を前提として，特定の経済的支援を2階部分で実施する構造になっている。

1階部分は子ども支援と両立支援の2つの機能が重なり合っており，すべてのライフスタイル選択に対応している。それに対し，2階部分はそれぞれのライフスタイル選択に対応した給付として説明できる。こうした2階建て構造の全体像がフランス家族政策の現金給付の特徴である。

第**3**章 「自由選択」への助走

2 普遍主義的現金給付の成立

それでは，この2階建て構造の現金給付はどのようにして発展してきたのであろうか。その起源を探るには2000年代の家族政策を検討するだけでは不十分である。実際，2階建て構造は既に第2次世界大戦前から確認できる。そのため，戦前の現金給付の創設と発展から家族政策の説明を始めていきたい。

補償金庫による家族手当の拡大

戦前の現金給付の整備で最も重要なのは，1939年のすべての就業者を対象とした家族手当の成立である。この普遍主義的現金給付が戦前から整備されることで，フランス家族政策には早くから普遍主義の伝統が形成された。

フランスでは，1860年12月26日付の皇帝通達（circulaire impériale）で現役海兵隊員や5年以上の海軍軍籍登録者が扶養する10歳未満の子どもひとりにつき1日0.10フランの補償手当金を支給する制度が家族手当の萌芽であった（宮本 1995：172）。その後，19世紀末から20世紀初期にかけて間接税の税務署や税関，郵政省，財政・植民地中央省などの職員にも支給され，徐々にその慣行が拡大した（Ceccaldi 1957：14；宮本 2000：178-179）。1913年には，13歳未満の子どもを4人以上養い，生活費を欠くすべての家族に対して手当を給付する多子家族扶助法（loi d'assistance aux familles nombreuses）[1]が成立した。市町村の物価水準に応じて年額60から90フランという低額な給付だったが，特定の職種に限定されない普遍主義的な現金給付の端緒となった（深澤 2008：24-25）[2]。

多子家族扶助法は第4子以上の多子家族向けの子ども支援であり，第1子から対象となる家族手当ではなかった。第1子から対象となる家族手当は，多子家族扶助法のような法律によってではなく，民間企業の経営者によって普及す

107

るようになった。その際，1918年にロリアンやグルノーブルなどで開始された使用者のみの拠出による補償金庫（caisse de compensation）が第1子向けの現金給付の飛躍的な普及を支える財政的な仕組みとなった（加藤 1984：159；深澤 2008：26-32；福島 2015：122-123）。

　補償金庫設立の有名な事例であるグルノーブル[3]では，金属加工会社の経営を任されていたエミール・ロマネが8人の男性労働者の状況を調査した際，単身者や子どものいない既婚労働者よりも13歳以下の子どもをもつ労働者のほうが裕福ではなく，特に大家族の父親はフルタイムで働いているにもかかわらず困窮状態にあることを発見した。そこで，ロマネは家族の大きさに応じた手当の支払いを考えた。ロマネは，子どものいない労働者と女性は0.60フランの引き上げに抑え，子どもをもつ父親には0.90フランの引き上げを行う，日払い賃金に対する上乗せ支給を実施した。その結果，子どもをもつ家族に対して支援をするだけでなく，全員の日払い賃金に0.80フランの引き上げを行うよりも全体の費用を引き下げることにもなった[4]。ただし，子どもをもつ男性労働者のみを優遇する賃金の上乗せを実施した場合，企業にとっては子どもをもつ男性労働者の費用が上昇し，単身者や女性労働者を雇用したほうが費用を抑えられる。これを回避するためロマネは特定の地域や産業ごとの補償金庫を創設した。補償金庫を同じ地域や産業の複数の使用者で運営した結果，それまで個人経営者が担っていた子どもの負担を集合的に平準化できるようになった（Dutton 2002：21-22）。これ以外にも，家族手当の支給を求める補償金庫未加入企業の労働者の運動や，補償金庫の存続が使用者の判断に任されているため景気の後退によって補償金庫が存続しなくなると考える労使双方の危惧，後述する人口減少への対応が家族手当の支給につながった（宮本 1995：175-177）。

　以上の理由から補償金庫による家族手当は使用者にとって魅力的であり，補償金庫の数は急増した。1920年に6か所だった補償金庫の数は，1925年には

160まで増加し，1932年には230まで急速に拡大した（Ceccaldi 1957：21；Ancelin 1997：57）。こうした家族手当や補償金庫の整備は基本的に使用者側の対応から生じたといえる[5]。深澤敦は，使用者が補償金庫を創設した背景として，第1次世界大戦後のインフレのもとで労働者が要求する全般的な賃上げと社会保険の成立を通じた政府介入の両方の回避を指摘する（深澤 2008：28）。前者の全般的な賃上げの回避が，1920年にパリ地域補償金庫が設立された際，全般的な賃上げを回避するために家族扶養の負担を軽減することのみに特化し，家族手当を賃金の一部とせずに育児という社会的機能への補償であるとした点が挙げられる（深澤 2008：28-29）。

　後者の政府介入の回避に関しては，1989年の労働補償法以降強制保険の導入をめぐって政府と労使との間で対立してきたことが挙げられる（千田 2010：183-186）。フランスの社会保険は労使による自律的な管理と運営が行われており，強制保険は政府の私的領域への介入を意味した。政府は1910年の退職年金法や1928年社会保険法で強制保険を導入し社会保険を制度化しようと試みたが，その都度農業団体，医師会，共済組合，使用者団体からの反発を受けてきた。新たに1930年に社会保険法が成立したときには，強制保険制度が採用されたものの，当事者による管理が原則となり，労使双方での社会保険の管理運営体制が残された。こうして強制保険であっても労使中心の管理運営体制にすることで政府介入を回避したフランスの家族政策を除く社会保険制度は，職域ごとに異なる水準で給付することになった。家族手当も使用者の拠出する補償金庫が支給することで政府による社会保障への介入を回避し，自立的な管理運営を行ってきた。

普遍主義的な家族手当と出産奨励策としての現金給付

　以上のように1920年代までに使用者が拠出する補償金庫がそれぞれの地域や

職域ごとに設立され，その枠内で家族手当を給付してきた。1920年には多子家族への支援を目的とする家族手当一般化の法案提出もみられた（福島 2015：138-140）。この当時の法案は予算の問題などから採決に至らなかったが，1930年代に入ると補償金庫数の増加に伴って立法化の動きが加速することになる。

　家族手当は1932年3月11日法（家族手当法）で立法化された。加藤智章によれば，1932年法の背景は概ね3つ挙げられる（加藤 1984：159-161）。第1に，家族手当受給者と他の労働者との不平等の顕在化である。それまでの賃金には家族賃金という考えがなく労働者個人だけの労働の対価として賃金が支払われるため，家族内で扶養する人数が増えるとその分生活水準が低下した。これは，上述のエミール・ロマネが対処したことにつながる問題である。第2に，人口問題の存在である。当時のフランスは第2次世界大戦を目前にドイツと比べて人口が少ないだけでなく，1930年代半ばからは自然増加率と人口増加率の両方でマイナスとなり人口減少が続いた（表3-1，表3-2）[6]。人口減少を問題視する出産奨励主義者は家族という利益を掲げて国家目標としての出生率改善に乗り出した。その結果，政府による家族給付の実施と出産奨励主義を結びつけて家族を基盤とした再分配政策の導入に成功した（Pedersen 1993：372-378，410）。第3に，1920年代後半の恐慌の影響もあって補償金庫数が頭打ちになったことが挙げられる。これにより，使用者が自発的に補償金庫を設立して安定的に家族手当を支給する慣行の限界が明確になった（深澤 2008：26）。

　これらの背景から成立した家族手当法は，労働者を常時雇用する使用者に補償金庫への加入を義務づけた。家族手当は使用者から直接労働者に支給されるのではなく，家族手当補償金庫から子どもを保育する労働者に支給された（上村 1973：6）。財源はこれまで同様に使用者のみが拠出するものの，家族手当は法律にもとづく制度として確立し，労働法典の賃金の部へと編成された（福島 2007：120）。

第**3**章　「自由選択」への助走

表3-1　1930年代前半の総人口と活動人口

（単位：1,000人）

国	年	種別	総数	経済活動人口	経済活動人口比率
イギリス	1931	男 女	21,459 23,337	14,801 6,273	69.0% 26.9%
		総数	44,795	21,075	47.0%
フランス	1931	男 女	19,912 21,317	13,711 7,900	68.9% 37.1%
		総数	41,228	21,612	52.4%
ドイツ	1933	男 女	31,764 33,598	20,817 11,479	65.5% 34.2%
		総数	65,362	32,296	49.4%
スウェーデン	1930	男 女	3,021 3,121	1,997 896	66.1% 28.7%
		総数	6,142	2,892	47.1%
ベルギー	1930	男 女	4,007 4,085	2,758 992	68.8% 24.3%
		総数	8,092	3,750	46.3%

出典：ILO 1939：3.

表3-2　1930年代のフランスの人
口増加率　（単位：%）

	自然増加率	人口増加率
1932年	1.5	0.0
1933年	0.4	0.7
1934年	1.0	1.4
1935年	−0.4	−0.2
1936年	−0.3	−0.7
1937年	−0.3	−0.5
1938年	−0.8	−0.7
1939年	−0.7	−1.4

出典：フローラら編 1987：53。

　1938年11月12日のデクレ・ロワ[7]では各県での家族手当の最低額を，5歳未満の第1子に県平均成人男性賃金の5％，第2子に県平均成人男性賃金の10％，第3子以降には県平均成人男性賃金の15％と設定した（上村 1973：9；

深澤 2008：27；福島 2015：156-166)[8]。最低額を設定したのはそれまでの手当額にばらつきがあり，手当額を県ごとに統一するためである（深澤 2012：169-172)。家族手当法成立時から補償金庫間に手当額のばらつきは存在していたが，強制仲裁制度を導入したことで一層ばらつきが拡大した。強制仲裁制度導入の背景には，1936年に成立した人民戦線内閣のなかで影響力を高めた労働組合が実質賃金と購買力を維持する方法として「賃金の物価スライド制」を要求するも拒絶され，その代替的な解決策として強制仲裁制度を受け入れたことがあった（深澤 2012：169)。強制仲裁制度では，政府の選んだ仲裁人の判断からインフレを考慮した賃金の引き上げが行われ，その一部で家族手当も引き上げられた（Dutton 2002：145-152)。その結果，強制的な仲裁から補償金庫への政府の介入や財源を拠出する使用者の負担増をもたらした。以上の点で使用者は強制仲裁制度に対して不満をもっており，人民戦線が事実上終焉を迎えた1938年には，使用者を支援する政党含めて新たに誕生した内閣が家族手当の手当額を県ごとに統一し，強制仲裁制度で拡大したばらつきを是正した。

　また，1938年11月12日のデクレ・ロワは，すべての補償金庫が専業主婦手当金（prime de la mère de foyer）を家族手当に加算して支給するよう強制した（宮本 1995：188-189)[9]。この当時，一部の補償金庫で実施された専業主婦手当金には，家族手当と専業主婦手当金を併給する場合と家族手当のみを支給する場合の2種類の給付体系が存在するという問題があった[10]。この問題に対処するために専業主婦手当金の加算を強制したのである。専業主婦手当金はその名の通り，母親が職業活動に従事していない場合や労働者であっても子どもの保育にあたっていて所得が低い場合に支給された。主に専業主婦を対象に女性を子育てに専念させる専業主婦手当金は人口減少を背景に出産奨励を通じた少子化対策の側面があると考えられる（上村 1999：165-166)。このように考えると，専業主婦手当金は女性の労働市場参加を阻害する子ども支援のみの施策である

といえよう。家族手当がすべての就業者を対象とする普遍主義的な現金給付に
なるまでにはあと半年以上待たねばならないが，この専業主婦手当金の導入で
１階部分の家族手当と２階部分の専業主婦手当金という２階建て構造の家族政
策は実現した（深澤 2012）。

　1932年の家族手当法は労働者を対象としていたが，使用者や自営業者等は対
象ではなかった。これが最終的に達成をみたのは1939年の家族法典の制定で
あった。上述のように1930年代後半に人口が減少し，出産奨励主義者の危機感
が家族手当を通じた国民全体での出生率改善を推進させた。右派内閣は出産奨
励主義者の主張を受け入れ，1939年７月29日法の家族法典[11]で使用者や自営
業者なども家族手当の対象として出生率の改善に取り組んだ。この家族法典で
使用者を含めたすべての就業者を対象とする普遍主義的な家族手当が実現した。
家族法典はこのほかにも，これまで独自の発展を遂げてきた公務員を対象とす
る家族手当制度との統一や，手当額の累進性を高めた多子奨励の強化，初産手
当金（prime à la première naissance）[12]の創設，主婦手当（allocation de la mère au
foyer）[13]の創設，人口・家族問題への国家の責任の明確化などが行われた（宮
本 1995：190-191：福島 2007：121-123）。福島都茂子は，家族法典は出産を奨励
する明白な人口増加政策であり，出生率低下を阻止するために論理的に一貫し
た家族政策を初めて行ったと指摘する。

　1939年に普遍主義的な家族手当が実現したフランスは，翌年にドイツの侵攻
を受け，ヴィシー政府の樹立へと至った。ヴィシー政府は敗北の原因のひとつ
を出生率の低下にあるとして，1941年２月15日法で家族手当を増額し，第４子
以降に関して５割増しの多子家族の奨励策を実施した（福島 2008：56-62）。ま
た，同年３月29日法では単一賃金手当（allocation de salaire unique）を創設し，
主婦手当に加えて父親あるいは母親のどちらか一方の賃金しか得ていない子ど
ものいる家族を手厚く支援した（深澤 2012：186-188）[14]。さらに，プロパガン

ダを利用して出産を奨励するなどの多様な支援を打ち出し，結果として1942年
には出生率が上昇した（福島 2015：ch. 7）。

戦前から続く2階建て構造

　以上の戦前の現金給付の過程をみると，経済状況や人口減少から使用者と出
産奨励主義者の利害が合致し，すべての就業者を対象とした家族手当の実現が
可能になったといえる。また，出産奨励のため2階部分に主婦手当や単一賃金
手当を配置し，すべての労働者を対象とした普遍主義的な家族手当と女性が家
庭内で子どもを保育するための現金給付とが併存することになった。この2階
建て構造が戦前から形成されることで，フランスは職域によらない普遍主義的
な家族手当を早期に提供するという，保守主義レジームのなかでも珍しい存在
となった。この普遍主義の伝統は戦後も継続し，1階部分の普遍主義的給付が
フランス家族政策を支える代表的な施策として確立した。

　フランスでは使用者が家族手当を効果的に採用した。ルーベ－トゥルコアン
の補償金庫では1922年に賃金の代替案として家族手当を提示したが，それだけ
が目的ではなかった。実際には，労働者を管理するために労働組合を切り崩し
たいと考え，その対策として家族手当による給付を行った（Pedersen 1993：
237）。フランスの社会保険は政府介入のない状態で形成されたため，使用者は
社会保険を戦略的資源として使用可能であった。そのため，使用者参加の構造
と使用者の利益が重なった家族手当が充実していった（Pedersen 1993：423）。
また，出産奨励主義や社会カトリックからなる保守派も家族手当を推進した。
1930年代を中心に人口減少を経験したフランスにとって出生率の向上は重要な
議題であり，出産奨励主義者が家族手当を推進したことも理解できる。社会カ
トリックも家族の重要性を強調し，出生率の減少は親の権威が退潮した帰結で
あると考え19世紀後半から家族政策に関わるようになった（Pedersen 1993：

63)。

　こうした使用者や保守派の影響から女性が家庭内に留まる施策の展開がみられる一方で，ペダーセンはフランスでは男性稼ぎ手の扶養に頼らないで働く女性の地位も認めると指摘する。この背景には労働市場の構造にあると考えられる。フランスでは働く女性の地位を認め，就労中の母親に対しても家族手当の受給資格を与えた。イギリスに比べて，フランスの女性就労は職域ごとに偏りが少なく，雇用のパターンでの男性稼ぎ手モデルの賃金規範が採用されなかった。そのため，フランスでは結婚後の女性労働力率があまり低下しなかった（Pedersen 1993：70-71）。結論として，ペダーセンはイギリスが男性稼ぎ手モデルであるのに対して，フランスは男性であることや所得，ニーズにかかわらず，子どもを扶養する親に支払う施策を行ったため親モデルであるとする（Pedersen 1993：12-18）。すなわち，イギリスでは，研究者も一般国民も家族の規模に応じた再分配の原理を受容しておらず，階級に着目することで貧困世帯への効果的な政策へと家族政策の方針を変更し，水平的な配分が不十分なままであった。一方，フランスはカトリックと出産奨励主義の影響もあり，子どもに不平等に与える負荷を改善することが必要であると考え，家族政策で水平的な配分を行った。

　とはいえ，ペダーセンも当時のイギリスとの比較からフランスが働く女性の地位を認めているとしたのであって，現代の女性の労働市場参加の状況とは大きく異なるものである。それはこの時代の2階部分の補足的給付である主婦手当と単一賃金手当が出産奨励のために嫡出子をもつ婚姻家族に限定された専業主婦への給付であることから指摘できるだろう。深澤敦は，1939年の家族法典で2階部分として成立した主婦手当は迫りくるドイツの脅威のなかで特定のフランス人家族を優先させるために夫婦の婚姻から生まれた嫡出子しか対象としない手当であり，子どもをもつ労働者であることを条件に支給する家族手当と

は異なる性格をもっていたと指摘する（深澤 2012：184-188）。また，ヴィシー政府下の単一賃金手当であっても，基本的にはフランス国籍をもつ子どもの家族に対してのみ支給し，嫡出子を有する婚姻家族に限定する現金給付であった。

　ペダーセンがイギリスよりもフランスを女性の地位を認めたものとして肯定的に捉えるのは，１階部分の家族手当がすべての就業者に対して支給されるという普遍主義的性格からくると考えられる。一方で，２階部分の多子家族を支援する主婦手当や単一賃金手当の性格を考えれば，現代の状況に沿うような女性の地位の高さが当時の２階部分には存在せず，あくまでも出産奨励策として家庭内で子育てを行う女性を前提として家族政策を設計してきたといえる。この当時の２階部分は子ども支援のみの施策が唯一であり，ライフスタイル選択の多様性を保障する多様な施策の配置には至っていないのである。

3　家族政策の「黄金時代」

　戦後のフランスは「栄光の30年」（trente glorieuses）と呼ばれる高度経済成長にあった。この時代の家族政策は基本的に戦前の枠組みの延長で組み立てられてきた。ただし，全国家族手当金庫が設立され，家族政策が独立した財源で管理運営できたことはその発展を支える大きな要因となった。

家族手当金庫の分離

　戦後フランス福祉国家での家族政策の管理運営体制は，ラロック・プランが社会保障金庫の一元化を提案して以降，最終的に家族手当金庫の暫定的分離で落ち着いたことが影響している。現在，フランスの社会保険には疾病・出産保険，老齢年金，家族給付で全国規模の金庫が存在する。全国疾病保険金庫（caisse nationale d'assurance maladie des travailleurs salariés），全国老齢年金金庫

（caisse nationale d'assurance vieillesse），全国家族手当金庫（caisse nationale des allocations familiales，CNAF）の3つであり，この下部にそれぞれの地域金庫が存在している。このなかのCNAFが家族に対する給付を行っている。戦後の家族手当金庫の分離は現在まで続いており，戦後直後の対応が家族政策を供給する管理運営体制の基盤となった。

　なお，社会保険を構成する職域団体はとても多岐にわたり，制度も異なっている。基本的には一般の賃金労働者を中心とした一般制度（régime générale）という社会保険からなるが，公務員や鉄道会社職員などが構成員となる特別制度（régime spéciaux），さらに自営業者や農家を対象とした非労働者制度（régime des non-salariés）や農業制度（régime agricole）が存在していた（田端 1985：117）。国家の介入によらない，こうしたフランス社会保険の状況や当事者による金庫の管理運営は，戦前の社会保険の形成から大きな影響を受けていた。本書で主に扱う金庫は一般制度を前提としたものであるため検討の範囲外になるが，フランスの福祉国家全体を考える際には特別制度や農業制度なども考慮に入れる必要がある。

　1944年，当時労働省社会保障総務長官であったピエール・ラロックは，戦後社会保障の骨格を定めるラロック・プランを作成した（加藤 1995：30-57）。それを1945年10月4日と10月19日のオルドナンス[15]が具体化した。このオルドナンスでは，社会保障の人的適用範囲の決定と管理運営体制の決定，管理運営のそれぞれについて，一般化原則，単一金庫原則，自律性原則という3つの原則から行うことが示された。ここから社会保障金庫の一元的な管理を目指した改革が進められていく。

　3つの原則のうち一般化原則は，人的適用範囲を労働者に限定せず，自営業者や使用者なども含め，すべての就業者に拡大するものであった。フランスでは地域や職域ごとに自律的に社会保険が適用されており，疾病保険や老齢年金

ではすべての労働者を対象とした金庫が形成されてこなかった。ラロック・プランは有償労働に従事するすべての人に対する収入の保障を社会保障の定義としたことから，地域や職域に限定されないすべての労働者を適用範囲とする社会保障が求められた（加藤 1995：32）。その一方で，家族手当を支給する補償金庫では疾病保険や老齢年金とは対応が異なり，人口減少の危機感から出産奨励主義や社会カトリックが支配的な保守派が先導することで既に一般化が行われていた。

第2に，単一金庫原則は，社会保障制度を効率的に管理運営するために金庫を統一し，単一組織を設立するものであった。これは，管理運営体制を一元的なものにすることと，人的適用範囲を拡大するために同一地域同一金庫にすることの2つからなる原則であった。戦前は社会保険も家族手当も数多くの金庫が管理運営しており，一元的かつ同一地域同一金庫で管理運営することになれば戦前とは大きな違いを生むことになる。

第3に，自律性原則は，政府主導の管理運営ではなく，社会保険の当事者による管理運営を実施することであった。前節で述べたように，フランスの社会保険当事者は戦前から強制保険による政府の介入に消極的であり，自律性原則だけは戦前からの管理運営体制を前提としていた。使用者の拠出からなる家族手当もこの原則を戦前から貫いていた。

これらの3原則がオルドナンスで打ち出されたものの，最終的に自律性原則を残して機能することはなかった。1946年に老齢保険制度を導入した際，自営業者や使用者からの反発で一般化原則と単一金庫原則の両方が頓挫した。1945年10月19日オルドナンスの第1条は保険給付の対象となる保険事故を疾病，障がい，老齢，死亡および出産としたため，老齢保険制度の創設はこの時点で確定していた（加藤 1995：78, 103）。しかし，このオルドナンスは保険料額や徴収方法などの具体的な規定を欠いていた。10月19日オルドナンス以降，社会保

険に関連する法整備の議論のなかで管理運営体制の一般化原則と単一金庫原則が揺らいでいった。

政府は老齢者の困窮状態を改善するために1946年9月13日法を制定し，老齢保険制度を一般化してすべての労働者を対象とすることを定めた（加藤 1995：104-124）。この法律で1947年1月1日からの保険料徴収と同年4月1日からの保険給付の実施が明確になり，社会保険制度の一般化を他の制度より先駆けて行うものと考えられた。しかし，9月13日法が成立した途端，自営業者や使用者などから反対運動が起こった。自営業者や使用者は保険料率の高さや料率の設定方法などから一般化原則に反対した。また，9月13日法では金庫の理事会構成に関する規定を欠いていたため，理事会の構成次第では使用者が不利になることが考えられた。このため使用者は労働者と同一の金庫に加入する単一金庫原則にも反対した。

その結果，管理運営体制の複数併存を強く主張していたフランス人民共和派（MRP）が，自営業者や使用者の利益を味方につけ，1946年12月12日に諸金庫が併存する管理運営に立ち戻ることや職域団体による金庫で社会保障制度を行うことの2点を提案した。この提案は労働・社会保障委員会で可決され，9月13日法を実質的な廃案へと追いやることになった。最終的には一般化を規定した9月13日法第1条を1947年7月8日法で削除し，老齢保険制度の一般化の試みは失敗した（加藤 1995：120）。

一般化原則に遅れをとったものの，老齢年金制度の導入で既に批判されていた単一金庫原則は，最終的に家族手当金庫の分離独立をもって撤回された（加藤 1995：137-147）。家族手当金庫は，戦前から既にすべての就業者を対象にしているうえ，財源は労使折半ではなく使用者のみの拠出で賄っており，他の社会保障と拠出方法が異なっていた。当時政権に参加していたMRPは家族手当金庫の独立のために立法活動を行い，他の社会保険との人的適用範囲や，給付

の性格，拠出方法の違いから家族給付の金庫分離の必要性を強調した。このほかにも理事会構成や公衆衛生活動での役割の違いもあった。1945年10月4日オルドナンスで既に暫定的に分離され独自の管理運営体制が軌道に乗っている状況もあって議会での積極的な反対論は出ず，1949年2月21日法で家族手当金庫は独立した組織として完全な自律性を得た。

　以上の自営業者と使用者による抵抗やＭＲＰの積極的な立法活動などから戦前のフランス福祉国家の特徴は維持され，職域団体による社会保険の管理運営体制は残ることになった。一般化原則と単一金庫原則の撤回から派生する職域ごとの当事者による金庫の管理運営や拠出金負担の特徴を田端博邦は非国家的構成と呼んだ（田端 1985：115）。戦後直後の家族手当金庫の設立と他の金庫からの独立は，自律性原則の確保で家族給付単独の徴収や給付の仕組みを創り出したことと，人的適用範囲の違いから普遍主義的な給付の実施主体となったことの2点で意味をもっていた。

　現在の家族政策の管理運営体制は，全国レベルの CNAF と県レベルで家族手当金庫（CAF）からなる。家族手当金の数は2011年までに123あったが，再編が行われて2015年には103となっている[16]。CNAF は全体の統括や家族給付部門の戦略，社会扶助政策の基本方針作成などを行う公的機関であり，CAFは公共サービスの任務を行う民間組織となっている。1995年のジュペ・プランで CNAF をより積極的な政府の監督下に置くことになり，金庫の資金運用を管轄している社会保障機関中央機構（agence centrale des organisms de sécurité sociale）と CNAF との間で協定を結ぶことで従属関係にある（Dupeyroux et al. 2005：697）[17]。CNAF と各 CAF には金庫理事会があり，理事会の構成は1982年に労働者側優位の金庫理事会の構成になったが，ジュペ・プランで再度労使同数制へと戻し，有識者を加えた構成になっている（廣澤 2005：204）。このように，戦後に整備された CNAF の構成や管理運営体制は現在でも基本となる

構造を維持している。

「黄金時代」の到来

　管理運営体制からもわかるように，戦後フランスの家族政策はMRPの影響を受けて戦前の仕組みを維持してきた。フランスでカトリック系の政党が2回以上の選挙で10%を超える得票率だったのは，1946年から1958年のMRPだけであった（中山 2001：33）。この時期，MRPは政権運営のなかでキャスティングボートを握る存在になり，第4共和政の間は家族政策の安定した発展を支える存在となった（Prost 1984：10-12）。多くの国民は戦後復興のために出産奨励策を支持し，カトリックの影響も背景にフランスは婚姻や出産を奨励する家族政策の「黄金時代」を迎えた（Prost 1984：12；Messu 1992：73-93；Lenoir 1991：159-160）。その一方で，労働組合や左派政党は家族政策に関してMRPほど熱心だったとはいえず，単一賃金手当をすべての母親への補足的な手当にするといった家族給付の権利の平等を確保する程度であった（Lenoir 1991：162）。その後，1951年総選挙で大敗したＭＲＰは次第に影響力を失い，1965年には政党として消えゆくことになる。しかし，戦後直後のMRPの影響から，家族政策は戦前の仕組みを維持して家族への支援を続けることになった。

　それでは現金給付は具体的にどのような発展を遂げてきたのだろうか。まず，1946年8月22日法は，産前手当（allocation prénatale）の創設や出産手当（allocation maternité）[18]の一般化，単一賃金手当（allocation de salaire unique）の拡充を行った（Ministère des Affaires Sociales et de la Solidarité Nationale 1985：204；江口 2011：16）。なお，1948年9月1日法では住宅手当（allocation de logement）が創設された（福島 2015：298-300）。本書と関係する家族政策の施策は，家族手当，産前手当，出産手当，単一賃金手当の4種類であり，いずれも所得制限がなかった。

単一賃金手当の拡充に関して，労働総同盟（CGT）は，別の名称にしたうえで，母親が就労するかしないかに関係なくすべての家族に拡大することを望んだ（Prost 1984：10-11）。CGT はこの当時の専業主婦を重視する考え方を共有しておらず，母親が就労している家族の多くが最も貧しい状況にあることを理解したうえでの提案であった。しかし，最終的には MRP を含めたカトリック運動組織の影響や全国家族協会連合（UNAF）が家族政策の主要なアクターとなったために CGT の提案は実現しなかった。UNAF は下部組織の県家族協会連合（UDAF）とともに1945年5月3日オルドナンスで設立された[19]。UNAF は社会活動および家族法典に規定されるアソシアシオンであり，全体または特定分野の家族の経済的および精神的な利益を目的とする公的な団体である（江口 2011：33）。戦後から1980年代の UNAF は基本的には政府との良好な関係を保ちつづけ，政府の家族政策に賛成してきた（Minonzio et Vallat 2006：207-211）。

図2-3でも示したように，この時代の現金給付をライフスタイル選択との関係から整理すると，家族手当，産前手当，産後手当は子ども支援と両立支援が重なりあう多様なライフスタイル選択に対応した普遍主義的給付として位置づけられる。一方，単一賃金手当は，戦前の主婦手当の伝統を引き継ぎ，主に専業主婦のいる家族を対象とした子ども支援のみの2階部分の補足的給付であった。これらの配置からは，家族と女性就労を結ぶものではなく，家族と人口増をつなぐことに特化した家族政策の仕組みが確認できる。

また，この時期には現金給付以外にも家族を課税単位として家族が一人増えるごとに課税所得が少なくなる家族係数を導入し，いわゆるN分N乗方式によって，子どもを含めた構成員の数が多い家族の所得税負担を緩和する税制が開始された[20]。

以上のように4つの施策からなる現金給付は戦後しばらく新しい施策を加えることなく維持された。その後，1955年8月6日法は，単一賃金手当相当分が

農業経営者にも支給される「いわゆる主婦手当」（allocation dite de la «mère au foyer»）を創設した（福島 2015：300-302）。また，1956年12月11日法では自営業者主婦手当で農業以外の自営業者にも単一賃金手当を拡大した。これらの手当は単一賃金手当が賃金労働者にだけ支給されることに対する農業経営者や自営業者の不満を解消するものであった。そのほか，家族手当は1962年2月5日デクレで17歳から18歳までの実習生も給付の対象となった（Ministère des Affaires Sociales et de la Solidarité Nationale 1985：217-218）。

　また，家族手当の給付額にも変化がみられた。1946年8月22日法は家族手当の支給額を第2子で家族手当基準算定月額（BMAF）[21]の20％，第3子以上でBMAFの30％としていたが，1953年12月31日法はそれぞれBMAFの22％と33％に増額した。さらに，1954年12月31日デクレは10歳以上の子どもそれぞれにBMAFの5％分の支給額を加算し[22]，1962年にBMAFの7％，1964年にBMAFの9％と支給額が増大した。15歳以上の子どもには1963年にBMAFの15％，1965年にBMAFの16％の加算が行われた。

　産前手当は経済成長による支払額の減少を受けて1953年12月31日法ですべての女性に受給権を与えることになった。また，1967年1月1日以降，子どものいない若い世帯が2年間住宅手当を受給していた場合には単一賃金手当を廃止するなどの改革も行った（Ministère des Affaires Sociales et de la Solidarité Nationale 1985：215-216）。

　ただし，こうした現金給付の増額があったものの，経済成長に伴う賃金の伸びに比べると現金給付が拡大したとはいいにくい。ひとりあたりのGNPに対する子どもひとりへの現金給付の比率は，1949年の21.8％から1958年には14.6％へと減少した（Lenoir 1991：160）。さらに1978年には9.37％へと減少した（宮本 1999：29）。そのため，こうした現金給付の拡大が実際の家計に大きな影響を与え続けたかの評価は困難である。しかし，質的な側面で，1階部分

の基礎的給付を維持することで家族政策が機能してきたといえよう。

4　家族主義からの脱却

　フランスは第2次世界大戦前からすべての就業者を対象に家族手当を実施し，戦後も家族手当を中心に産前手当，出産手当，単一賃金手当，主婦手当を加えた現金給付を拡大してきた。戦前の家族手当は人口減少の問題から出産奨励策としての役割が期待された。この傾向を戦後も維持し，1階部分として多様なライフスタイル選択に対応したすべての家族への支援と2階部分として専業主婦を対象とした子ども支援を提供していった。この戦前からの連続性はMRPや出産奨励主義者，UNAFが中心となって支えた。

　しかしながら，図2-3で確認できるように，この時期までは多様なライフスタイル選択に対応する2階部分に多様な施策を配置するには至っていない。戦後の現金給付は，女性の就労を支えることより子どもや家族への経済的支援が中心であった[23]。

　本書では2階部分に多様な施策が付け加えられる時期を1977年の家族補足手当から1990年に至るまでと考える。図2-3で示した1956年と1977年，1990年の現金給付の違いをみると，1977年までは子ども支援を軸に施策が展開されており，1990年までに両立支援のみの施策が登場しているといえる。こうした多様な施策が「付け加わる」過程は次章で詳しく述べるが，ここでは最後に，両立支援のみの施策が登場するのに間接的に影響を与えたと考えられる，家族と扶養の変化と最低所得保障の拡大という2つの展開を挙げておきたい。以下でみるように，1960年代から1970年代にかけて，それまでの婚姻や扶養のあり方が変化し，多様なライフスタイル選択の基盤となった。また，最低所得保障は，もともとすべての人々を対象としてきた全国家族手当金庫がその窓口となるこ

とで，家族政策が普遍主義的な役割をもつことを強化したと考えられる。

フランス家族政策における家族と扶養の変化

　1970年代後半になると，フランスの家族政策における家族の定義が，「男性稼ぎ手モデル」の強固な国で採用される世帯を中心にしたものではなく，個人の対等な関係や子どもを中心としたものになった。こうした変化は2つの点から指摘できるだろう。

　第1に，1968年5月を契機とした女性解放運動の影響が挙げられる（浅井2013：257-258）。当時のフランスは1920年から避妊・中絶が禁止され，女性は離婚する自由も夫の許可がない就労や財産所有も認められなかった。ボーヴォワールとアメリを中心とした妊娠中絶自由化運動によって，1974年12月4日法で避妊の自由化が進み，1975年1月17日法（ヴェイユ法）は妊娠中絶を5年間の時限立法ながら合法化した[24]。また，1975年7月11日法は協議離婚を認め，その後は婚姻数の減少や同性・自由結婚の増加がみられた（藤井 1989：4-6）。こうして次第に非婚カップルが増大し，1999年11月15日法の民事連帯協約（pacte civil de solidarité）の創設による非婚カップルの法的保護へとつながった[25]。浅井亜希は1970年代の女性解放運動について，母や労働者ではなく女性としての開放を中心的なイシューにしており，ジェンダー平等の理念が中心ではなかった結果，あくまで女性が自由に「選択」できる社会へとシフトするベクトルがあったと指摘する。

　第2に，子どもの扶養の定義が変化したことを挙げる。神尾真知子によれば，家族給付の対象となる「扶養」（charge）は，実際かつ永続的経済的に扶養（衣食住）し，情緒的・教育的責任を自ら引き受けていることを指す。子どもと家族給付の受給者との間に親子関係は必要ではなく「ひとりの大人とひとりの子ども」で構成されるため，婚外子であっても養子であっても，兄弟姉妹でも扶

養する関係にあれば家族給付の受給対象となる（神尾 2007：55）[26]。

　こうした血縁的な親子関係ではなく情緒的・教育的責任から子どもを扶養する観念は「情緒的扶養」（charge affective）と呼ばれる。1978年1月1日以降，受給者の就労状況や未亡人であることといった家族給付を受ける際の条件が，複雑であり不平等をもたらしていることから撤廃された。その結果，就労していない母親でも家族給付の受給資格を得やすくなった。当時，まだ金銭的な扶養が重視されてはいたものの，この改革が「情緒的扶養」という観念を発展させるのに貢献した（Ministère des Affaires Sociales et de la Solidarité Nationale 1985：257-258）。

　以上の家族関係や扶養での変化は男性であることや就労していることを前提としないライフスタイルの選択を可能にする基盤をつくったといえよう。こうした変化に沿って，家族政策も次第に多様なライフスタイルに対応できるよう施策を増やしていったと考えられる。

最低所得保障の拡大

　フランスでは，職域ごとの金庫から支給される医療や年金と異なり，家族政策は職域によらない金庫を戦前から整備し，その結果，全国家族手当金庫（CNAF）は戦後の金庫一般化の提案に反して分離された。このため，CNAFはフランスのすべての人々への普遍主義的な給付を行う金庫として他の社会保険の金庫とは異なる役割を担うようになり，住宅手当や最低所得保障などのすべての人々を対象とする社会的連帯を支援する窓口にもなった。

　1963年7月31日法で創設された障がい児への特別教育手当（allocation d'éducation spécialisée）は特定の子どもを対象とした支援の先鞭をつけ，1970年代に入ってから様々な特定の子どもを対象に支援が広がった（Ministère des Affaires Sociales et de la Solidarité Nationale 1985：240-245；江口 2011：18）。1970年12月23

日法では孤児手当（allocation d'orphelin）を創設し，両親を失った孤児を対象に現金給付を支給した。また，1971年7月13日法は，障がい児手当（allocation des mineurs handicapés）と障がい者手当（allocation aux handicaps adultes）を創設した。前者は特別教育手当から排除された子どもを対象とした現金給付であり，後者はこれまでとても脆弱な給付しか受けられなかった障がい者を対象とした現金給付であった。さらに，1976年7月9日法は，ひとり親世帯の貧困問題に対処するためにひとり親手当（allocation de parent isolé, API）を創設した（江口2011：21）。

　以上のように，1970年に入ってから，特定の子どもや障がい者への現金給付が次々に創設された。これらの現金給付は特定の困難に陥った者に対する最低保障給付として位置づけられる。CNAF は他の金庫と異なりすべての人を対象に普遍主義的給付を行うという性格をもつため，フランスの「国民連帯」を担う金庫として最低所得保障の給付窓口にもなっている。このことは，1988年に創設された包括的な最低所得保障制度である参入最低所得（RMI）の決定と支給を行う金庫が CNAF であることにもつながる（Steck 2005：137，都留2000：82-87）。現在では，CNAF が提供する給付のなかのひとつの領域に連帯・参加関連給付が存在し，RMI にかわってより積極的に就労を奨励して受給者の社会への参加を支援する活動連帯所得（RSA）や，API のほかに孤児を受け入れた家族を支援する家族援助手当（allocation de soutien familial），特別教育手当や障がい児手当の延長線上にある障がい児教育手当（allocation d'éducation de l'enfant handicapé），親付き添い日々手当（allocation journalière de présence parentale），成人障がい者手当（allocation aux adultes handicapés）などの多様な現金給付を展開している[27]。

　こうした特定の子どもを対象とする支援が広がる一方で，両親が働いている場合に子どもを支援する施策はほとんど登場していないといえる。1972年1月

３日法で，女性の労働を容易にする目的で保育費用手当（allocation pour frais de garde）を創設した事例はある。この保育費用手当は，初めて国家制度として働く女性の存在を認めて出産奨励主義的な家族政策の流れを変えたと評価することも可能である（福島 2015：307）。ただしこれは，単一賃金手当や主婦手当が就労しないことを条件に支給したために働く女性との間に不平等が生じており，働く女性に配慮した現金給付を創設したと考えられる。最終的に，保育費用手当は単一所得手当や主婦手当とともに1977年の家族補足手当に統合された。保育費用手当のような例外はあるものの，仕事と家庭の調和を含む新しい社会的リスクへの対応が家族政策の課題となるのは1970年代後半以降であり，フランスでの実際の対応は1980年代半ばからであった。そのため，RMI の登場が1988年であることも考えると，この時代の最低保障給付はあくまでも特定の困難に陥った古い社会的リスクへの対応の結果であった。

　最低保障給付の拡大は，本書で主に取り上げる施策に直接の影響を与えたわけではないが，CNAF がフランスの「国民連帯」を担う金庫として普遍主義的給付を行う位置づけを強化することには貢献したといえるだろう。このことは，フランス家族政策の２階建て構造のなかで，普遍主義的給付を担う１階部分の基礎的給付が家族政策の役割として存在し続けることに影響を与えたと考えられる。

　註
（１）正確には1913年７月14日法である。
（２）このほかにも，1914年から支給されたすべての召集兵の妻と家族に対する兵士家族手当や，1917年４月７日法で一定の給与以下のすべての国家公務員に対して支給する家族扶養手当，1913年６月17日法の女性労働者の産後４週間の義務的有給休暇の保障など，出産奨励策としての家族政策や産後休暇が整備された（深澤 2008：25-26）。

第**3**章 「自由選択」への助走

（3）補償金庫を最初に設立されたのはグルノーブルではなくロリアンだと考えられており，お互いの活動を知らずにそれぞれが金庫の設立を進めてきたという（福島 2015：123）。ただし本書では，ロリアンよりも言及される機会の多いグルノーブルの事例についてのみ取り上げることにした。

（4）すべての労働者の賃金を0.80フランずつ引き上げた場合の1日の費用は3,908.80フランであるのに対し，子どものいる男性労働者を優遇した賃金の引き上げの場合は3,316.20フランにとどまった（Dutton 2002：21）。

（5）宮本悟は使用者側のイニシアチブだけでなく，労働者側の要求があったからこそ使用者の譲歩を引き出すことができたと指摘する（宮本 1995）。確かに労働者側からの要求も存在し，影響力がなかったとはいえないが，労働者側からの賃上げ要求に対して賃金とはいえない家族手当で応じたことを考慮すれば，使用者側の提案が家族手当に影響力をもっていたといえるだろう。

（6）19世紀後半からの人口問題と第3共和政以降の人口政策に関しては福島（2015）を参照。

（7）政府の委任立法のことをいう。第3共和政，第4共和政において，目的と期間を限定して法律と同一の効力をもつものとされたデクレ（政令）であり，第5共和政でのオルドナンスに相当する（山口編 2002：145）。1938年の家族手当に関するデクレ・ロワは3月31日と6月14日，11月12日に出されている。また，このデクレ・ロワは，各県の最低額を設定するほか，5歳以上のひとりっ子への手当の廃止，小作農や小農経営者に対する手当の支給，主婦割増の創設を行った。

（8）1932年から1939年までの家族手当の変遷は深澤（2012）を参照。

（9）専業主婦手当金創設による補償金庫の財政的負担の増加に配慮するために5歳以上のひとりっ子に対する家族手当が廃止された（Ceccaldi 1957：66）。

（10）深澤敦は，この専業主婦手当金が家族手当の複雑化や制度間の差異を加速させたとする（深澤 2012：172-178）。

（11）正式には，「フランスの家族と出生率に関するデクレ・ロワ」である（深澤 2012：183）。

（12）結婚後2年以内に最初の出産が行われた場合には，都市部の県平均賃金の2か月分が給付される。都村は1941年には出産手当金に変更されたとする（都村 1989：179）。

(13) 主婦手当はそれまでの専業主婦手当金を父親あるいは母親のどちらか一方の賃金しか得ていない子どものいる家族にまで拡大して支給したものである。

(14) 具体的には，単一賃金手当に子どもの多さに応じて手当額が増額される累進性を導入することで多子家族への支援を強化した。1941年11月17日法では子どものいない「若い世帯」にも対象を拡大させて正式な婚姻を促進した（福島 2008：57）。

(15) オルドナンスは行政命令のなかでも国会から授権されて行う政府の行政立法をいう（山口編 2002：403-404）。

(16) 家族手当金庫のウェブサイト（https://www.caf.fr/qui-sommes-nous/presentation/gouvernance 2016年1月18日現在）を参照。

(17) CNAF は私法人であるが，公役務を担う主体として公法人に類似した財政上の規律に服するものとされている（木村 1999：88-89）。

(18) ある研究では出産手当金（prime à la naissance）を一般化したと説明しているが（Ministère des Affaires Sociales et de la Solidarité Nationale 1985：204），他の研究では出産手当（allocation maternité）の増額という説明になるため（Messu 1992：73；加藤 1995：137），ここでは出産手当（allocation maternité）という名称に統一した。

(19) UNAF は1921年から「家族の公的サービス」のための主張をする組織として存在し，1942年12月29日法で先駆けて創設されることになったが，協会に選択して加入する自由がないとして他の多くの家族協会から拒否されたために1942年12月29日法では実効的なものにはならなかった（Ancelin 1997：123-124）。

(20) 家族係数を含めたフランスの社会保障財政については矢野（1989, 1999）を参照。

(21) base mensuelle de calcul des allocations familiales. BMAF は年に1回改定されることになっている。子どもがその家族に負わせる扶養負担を全部または一部補償するように BMAF が決定され，物価の上昇や賃金上昇の程度に応じて引き上げられる（上村 1999：173）。それぞれの施策で定められた BMAF との比率に応じて手当の支給額が決まる。

(22) ただし，この家族手当の加算には子どもが2人いる家族の長子は除かれた。

(23) 出産に関して，1966年に出産休暇が導入されたものの，1970年までに家族手当

第**3**章 「自由選択」への助走

金庫が提供する現金給付での対応はなかった。1975年には企業に対して妊娠を理由とする女性の就労の拒否を禁止するなど，労働市場での女性差別を禁止する法整備が行われた。

(24) 1979年12月には妊娠中絶法が制定され，妊娠10週目までの中絶が合法化された。なお，避妊や中絶に関連する法律には1967年に成立した「ニュヴィルト法」がある。ただし，ヴェイユ法よりも以前に成立したニュヴィルト法は妊娠中絶を認めるものではなく，避妊方法の情報提供が目的であった（河合 2010：239-243；Ancelin 1997：209）。この時期のヴェイユの回想はヴェーユ（2011：140-169）を参照。ちなみに，このヴェイユ法は1994年に家族政策改革を実施したヴェイユ法とは異なる。1994年のヴェイユ法は第4章第3節を参照。

(25) フランスの非婚カップルの法的保護に関しては大島（2007, 2008）を参照。

(26) 家族手当は，1932年の家族手当法の時点で，労災による稼ぎ手の死亡や就労不能の場合にも受給権を認め，1939年の家族法典はすべての就業者を対象に支給したことは述べたとおりである。また，1942年には子どもを扶養する寡婦にも家族手当の権利を認めた。これらからは，戦前であっても「男性稼ぎ手」のみを対象にしていないことが読み取れる。

(27) なお，2012年の分類で子ども・家族関連給付として位置づける新学期手当（allocation de rentrée scolaire）も，1974年7月16日法で新学期の家族の負担を一部保障するために設けられた制度である（Ministère des Affaires Sociales et de la Solidarité Nationale 1985：251-252）。これは教育に関する家族の負担を軽減するための最低保障給付として位置づけても支障ないと考えられる。この当時の給付額はBMAFの20％であった。

第4章
「自由選択」の発展と再編
——2階建て現金給付の確立——

ジュペ・プランに反対するデモ行進
(2013年6月10日, *Liberation*, Mychèle Daniau/AFP) (http://www.liberation.fr/futurs/2013/06/10/depuis-vingt-ans-quatre-grandes-reformes-des-retraites_904449)

本章では1970年代後半以降の「自由選択」を目的とする現金給付が付け加えられる時期から，実際に「自由選択」を施策の名称として用いた2004年の家族政策改革までを扱う。前章でみてきたように，フランスでは戦前からすべての就業者を対象とした家族手当を実施し，戦後には全国家族手当金庫（CNAF）による管理運営体制を確立してきており，これらの大枠は今でも変わっていない。その後，本章でみていくように，1970年代後半から家族補足手当や育児親手当，在宅保育手当，認定保育ママ雇用家庭補助といった2階部分の補足的給付が付け加えられてきた。1990年代には施策の統合や削減などの漸進的変容に沿わない改革動向もみられたが，最終的には多様なアクターが既存の施策による発展を「自由選択」の明確化の流れで反対しなくなり，2004年の乳幼児受け入れ給付で2階建て構造を維持するに至った。

　以下，第1節では家族政策を改革する背景にあった女性の労働市場参加や少子化の再浮上，財政問題をみていく。女性の労働市場参加が進むなか，1980年代には少子化対策が再び課題となった。こうした背景から家族・女性就労・人口増をつむいだ家族政策の必要性が増大した。第2節は，2階部分の現金給付を新しく整備する過程をみていく。1977年の家族補足手当，1985年の育児親手当，1986年の在宅保育手当，1990年の認定保育ママ雇用家庭補助が2階部分の補足的給付として付け加えられた。ただし，こうした施策は現状の現金給付の配置を想定した計画的なものではなく，特定の家族を対象にその都度対策を講じた結果であった。

　第3節では，1990年代初めの「自由選択」アイディアの登場とその頓挫を扱う。この時期，多種多様な施策を整理・統合するため，就労の有無にかかわらず受給可能な第1子向けの現金給付を再編する「自由選択」アイディアがシラクなどから提示された。しかし，社会保障の財政問題からこのアイディアは頓挫した。このアイディアの頓挫は，財政赤字を解消するために家族手当への所

得制限を導入しようとした際，労働組合や家族団体がこの提案に抵抗し，この抵抗に巻き込まれたために生じたものであった。この過程の結果，既存の施策の配置を維持することを「自由選択」の明確化のもとで多様なアクターが反対しなくなった。第4節は，既存の施策の枠組みに沿って乳幼児受け入れ給付を再編した過程をみていく。2004年の乳幼児受け入れ給付の実施は多様なライフスタイルに対応した「自由選択」の現金給付のひとつの到達点として評価できるだろう。第5節は政策目的集合と制度併設からフランス家族政策の発展と再編をまとめる。

1　少子化と財政問題

女性の労働市場参加と少子化の再浮上

　前章で述べた1970年代の特定の子どもを対象とした現金給付の発展や，給付を受ける際の扶養関係を収入や就労ではなく情緒や教育の責任から認める「情緒的扶養」への考慮だけではなく，社会的経済的な背景からも家族政策は新たな役割と制限を加えられた。

　第1に，女性の労働市場参加の拡大と少子化の再浮上である。これによって，女性就労と家族の役割，人口増という3つの期待をいずれも満たす家族政策が求められるようになった。フランスは1980年代以降の女性の労働力率が上昇し，1983年に56.4％だったものが1994年に60％を超え，2013年時点で67.0％にまで至る[1]。フランスの既婚女性の労働力率はそれ以前から高かった。1950年代前半の既婚女性の労働力率は，フランスが32.5％，ドイツが25.0％，イギリスが22.5％，スウェーデンが14.5％であり，他国と比べても戦後から既婚女性の労働力率は高い（Morgan 2006：71）。ただし，1970年代から1980年代のフランスでは，パートタイム労働という選択肢が限られていることや，短い出産休暇，

第**4**章　「自由選択」の発展と再編

表4-1　子どもをもつ家族の労働時間の配分（2000年）

（単位：％）

	単一稼得者	フルタイム／パートタイム	両性フルタイム
フランス	36.0	16.3	45.4
ドイツ	39.7	32.9	26.1
オランダ	32.7	52.9	10.8

出典：Morgan 2006：125.

不十分な3歳未満へのサービス給付などから，既婚女性のライフスタイル選択はフルタイムでの就労か専業主婦かという二極化が生じていた（Morgan 2006：125）。フルタイムでの就労か専業主婦かというライフスタイル選択は今もなお残っており，2000年でもその傾向が顕著である（表4-1）。

　女性の労働市場への参加の一方で，1970年代後半から少子化対策の必要性が再浮上した。フランスの合計特殊出生率は1960年に2.70，1965年に2.82だったものの，次第に低下し，1970年には2.47，1975年には1.96と2.0を切るまで急降下した[2]。この時期の合計特殊出生率の低下は主要先進国でみられる現象だったので特に問題がないようにも感じられるが，フランスでは戦前の人口減少の危機が家族手当法の導入につながったため，人口減少の問題と家族政策が結びつきやすい環境にあった。

　合計特殊出生率の変化に伴い1970年代後半から現れる家族の課題は主流だった第3子以降の多産家族の減少であった。1985年頃の子ども2人をもつ家族は49％を占めており，1965年に39％であったのと比べると急増している。子ども3人をもつ家族は1965年の21％に比べると微減の19％であったが，子どもを4人以上もつ家族は9％であり1965年の18％から半減した（Ministère des Affaires Sociales et de la Solidarité Nationale 1985：264）。こうした家族形態の変化に対応するため，1970年代後半の現金給付は第3子以降を対象とした支援から始まる。

　以上の労働市場や少子化の環境変化は子どもや女性，家族に対する新しい対

応が必要であることを示しており，そのために家族政策が利用された。ただし，家族政策が少子化に与える直接的な効果はわからない。それでもフランスの合計特殊出生率は2006年に2.0を超えており，現在では少子化対策としての家族政策に加えて仕事と家庭の調和に対応した家族政策の発展もみられる。

社会保障財政の赤字と経済活性化

　第2に，1970年代以降フランス社会保障における財政問題の浮上が挙げられる。石油危機を契機とした低成長時代への突入で社会保障財政の悪化が顕在化した。

　1968年から2000年までのフランス社会保障の一般制度の収支状況をみると，全国疾病保険金庫と全国老齢年金金庫の財政状況のほうが全国家族手当金庫（CNAF）の財政状況よりも悪かった（Palier 2002：171）。全国疾病保険金庫は1969年から赤字になり始め，以降1977年を除いて1970年代は赤字が続いた。また，全国老齢年金金庫は1975年と1980年を除いて1973年から1994年まで赤字が続いた。こうした疾病保険金庫と老齢年金金庫の財政状況の背景には，1960年代からの就業構造の変化から生じる一般の労働者を中心とする一般制度の被保険者の増大と，農業制度や非労働者制度といった一般制度以外での被保険者の減少による制度間の財政不均衡が挙げられる（加藤 1995：306-312）。そのほかにも，失業者の増大に伴って保険料を負担する人が減少したことも背景にあった。

　これらの財政悪化に対してCNAFの財政は比較的安定していた。1980年代までに赤字を記録したのは1974年と1981年，1982年だけであった。CNAFの相対的に安定した財政状況は，他の金庫の財政状況を救う財源として財政調整の対象となった。

　1974年12月24日法は，制度間の財政不均衡を調整するために「制度間財政調

整」の仕組みを導入した。これによって一般制度を除くほかの制度の赤字を一般制度が支援することになった。その際，一般制度のなかでも全国疾病保険金庫や全国老齢年金金庫は赤字が続いたため，結果的にCNAFの黒字が一般制度を除くほかの制度の赤字を調整した（宮本 1999）[3]。

　その後も一般制度の財政状況の悪化に伴い疾病保険での支出抑制策などを講じてきたが，社会保障財政は好転しなかった。そのため1990年12月29日法で「一般社会拠出金」（contribution social généralisée, CSG）を徴収して一般制度に投じた（宮本 2001）。CSGは社会保障のための目的税として位置づけられ，社会保険料が社会保障の中心であったフランスでは異例の導入であった。CSGは個人の所得に課す社会保障目的税であり，CSG導入時に1.1%の税率で徴収された税収はCNAFのみに充当した。これは社会保障の金庫のなかでCNAFだけがすべての国民を対象とした普遍主義的な現金給付を実施しており，CSGの導入や拡大に普遍性原理が強く求められたためだといえる（加藤 2007：8）。つまり，社会保険料は家族や健康のリスクのような国民連帯に属する支出を賄うことには向いていないとする議論が多様な政治家たちに受け入れられた帰結であった（バルビエ・テレ 2006：45）。

　CSGの導入に伴い，使用者の拠出は家族給付部門で負担を減らし，財政赤字が慢性的に続いていたほかの社会保障部門の使用者負担の増大に回された。CNAFへの使用者の拠出率は，1987年まで9%だったが，1989年に8%，1990年に7%となり，CSGの導入に伴い1991年には5.4%まで引き下げられた。全国疾病保険金庫の使用者拠出率が上がったために使用者の総拠出率に変動はなかった（宮本 2001：166）[4]。

　以上のように，フランスでは，家族政策の黒字分で財政調整を行ったり，CSGの導入根拠を家族政策の普遍主義的性格に求めてきたことから，家族政策がしばしば社会保障財政を安定させるために利用されてきたことがわかる。

家族政策は不況に伴うフランス財政全体の危機にも巻き込まれる。フランスは1973年の石油危機を契機とした低成長からの回復を目指していた。そのため1970年代から1980年代の初めにかけて，ケインズ主義的な積極財政による経済活性化策を実施した。1974年6月，シラク首相は最低賃金（SMIC）[5]を1,200フランにすることや，家族手当の12％加算，年金最低額の21％の底上げ，年金の6.7％増額を行う経済活性化策を提示した。また，翌年の1975年1月1日には18.5％の社会保障上限の引き上げや一般制度の年金の6.3％増額，孤児手当の増額，30万以上の家族への出産手当の拡充などを提示した（Palier 2002：175-176）。1981年5月10日にミッテランが大統領に選出されると，消費を刺激するために現金給付を利用した。1981年7月1日から家族手当は平均で25％増額になり，障がい者手当も1981年6月から1982年1月1日の間で41％増額された（Ministère des Affaires Sociales et de la Solidarité Nationale 1985：282-283）[6]。

　しかし，財政赤字が拡大したうえに企業収益も改善せず，経済活性化策は不発に終わった。シラクやミッテランの対応は財政出動による経済活性化が困難であることを認識させ，フランスは緊縮財政へと移行した。社会保障政策においても右派左派ともに財政均衡を重視するようになった（Palier 2002：388-389）。

　実際，経済状況や財政状況の悪化に伴い，1982年6月には緊縮政策が始まった（吉田 2008：216-239）。この緊縮政策は家族政策にも影響を与えた。1982年7月1日には家族手当の引き上げを6.2％に制限することを決定し，1983年1月1日からは第3子出生後の産後手当[7]の加算を半額にした。また，1月1日からのBMAFの引き上げが支給総額の上昇をもたらさないように産前手当と産後手当の支給率を引き下げた（Steck 2005：140-141）。

　以上のように，社会保障の制度上の問題や経済状況の変化による社会保障財政の赤字に伴い，CNAFは一般制度ではないほかの制度を財政的に支援し，CSGという目的税が投入されることになった。ただし，1980年代はCNAFの

財政が黒字だったこともあり，財政状況は多様な施策の発展を阻害する要因とはならなかった。CNAF の財政問題が家族政策の具体的な改革に影響を及ぼすのは第3節で述べる1990年代に入ってからであった。その際には右派左派ともに財政均衡を重視するようになったことが影響して，ともに家族手当への所得制限の導入を提案することになった。

2　「自由選択」の付加

　女性の労働市場参加やフェミニズム運動が活発になると，次第にライフスタイル選択の多様性を保障する手段として女性の労働市場での活躍を支える施策が登場した。こうした施策は前章で述べた1970年代に孤児手当やひとり親手当，障がい児手当といった特定の家族を支援する施策をさらに発展させ，働きながらも子育てをしたい特定の家族を支援する方法として出てきたものだと考えられ，1980年代からの少子化対策の文脈も絡み合いながら登場してきた。

　既に1970年代後半には，ジスカール・デスタンが認定保育ママ制度の創設などの両立支援策を出した際に「自由選択」の発想を示し始めていたと指摘される（Jenson and Sineau 2001：106-111）。また，ミッテランは1981年に「多様性」という言葉で「自由選択」を示していた。次章で述べるように家族・人口高等評議会は1987年の報告書のなかで仕事と家庭の調和を掲げ，この報告書からもフランスでは1980年代後半以降に「自由選択」を発展，推進するようになった（Hantrais 1993：126）。以上の説明から，この時期に個人のライフスタイル選択を可能にする施策が付け加えられ始めたといえる。以下では1970年代後半から「多様性」や「自由選択」の萌芽として登場した2階部分の補足的給付の改革と創設を具体的に述べ，「自由選択」に向けた施策が家族政策のなかに付け加えられる過程をみていく。

家族補足手当による多子家族支援

　1977年7月12日法で家族補足手当（complément familial）を導入した。これは従前の単一賃金手当や主婦手当とそれらの加算，保育費用手当をまとめたものであった（Chastand 1979：13）。この結果，3歳未満の第1子向けの現金給付がひとつの施策となった[8]。しかしそれ以上に，少子化対策のために第3子以降の子どものいる家族の支援が家族補足手当の中心的な使命となった。家族補足手当は，1978年1月1日から1979年1月1日の間でBMAFの37%から41%へと支給額を加算した（Ministère des Affaires Sociales et de la Solidarité Nationale 1985：265）。

　なお，第3子以降の子どもを対象とする支援はこれだけではなく，1980年7月17日法で家族所得付加給付（supplément de revenue familial）を創設した。これは最低所得層の家族に対する給付であり，所得上限額と扶養者の所得額の差額を支給するひとり親手当と並んで1970年代の負の所得税の実験として扱われる現金給付であった。しかし，その後に支給額や所得上限額を据え置いたために受給者そのものが減少し，1982年1月1日以降受給者が存在しなくなった（Ministère des Affaires Sociales et de la Solidarité Nationale 1985：254-256）。このため第3子以降の子どもを対象にした支援は家族補足手当が中心となった。

　家族補足手当は，新たに生じた少子化問題や第2子までの子どもをもつ家族の増加に対して，第3子の早期の出産奨励で対処しようとした。家族補足手当は統合された手当に単一賃金手当や主婦手当を含むために出産奨励主義の側面を残しており，図3-1にある2階部分の補足的給付のなかで子ども支援のみの施策として整理できる。

　前章で示した1970年代を中心とした特定の子ども・家族を対象とする給付と同様に，家族補足手当も多子家族という特定の子ども・家族を対象とした給付だといえる。家族補足手当は第3子以降の子どもをもつという特定の家族を対

象としており，孤児やひとり親，障がい児などの特定の子どもと家族を支援する1970年代の文脈を抜きにしてその成立を説明できないと考えられるだろう。

その後の家族補足手当は，第1子向けの給付と切り離された。1985年1月4日法（デュフォワ法）で第1子向けの支援である乳幼児手当（allocation pour jeune enfant, APJE）を創設した。APJE は，1977年の家族補足手当の第1子向け部分と産前手当，産後手当を統合し，3歳未満の子どもをもつ家族に支給された（Steck 2005：143）。その後，1986年12月29日法（バルザック法）や1996年1月24日オルドナンスでの見直しを経て，APJE は，妊娠4か月目から生後3か月までの9か月間支給する短期給付と，一定の所得制限を課したうえで子どもの3歳の誕生日まで給付する長期給付に分かれた（宮本 2010：238-239）。

育児親手当の導入

1985年のデュフォワ法では，APJE のほかに，他国の育児休業給付に相当する育児親手当（allocation parentale d'éducation, APE）も創設した。APE は第3子以降の子どもをもつ家族に支給し，受給する前に30か月中24か月の就労を受給条件とした。また，パートタイムなどで部分的に就業を停止することを想定した部分休業も認められており，その際には全部休業の半額を支給した（Steck 2005：143）[9]。

デュフォワ法成立に向けて1984年11月15日に出された政府提出法案では，冒頭で連帯と人口減という2つの関心から「自由選択」の手段を提供する必要性を提示した[10]。より具体的には，家族政策が家族に自由のための新たな余地を作らなければならないとして，家族を形成する際に生じる制約を取り除くことや，多様なライフスタイル選択を可能にする自由選択の手段，家族が子どもを産み育てることのできる家族計画の実現の手段を提供することが必要とされた。このように，政府文書のなかで家族政策の目的として「自由選択」という

文言を用いるようになった。11月29日に提出される国民議会への報告書の作業部会では、デュフォワから「自由の選択」は生活や子どもの数、保育方法、フルタイム・パートタイムの労働、長期・短期の労働、結婚・非婚、家族計画、これらの選択の自由を指すものだと発言があった[11]。

　図3-1で示した2階建て構造からAPEの位置づけを確認すると、APEは育児休業給付として2004年の就業自由選択補足手当の前身となる施策であり、出産後の女性の就労継続を促進する両立支援の側面と、第3子以降への多子家族支援によって女性の労働市場からの退出を促進して子どもへの投資に役割を限定させる子ども支援の側面との両面をもった2階部分の施策であるといえる。APEが「自由選択」に向かう補足的給付のひとつの源流であると考えるならば、この時点で「自由選択」が制度の目的に付け加えられたといえる。ただし、このときの「自由選択」は国民連帯と少子化対策のために必要とされており、第1子をもつことや第3子を新たに産むことへの選択を拡大する出産奨励主義的側面が強かったといえる。そのため、仕事と家庭の調和のための両立支援はあまり重視されなかった。

　1986年12月29日法（バルザック法）では、10年中2年間の就労を受給条件とし、APEの条件を緩和した。また、APEはAPJEの短期給付と後に述べる在宅保育手当との併給が可能であったが、APJEの長期給付と家族補足手当などとの併給は基本的に認められなかった（宮本 2010：240）。

　APEは1994年7月25日法（ヴェイユ法）で第3子から第2子へと受給資格を引き下げた。その結果、3歳未満の子どもを2人以上もつ女性の労働力率は1994年から1997年までの間に69％から53％へと16％ポイント減少した（Afsa 1998：37）。これは、ある施策が家庭中心型、環境適応型、仕事中心型のすべてのライフスタイル選択に対応する現金給付で普遍主義的給付を実現する一方で、給付額や労働市場の状況、性別役割分業の強さ次第で女性を労働市場から退出

させる可能性を示している。これはフランス家族政策が手厚い支援をしながらも保守主義レジームから脱していないことを説明する根拠となりうる。この点は終章で再び取り上げたい。

保育方法自由選択補足手当の萌芽

以上のように，子ども支援のみの部分の統合が家族補足手当によって行われ，子ども支援と両立支援の重なる部分の育児親手当も創設された。そして，1980年代後半からは両立支援のみの部分も整備された。

1986年のバルザック法では，後に保育方法自由選択補足手当に再編される在宅保育手当（allocation de garde d'enfant à domicile, AGED）を創設した。AGEDは就業している状態でベビーシッターなどの在宅保育者を雇用する家族の社会保険料の補償を目的とした。1994年には，それまで3歳未満になっていた支給対象を6歳未満まで拡大した（宮本 2010：241-242）[12]。AGEDは雇用創出や労働許可証のない不法就労者への対応を同時に行う労働政策的な意図を含めて構想された。

1986年10月29日に出されたバルザック法の政府提出法案でも目的として「自由選択」を掲げた。政府提出法案の冒頭では家族政策の目的として，第1に家族給付や財政，子どもの受け入れに適した環境を通じて家族の負担を補償すること，第2に個人の決定に干渉しない選択の自由を提供すること，第3に人口減少に対応することを挙げた[13]。

1990年には認定保育ママへの経済的支援も行った。詳しくは次章で述べるが，1970年代後半から認定保育ママの整備が進んだ。保育ママへの現金給付は1980年に保育ママ特別給付（prestation spéciale assistante maternelle, PSAM）を創設したものの，十分に効果をあげることができなかった。認定保育ママへの支援を拡充するため，1990年7月6日法は認定保育ママ雇用家庭補助（aide à la famille

pour l'emploi d'une assistante maternelle agréée, AFEAMA）を創設した。AFEAMA
は認定保育ママの雇用に伴う社会保険料負担の相当額を補塡した[14]。1991年
12月31日法は認定保育ママに託される子どもの年齢や家族の所得に応じて給付
額が異なる AFEAMA 補足手当（complément d'AFEAMA）を創設した。所得制
限はないが，2001年度社会保障予算法では，満額給付の APE と AFEAMA の
併給が認められなくなった（宮本 2010：243）。

　AFEAMA の導入の際にも「自由選択」に関する発言がみられた。AFEA-
MA 導入への委員会の一般質疑では，女性に本当の「選択の自由」を与える
ことが望ましいとする意見が出た[15]。また，国民議会の議論では，真に選択
の自由を保障するためには認定保育ママよりも保育所の拡充であるとする発言
や，女性にとって本当の選択の自由を与える目的にするよう要望が出るなど，
「自由選択」をめぐる議論がみられた[16]。

　AGED と AFEAMA の創設と拡充は，保育所によらないで仕事と家庭の調
和を実現するために在宅保育者や認定保育ママの利用を経済的に支援した。在
宅保育者や認定保育ママは保育所で提供される保育の質よりも劣ることが考え
られ，子どもへの人的資源投資の側面は弱い。このことから，AGED と
AFEAMA は両立支援のみに特化した補足的給付の拡大として考えられる。
後の保育方法自由選択補足手当はこれらの手当をまとめたものであり，この当
時は両立支援のみの部分の補足的給付が付け加えられた時期であった。

　家族補足手当から APE，AGED，AFEAMA に至るまで，1970年代後半以
降の現金給付の進展は，労働市場や少子化の状況もふまえて個人のライフスタ
イル選択の多様性を保障する手段として登場してきた。「自由選択」という単
語が現金給付の名称となるのは2004年の就業自由選択補足手当や保育方法自由
選択補足手当である。また，具体的に「自由選択」を施策の名称にしようと目
指したのは次節で述べるように1992年以降であった。それでも，こうした「自

由選択」の源流をたどると，既に1980年代半ばから「自由選択」を家族政策の目的にしていた。1970年代後半からの多様な施策の創設や拡充は2階建て構造の「自由選択」に対応した補足的給付拡大の萌芽であり，家族政策に「自由選択」が付け加えられた時期であった。図2-3で確認できるように，1990年までに一連の補足的給付が付け加えられることで，両立支援の部分が新しく成立し，1977年と比べて多様なライフスタイル選択を支援するようになった。

　しかし，この時期に「自由選択」が家族政策の全体的な方針として多様なアクターから賛同を得たと判断することはできない。次節で述べる「自由選択」アイディアが既存の施策を脅かす施策統合の改革案として登場したことや，1990年代半ばから財政危機により家族政策の削減が提示されたことは，既存の施策がそのまま発展しただけではない家族政策の変化の可能性を示す。これらの様々な統合や削減の提案をすり抜け，既存の施策にもとづいた発展に多様なアクターが反対しなくなるためには「自由選択」によって既存の施策の構造を明確化する必要があった。

3　「自由選択」アイディアの登場と頓挫

　前節では，「自由選択」が施策の目的として登場し，家族政策のなかに付け加えられたことを説明した。本節では，前節の多様な施策が徐々に付け加えられていったこととは別の考え方としてこれまでの補足的給付を統合するアイディアが打ち出され，それが財政危機からくる削減の政治のなかで頓挫した過程をみていく。1995年から1998年までの削減の政治は，財政的な負担の大きい家族手当の所得制限を主に提案した。これは2階建て構造の家族政策の1階部分の基本的な原理である普遍主義の崩壊を招き，これまで培ってきたフランス家族政策の伝統を破壊するものであった。この削減の政治に多様なアクターが

抵抗し，結果的には家族手当の所得制限は撤回された。

　こうした展開を経て，既存の施策を利用した家族政策の再編が多様なアクターのなかで有効な選択肢となった。そのため，既存の施策の目的として用いられた「自由選択」が明確化され，保障すべきものと認められることで，再編をもたらす方針としてアクターに反対されないものとなったと示すことができる。1990年代は既存の補足的給付の統合と普遍主義的現金給付の維持という 2 つが財政状況を理由に共存して議論された時期であり，様々な改革や危機を経て多様なアクターは「自由選択」で合意したのであった。

「自由選択」アイディアの登場

　「自由選択」が政策案の名称として登場したのは2004年の就業自由選択補足手当や保育方法自由選択補足手当より前であった。大統領になるシラクは1995年に「自由選択手当」(allocation de libre choix) の創設を主張した。シラクは大統領選挙に出る以前から「自由選択手当」の提案を行い，1991年には 2 人以上の子どもをもつ親に最低賃金（SMIC）に近い金額を支給する家族政策の改革を目指した[17]。

　1993年 5 月の総選挙では与党の社会党が大敗し，かわりにフランス民主連合（UDF）と共和国連合（RPR）の保守連合が大勝した。ミッテラン大統領に首相として指名された RPR のバラデュールは，UDF のヴェイユを社会・保健・都市問題担当の閣内ナンバー 2 にあてるなど派閥勢力均衡型の第 2 次保革共存内閣を組織した。

　家族政策は，シラクが主張する「自由選択手当」の創設をめぐって議論が進んだ。1993年10月 7 日には，1994年に向けた財政法の政府提出法案に関する意見が RPR の国民議会議員コダッシオーニから提出された。このなかでは母親が小さい子どもをひとりもつ際でも，一時的に仕事が休めるように支援する家

族政策の必要性を示した[18]。その後，1993年10月26日に提出されたコダッシオーニの報告書[19]は，「自由選択親手当」（allocation parentale de libre choix）と名づけられた手当を施策の統合案として示した（CNAF 1993：1-3）。これは第1子をもつ親を対象にSMICの半額と同等額を支給し，APJE，APE，AGED，AFEAMAの4つの手当を統合する構想であった。この意見書や報告書が出されてから，シラクは第1子を含めて仕事と家庭の調和を支援し，保育の費用や所得の喪失を補償するための「自由選択手当」が社会の真の争点であるとした[20]。その後，RPRによる「自由選択手当」は第1子向けの現金給付のアイディアとして主張されるようになった。

　ここで統合される給付は主に2階部分の多様な保育方法を利用する家族に向けたものである。「自由選択親手当」が実施されれば，認定保育ママや在宅保育手当などの保育サービスを経済的に支援する施策の統合のみならず，これらと性格の異なる育児休業給付までも統合され，補足的給付の構造が大きく変化する。したがって，多様な施策からなる2階部分の統合案は2階建て構造のフランス家族政策の再編可能性を含むものであった。また，APJEは所得制限があるもののすべての子どもをもつ家族を対象に支給され，1階部分の基礎的給付として考えられる。この「自由選択」アイディアは1階部分も侵食して2階部分との統合を目指す改革案であった。

　バラデュール内閣での家族政策に関連する法律は，保健相ヴェイユが提示した包括的な家族政策に関する1994年7月25日法（ヴェイユ法[21]）であった。ヴェイユ法は，APE支給対象の第3子から第2子への拡大や，AFEAMAとAGEDの支給拡大，保育所設置等の社会活動への資金投入の決定，青年期の子ども対策として年齢制限の最大22歳までの拡大，BMAFの上昇抑制からなる新しい財政調整の措置などを含んでいた（Steck 2005：150-156）。また，後に政策決定の場として機能する全国家族会議を法定化したのもこの法律であった。

149

表4-2　家族給付部門（一般制度）における財政状況（1991～2000年）

（単位：100万フラン）

	1991年	1992年	1993年	1994年	1995年	1996年	1997年	1998年	1999年	2000年
収　入	198,170	208,511	229,929	216,173	224,715	228,482	243,472	252,543	267,419	272,652
支　出	193,531	202,107	219,267	226,623	263,610	238,136	257,448	254,145	262,621	264,723
収　支	4,639	6,404	10,662	-10,450	-38,895	-9,654	-13,976	-1,602	4,798	7,929

出典：Comité d'histoire de la sécurité sociale 2005：563より筆者作成。

　1994年5月2日に出されたヴェイユ法の政府提出法案は，第1子向けの現金給付である「自由選択手当」の内容を盛り込まず，「選択の自由」という言葉は乳幼児受け入れの改善の目的として冒頭にふれるだけであった[22]。しかし，政府提出法案の国民議会での報告者に指名されたコダッシオーニは，上述のように現金給付について意見と報告書を提出しており，政府提出法案に第1子をもつ親を対象にSMICの半額分を支給する「自由選択親手当」を創設するよう提案した[23]。

　この当時の問題は第1節で述べた社会保障の財政状況であり，1994年にはCNAFが赤字に転落し，財政状況を改善する必要があった。CNAFが赤字になるのはミッテランが積極財政による経済活性化を図ったときに家族手当などを増額した1982年以来であった（表4-2）。それ以前から全国疾病保険金庫や全国老齢保険金庫が赤字に陥っていたことも含め，社会保障財政を安定させる改革が急務となり，1995年のジュペ・プランへとつながっていく。

　1994年のCNAFの財政状況から新たな手当の創設は困難であった。そのため，コダッシオーニの提案は「自由選択親手当」を実施した場合に既存の施策に障害が発生するとして先送りになった[24]。こうしてヴェイユ法は財政調整を図りながらも第2子以降への支援を拡充させる改革に留まった。そのため，ヴェイユ法はコダッシオーニの意見書提出後すぐに方針転換して出産奨励主義的なものになったと指摘される[25]。

以上のように，1990年代前半の改革アイディアはシラクやコダッシオーニを
中心に RPR が主導して提案してきた。「自由選択」アイディアは当初明確では
なかったものの，次第に第 1 子向けの補足的給付の統合案としてアイディアが
収斂した。しかし，1994年の CNAF の赤字によって「自由選択親手当」とし
て提案された統合のアイディアは先送りされ，その後の議論に委ねられること
になった。したがって，この時点でも施策の配置自体は1990年時点のものと同
一である。大事なことは，先送りされたとはいえ，「自由選択」が改革論争の
なかで注目されうる言葉として登場したことであった。

全国家族会議と「自由選択」アイディアの頓挫

1995年のフランス大統領選挙は保守が分裂し，シラクとバラデュールが対決
することになった。家族政策をめぐる選挙の議論では，大統領選挙期間中もシ
ラクはコダッシオーニが提起した「自由選択手当」の創設を掲げていたし，バ
ラデュールも家族政策の改革を提案していた。その一方で，社会党は家族政策
よりもすべての人を対象とした労働時間の削減を望んでおり，家族政策への関
心は RPR よりも弱かったといえる[26]。また，極右政党国民戦線のジャン＝マ
リー・ルペンは第 1 子の子どもをもつすべての女性に SMIC 同等額の給付を
行う考えを示した。ただし，いずれにしても社会保障財政の改革が急務である
ことに変わりはなかった。大統領選挙の結果，シラクが大統領となり，同じ
RPR のアラン・ジュペを首相に指名した。

ジュペは社会保障財政の悪化に対応するため，1995年11月15日にジュペ・プ
ランと呼ばれる社会保障改革プランを発表した（廣澤 2005：203-213）。ジュ
ペ・プランは，既存の社会保障制度が労使を中心に管理運用されており職域ご
とでばらつきのあるシステムとなっているのをすべての人々を対象とした普遍
主義的なシステムへと根本的に見直すことを提案した。具体的には，社会保障

制度における政府の介入を強化するため，労使によって管理運営される社会保障機関と政府との間で制度の管理やサービスの質を確保する協定を結び，社会保障を政府の監督下に置くことを掲げた。また，各金庫理事会の理事構成員を労使同数に戻すことや，年金を賦課方式から積立方式に転換すること，医療費抑制策の提示，社会保障財政の慢性的な赤字を解消するため社会保障債務償還拠出金[27]の創設も示した。

家族政策に関しては，1996年までに CNAF の赤字を削減し，1997年には黒字にすることを目標とした。それを達成するために，1996年の家族手当の給付額引き上げを実行しないこと，施策の合理化や単純化を行うこと，特別制度での家族給付の管理を CNAF に移管すること，CSG の税率を引き上げることを提案した[28]。そのほかに，家族給付を課税対象にすることと家族手当への所得制限の導入を提案し，家族政策改革の大きな争点となった。この課税対象と所得制限から家族政策は削減の政治の局面へと突入した。

ステックによれば，ジュペ・プランのなかにはシラクやコダッシオーニが提示した「自由選択」アイディアや，家族給付部門の会計の均衡を取り戻すこと，所得状況に応じた家族手当の調整が鍵となるアイディアとして考慮された（Steck 1996：410，2005：159-161）。しかし，ジュペ・プランのなかには第 1 子向けの現金給付の提案はなく，シラクやコダッシオーニが示したアイディアは採用していないようである[29]。

社会保障の削減を提示したジュペ・プランは労働組合を中心に反発を招き，大規模なデモやストライキが行われた。当然ながら家族給付部門の削減提案に対しても代表的な労働組合は反対した。それだけではなく，家族の利益を守る全国家族協会連合（union nationale des associations familiales, UNAF）もこれまでの政府との協力関係を見直し，家族政策を守るために方針を転換した。

前章でもふれたように，UNAF はアソシアシオン契約に関する1901年 7 月

第4章 「自由選択」の発展と再編

１日法にもとづいて1945年５月３日オルドナンスで設立されたアソシアシオンであり，全体または特定の家族の経済的精神的な利益を守ることが目的である。1950年代には MPR とともにフランスの戦前から続く家族政策を守る役割を果たしてきた。1980年代に社会党政権になったときも少子化対策のために社会党に協力的な姿勢を取り続けてきた。しかし，ジュペ・プランの提示で家族政策の普遍主義的性格が脅かされると考えた UNAF は，これまでの政府と緊密な関係によって家族政策を維持，発展させてきた団体としての役割を方針転換し，家族政策の普遍主義的性格を守るために政府と衝突するようになった（Minonzio et Vallat 2006：213-214）。

　家族給付部門の改革での大きな障壁は，ヴェイユ法で法定化した全国家族会議[30]であった。全国家族会議は労使の代表者などの家族政策に関する幅広いアクターが参加し，家族政策の方向性を決める会議である。2004年の家族会議には，首相や関係閣僚や，議会の関係委員会委員長，地方自治体代表者，UNAF 会長，労使や農業団体関係者10名，学生の保護者団体代表者など36名が参加した（内閣府経済社会総合研究所・家計経済研究所編 2006：図表５-３）。

　この会議はヴェイユ法第41条で法定化し，政府は年１回開催することが求められた。全国家族会議は政府が当初から設置を予定していたものではなかった。1994年５月２日の政府提出法案では全国家族会議に関する規定は存在せず，その後の国民議会での議論のなかでヴェイユと同じ UDF の議員から条文の修正提案があり，それを受け入れて成立した[31]。提案者のひとりであるイザック-シビユは，家族政策の利害関係者が定期的に集まる制度化された組織を欠いており，意見交換や協議の場所としての全国家族会議の必要性を述べた。

　このように全国家族会議の創設経緯をみていくと，多様な利害関係者が参加する会議の設置は計画的なものではない。しかし，削減の政治に直面した家族政策のアクターは改革に抵抗するため全国家族会議を利用した。その結果，こ

の時期は「家族会議の時代」（Steck 2005：164-172）と形容されるまでになった。1996年から数年間，全国家族会議は社会保障改革の家族部門について議論を行う場として機能した。こうした議論の積み重ねから2002年以降の PAJE の議論でも全国家族会議は家族政策の発展と再編を担う議論の場となった。

ジュペ・プランが家族給付を所得税の課税対象とすることや家族手当に所得制限を設けることを打ち出すと，法定化されて初めて開催した全国家族会議に参加するアクターはこの提案を議題として取り上げないわけにはいかなかった。

1996年5月6日に開催された全国家族会議では，当然ながら家族給付を課税対象にすることや家族手当への所得制限に対してフランス民主主義労働同盟（CFDT）を除いた労使代表や UNAF から強い反発があった（Steck 2005：159-166）。批判はジュペ・プランの家族政策全体に及び，「自由選択親手当」の導入も財政状況を理由に無期限の延期となり，当初シラクが提案してきた「自由選択手当」は急速に後退していった[32]。この時点で1990年代にシラクやコダッシオーニが提案したアイディアによる家族政策の統合案は，与党の削減提案に巻き込まれて頓挫した。ここで残ったのは家族政策を改革するためのアイディアではなく「自由選択」という言葉であり，これがその後の既存の施策にもとづく再編の妥協点となった。

全国家族会議は議論が紛糾したため，全国家族会議参加者で会計検査院検事長であったジスロに家族会議の意見と協議の計画に関して対応を委ねた（Steck 2005：165-166）。ジスロは作業部会を組織し，1997年2月に「家族の総合的な政策のために」と題した報告書を提出した（Gisserot et al. 1997）。家族の現状や財政の状況，それぞれの現金給付の検討など幅広い項目からなる報告書は，家族給付に対する課税や家族手当への所得制限の見送りを提言した。この報告書は RPR と UDF，そして UNAF の3者がジュペ・プランにかわる新しい家族政策の提案を要求したものと位置づけられ[33]，その後の家族政策の基

盤となった。

　1997年３月17日に開催した全国家族会議では，ジスロ報告に沿って家族手当への課税計画の反対に関する議論に時間を費やした。こうした議論を経て，家族手当への所得制限の議論は終結したようにみえた。この会議は，課税や所得制限の計画の放棄だけではなく，青年層に対する補助や乳幼児への支援，世代間連帯の強化などを提案した。この年の全国家族会議は，権利を喪失した際の補償メカニズムの用意を追加し，最終的にジスロの報告書に沿った改革を進めることになった（Steck 2005：166）。

ジョスパンによる所得制限と普遍主義的現金給付の維持

　1997年５月25日と６月１日の２回行われた国民議会総選挙では左派陣営が319議席を確保し，社会党を中心とした左派内閣を組むことになった。これによって生じた第３次保革共存内閣で首相に就任した社会党のジョスパンは，これまでの全国家族会議での議論の流れを無視して家族手当の所得制限[34]を施政方針演説で表明した。

　1997年６月19日の施政方針演説での突然の所得制限導入は，既にこの議論が終了したと思っていた全国家族会議の関係者から強い反発を招くことになる。UNAF は家族手当への所得制限は子どもに開かれた普遍的権利である家族手当の受給を侵害するものとして反対した（宮本 2007：8 -10）。労働総同盟（CGT）も所得制限や家族手当の普遍主義原則を崩すことや使用者の拠出金のこれ以上の削減は許されないこと，さらなる所得上限額の引き下げが行われうること，労働者が家族手当の受給者と非受給者で分断されることなどを理由に反対を掲げた。

　政府も UNAF や CGT の反対から一定の譲歩を示し，共働きの家族や単身者に対する所得上限額を引き上げることにしたが，稼ぎ手がひとりで子どもを

2人もつ家族に対しては当初案を堅持した（宮本 2007：10-12）。この修正案を
もとに国民議会で審議したが、野党にまわったRPRやUDFが反対するだけ
でなく、単独で過半数を取れないために政権を担っていた共産党も反対に回っ
た。UDFの議員は所得制限導入策を家族間の処遇格差を生み出し、子どもを
もたないようにする反出産奨励主義的施策であるとして反対した。また、RPR
の議員は障がい児を抱える家族を所得制限の対象から外すよう修正案を提示し
たが、障がい児向けの手当が既にあることから修正案は否決された。

　こうした反対のなかでも、社会党は所得制限の上限が高額であり、富裕層の
みを対象としていることから妥当性を強調した。最終的には社会党議員の多さ
から政府案が賛成多数で可決された。ただし、審議の過程で共産党が打ち出し
た所得制限の適用を翌年度の改革が実行されるまでの間に限定し、そのあり方
をあらためて検討するという条件付きでの可決となった（宮本 2007：10-12）。
こうして家族手当への所得制限は1998年度社会保障予算法[35]に明記された。
しかし、家族手当への所得制限は約10か月で廃止され、家族手当は再び普遍主
義的現金給付へと戻ることになる。

　1997年の家族手当の所得制限をめぐる国民議会の議論のなかで、ジョスパン
内閣は家族政策全体の再検討を約束し、家族給付部門の予算報告を担当してい
た社会党元老院議員のジロを家族政策の検討作業の統括責任者に登用した（宮
本悟 2008：80）。政府側は家族問題に関わる3人の研究者・政治家に報告書を
依頼し、それをジロがまとめて総括報告を行うことになった。これは1998年の
全国家族会議の首相報告も兼ねていた。

　1998年6月1日付の「家族政策改革に向けて」と題されたジロ報告は、家族
手当の所得制限の代替案として税制の家族係数の上限引き下げを提案した
（Gillot 1998：18）。つまり、家族政策ではなく税制での対応で財政危機を乗り越
えるよう方針を転換したことになる。これは、政府が報告書を依頼したうちの

ひとりであるテロによる報告書に記載されており，テロ報告では，第1に家族政策の転換の促進，第2に家族手当への課税の反対，第3に所得税の家族係数制度改革の支持を示した（宮本悟 2008：81-83）。これだけではなく，ジロ報告は，親の責任の確立とともに「選択の自由」の明確化を提示した（Gillot 1998：12-13）。また，具体的な改革の方針として補足的給付や乳幼児向け給付，第1子向け給付の改善を挙げた。

　こうしたジロ報告での家族手当の所得制限の廃止と家族係数の上限引き下げ提案を受け，ジョスパンは1998年6月12日の全国家族会議で家族手当の所得制限を撤回すると宣言した（Steck 2005：166-168）。1998年の全国家族会議では，新学期手当の給付対象の拡大や学生や実習生などではない20歳未満の青年期の子どもに対する家族手当の権利付与などを提案したほか，仕事と家庭の調和に関する議論を引き続き行った。

　ジョスパンによる家族手当の所得制限撤回には UNAF の戦略があった（Minonzio et Vallat 2006：215）。UNAF は家族政策の普遍主義的な性格を守るため，家族手当の所得制限ではなく，家族係数の上限引き下げを代替案として用意し，政府側に提案した。このなかでは，税制の改革が家族手当の所得制限よりも財政的に有利であることを提案した。政府は UNAF との交渉のなかで家族手当の所得制限ではなく家族係数の上限引き上げで財政問題を解決することになり，全国家族会議でのジョスパンの宣言に至った。こうした交渉からは UNAF が税制で譲歩したとしても既存の家族政策の2階建て構造を維持したいとする考えが読み取れる。

　ただし，以上の議論のなかでも所得制限を実施した施策があった。1997年12月19日法では所得に応じた AGED の削減を実施し，所得が2万5,000フランを超える家族に対して，0歳から3歳までの子どもがいる場合には支給額を25％削減し，3歳から6歳の子どもがいる場合には支給額の50％を削減した

（CNAF 1997：29）。こうした措置は AFEAMA などの他の保育方法への支援との再均衡を図るためだと説明されたが，結果的に AGED の受給者は16.1％減ることになった（CNAF 1998：59）。この改革を実行したものの，2階部分の補足的給付の一部での削減にとどまり，1階部分の普遍主義的性格をもつ基礎的給付では改革を実施しなかった。

　1995年から始まる所得制限の議論は最終的に家族手当の普遍主義的性格の復活で終結した。ここからわかるのは，家族政策の普遍主義的性格を維持しようとする抵抗の力強さである。ジュペ・プランでの家族手当の所得制限にはUNAF や CGT が強硬に反対し，ジョスパンの施政方針演説での所得制限でもUNAF や CGT，共産党を含めた社会党以外の政党の反対に苦慮することになった。戦前から形成された家族手当の普遍主義的性格は歴史的な厚みを伴ってフランス家族政策のひとつの特徴として存在しており，削減の政治での制度の持続性を示している。特に UNAF はそれまでの政府との関係を変化させてまで1995年以降の家族政策の改革に反発し，普遍主義的な性格を維持してきた。こうして右派と左派という提案者が異なるなかで生じた普遍主義をめぐる政治的対立は，UNAF や CGT など多数のアクターの反対によって普遍主義の維持で終結した。

　また，この時期は右派からも左派からも「自由選択」という言葉がでてきた。右派からは「自由選択手当」という「自由選択」が名称に含まれる大胆な統合案が示された。これは2004年の改革に至る既存の施策での発展とは異なっていたが，仕事と家庭の調和に関連する施策の再編で多様なライフスタイル選択を保障する意図はあったといえるだろう。しかし，この大胆な統合案は，社会保障の財政赤字と全国家族会議での議論のなかで，与党の削減案の一部としてみなされたために実現することはなかった。

　一方，左派からは1997年にジョスパン首相から家族手当の所得制限が打ち出

されたが，この当時は「自由選択」を目指すよりも社会保障財政の改善に力点があったといえる。しかし，全国家族会議での抵抗やUNAFによる税制での代替案の提示から家族手当の所得制限は失敗に終わった。その後，社会党の家族政策改革のジロ報告で「選択の自由」の明確化が提示されることによって，社会党からも「自由選択」にもとづく改革方針が示された。

　その後，次節で述べる乳幼児受け入れ給付の改革は右派政権のもとで「自由選択」の保障が掲げられたことから，右派も左派も「自由選択」に反対しなくなったといえる。

　このように，多様なライフスタイル選択を支援する「自由選択」という言葉が右派と左派の両方から出てきた結果，主要な政党は削減案や統合案を提示しなくなり，既存の施策を前提とする再編案に反対することがなくなった。家族政策の再編は多様なアクターが参加して政策決定を行う全国家族会議が主導するようになった。財政赤字は家族政策の危機ではあったが，全国家族会議が削減へ抵抗する中心的な場として機能することで，むしろ既存の施策による再編の道筋をつけることになったといえるだろう。ただし，「自由選択」にもとづく具体的な再編は2002年以降に出てくる。「自由選択」は統合案や削減案を退け，既存の施策による再編を導くのに必要な調整のツールとして考えることができる。

4　真の「自由選択」に向けて──乳幼児受け入れ給付

　本節では，多様なアクターが「自由選択」にもとづく再編に反対することがなくなって以降，実際に「自由選択」が施策名称として用いられる再編が行われた2004年までの動きをみていく。2002年からは第3次コアビタシオンが解消され，首相が右派のラファランになった。この右派政権のもとで「自由選択」

の実現に向けた乳幼児受け入れ給付の改革が行われたことから，右派も「自由選択」を明確にした家族政策の再編を進めたといえる。ここでも全国家族会議が議論を先導するアリーナであった。

仕事と家庭の調和と現金給付のばらつき

「自由選択」のもとで多様なアクターの議論がまとまった1999年以降，CNAF の収支が黒字に転換したこともあり，現金給付は財政問題ではなく質的な再編へと動いていく。1999年の全国家族会議は住宅扶助（aides de logement）の支給対象年齢の延長などがテーマであり，2000年の全国家族会議は個別住宅扶助（aide personnalisée au logement）の改革がテーマであった。こうしたテーマと並行して仕事と家庭の調和に関する議論も行われた（江口 2011：31-33）。2001年の全国家族会議でも，保育所の増床に向けて乳幼児向け投資基金を継続することや，保育所の助成金額を実態の原価に近づけるための増額といった，保育サービスを中心に仕事と家庭の調和への支援を決定した（Steck 2005：168-170）。

その一方で，1990年代に多様な現金給付を展開した結果として，家族の所得に応じて現金給付の利用にばらつきが生じ始めた。3歳未満の子どもの保育方法をみると，APE の受給者は低中所得者層に多く，認定保育ママの利用者は中高所得者に多いことがわかる（表4-3）。また，在宅給与者[36]（在宅保育者）を雇用する家族は AGED の受給対象者になると考えられるが，受給要件で家族に求められる所得が高いため，高所得者層に偏在している。さらに，CNAF が支出する現金給付の間にもその伸びにばらつきがある（表4-4）。APE や AFEAMA の支給額の増加率が高くなった結果，それぞれの支給割合のばらつきが拡大した。特に，CNAF が直接支出する保育所の割合が低下しており，2002年の PAJE の作業部会で提出された資料では，3歳未満の子どもをもつ

表4-3　2000年の親の所得水準に応じた3歳未満の子どもの保育方法

(単位：%)

所得上限（月額，ユーロ）	～773	～1,010	～1,267	～1,653	1,653～
認定保育ママ	9	12	23	29	28
保育所	5	9	14	12	8
在宅給与者（在宅保育者）	0	0	0	1	8
育児親手当	29	40	29	12	12
2人の親のうち1人	33	15	7	5	3
その他	23	25	27	40	42
合　計	100	100	100	100	100

出典：Leprince 2003：122.

表4-4　乳幼児受け入れにおける全国家族手当金庫の直接的な支出の進展

(単位：100万ユーロ)

	1994年	2001年	増加率	1994年支出割合	2001年支出割合
APE	928	2900	213%	43%	50%
AFEAMA	675	1871	177%	31%	32%
AGED	84	129	54%	4%	2%
すべての給付	1687	4900	190%	78%	84%
幼児への社会活動	484	939	94%	22%	16%
うち保育所への支出	353	492	39%	16%	8%
すべての支出	2171	5839	169%	100%	100%

出典：Leprince 2003：114.

保育所の利用者が8.9%しかいなかった（Hermange et al. 2003a：95）。

　こうした現金給付や受給者のばらつきはそれぞれの現金給付の支給額や税控除の方法に関係があると指摘された（Legendre et al. 2003）。そのため，2003年12月18日に成立した2004年社会保障予算法で再編したPAJEは，以上のばらつきを是正し，子どもにも女性にも真の「自由選択」を提供するための議論を展開した。なお，ここでいう真の「自由選択」は，誰もが満足できる多様なライフスタイル選択に対応した保障を用意できたことを意味していない。あくまでも真の「自由選択」を目指そうとする目標を掲げたに過ぎず，どの程度まで

「自由選択」が達成できているのかは別途評価する必要がある。これについては終章で考えてみたい。

乳幼児受け入れ給付の概要

それでは，乳幼児受け入れ給付（prestation d'accueil du jeune enfant, PAJE）はどのようなものであろうか。第1章でも現金給付について表1-1で整理したが，ここであらためて述べておきたい。

まず第2子と第3子向けの現金給付を振り返っておく。現在，フランスでは子ども支援と両立支援の両方の側面をもつ家族手当が1階部分として提供されている。20歳未満の子どもが2人以上いる場合に所得制限なしで支給する家族手当は，子どもがひとり増えるごとに一定額を加算し，子どもが大きくなるとさらに加算する。そのうえで，フランスでは第3子以降向けの子ども支援のみの現金給付を提供する。子ども支援のみの手当は，3人以上の子どもを保育する場合に支給する家族補足手当が挙げられ，多子奨励のボーナスとして手厚い現金給付を提供することで女性の労働市場への復帰を阻害する可能性を指摘できる。

こうした現金給付のほか，2004年に乳幼児向けの現金給付を再編して，PAJE を創設した。

PAJE は表1-1をみてわかるように乳幼児向けの5種類の手当をまとめた総称である。このうち，子ども支援と両立支援が重なる，使途を限定しない現金給付（就業自由選択補足手当）を第1子から適用したことと，両立支援のみの施策（保育方法自由選択補足手当）の拡充が特徴として挙げられる。PAJE 導入の背景には，乳幼児受け入れ方法の多様化に対して，これまでの施策が制度ごとにばらつきがあって真に自由な選択に対応できていないことが挙げられるほか，税収の落ち込みや様々な地方での補助がシステムの不透明さや不公平感を

増大させているためとされる（Périvier 2003：6）。

PAJE の具体的な施策は，第 1 に，基礎手当（allocation de base）を設け，これまで低所得者を中心に支給してきた従来の乳幼児手当（APJE）の長期給付部分の支給対象を拡大し，中位所得者に対しても使途を限定しない手当を第 1 子から支給することである。働くか働かないかにかかわらず第 1 子から手当を支給し，子ども支援と両立支援が重なる部分の手当となった。基礎手当はこれまでの APJE とは異なり他の現金給付との併給が可能であり，所得制限があるものの，1 階部分の基礎的給付といえよう。

第 2 に，既に実施されていた育児親手当（APE）が就業自由選択補足手当（complément de libre choix d'activité）として PAJE のなかに位置づけられた。就業自由選択補足手当は第 1 子からも支給されるようになった。ただし，第 1 子には 6 か月間の支給に留まっており，第 2 子以降に 3 年間支給するよりも圧倒的に短い受給期間であった。その理由は後に言及する。

また，就業自由選択補足手当は，労働時間を減らしてパートタイム労働を行いながら手当を受給する一部支給の給付額を15％引き上げた。そのため，従来の手当よりも一部支給を選択する受給者が多くなり，パートタイム労働を選択する誘因になった（宮本 2010：249）。表 4 - 1 で示したように労働市場におけるパートタイム労働の少なさはフランスの特徴であるが，フランスでは APE 導入以降，就業自由選択補足手当による一部支給を拡大することでパートタイム労働を支援した。就業自由選択補足手当の受給者が主に女性であることを考えると，女性を中心とした雇用の柔軟化に就業自由選択補足手当が貢献したといえる[37]。

第 3 に，これまでの AGED や AFEAMA といった親が認定保育ママや在宅保育者を雇用した場合の支援が保育方法自由選択補足手当（complément de libre choix du mode de garde）にまとめられた。これによって，認定保育ママや民間

のベビーシッターなどを雇用する場合の社会保険料を肩代わりする制度として従来の制度よりも給付額が多くなる傾向がみられた（宮本 2010：248-250）。

PAJE は，基礎手当で第１子から現金給付を提供したうえで，就業自由選択補足手当の一部支給の給付額を引き上げることや，保育方法自由選択補足手当の給付額を多くすることで，出産後の女性に労働市場への早期復帰を促す面を含んでいる（Morel 2007：626）。ここから，PAJE は全体として両立支援の政策目的が強く押し出されている。

ただし，PAJE は第３子以降への多子家族への支援も含む。20歳未満の第３子以降の子どもがいる場合に支給される就業自由選択オプション補足手当は最大で12か月の受給期間となる就業自由選択補足手当よりも受給期間が短く高額の手当である。受給期間の短さはあるものの，パートタイムでの就労が認められず育児中の完全休業が条件であることも含めて，多子家族への高額な支援によって労働市場からの退出に効果をもつ子ども支援のみの施策として位置づけられる。このように全体として両立支援の政策目的が強く押し出されているとしても，子ども支援のみの施策を放棄したものではなく，家族補足手当と合わせて，すべてのライフスタイル選択に対応した経済的支援を行っている。

以下では，１階部分の普遍主義的な個人のライフスタイル選択に根ざした基礎的給付と，２階部分の多様なライフスタイル選択に対応した補足的給付という既存の2階建て構造を発展させることになった PAJE の政治過程をみていく。

2002年以降の乳幼児受け入れ給付の議論

2003年全国家族会議で PAJE の具体的な内容を決定するため，2002年から全国家族会議の作業部会で議論を重ねた。

作業部会の開始にあたって，家族担当大臣であった右派のジャコブは PAJE の目的として，既存の手当の簡素化，就業の自由選択の保障，保育方法の自由

選択の保障の３つを示した（Hermange et al. 2003b：165）。就業の自由選択の保障は就業自由選択補足手当につながり，働くか働かないかの自由選択を保障し，労働市場から退出した際にも手当の支給を保障するものであった。保育方法の自由選択の保障は保育方法自由選択補足手当につながり，フランスでこれまで整備されてきた，保育所や認定保育ママ，在宅保育者といった保育方法の自由選択を保障するものであった。本書では既存の施策が大規模に統合されず多様なライフスタイル選択を支援するかたちが残っていることを含めて家族政策全体の方針を「自由選択」として位置づけるが，名称としての「自由選択」は，就業の自由選択と保育方法の自由選択から用いられた。

　さて，作業部会では当初から保育所と認定保育ママの拡充について積極的に議論を行った。これは次章で説明する家族・人口高等評議会から出された報告書のなかで，低所得家族が保育所や認定保育ママを十分に利用できていないことや，地方によっては保育所や認定保育ママが十分に整備されていないことから，「自由選択」を阻害していると指摘されたことが大きい（Leprince 2003：3－4）。また，上述のように，３歳未満の子どもをもつ保育所の利用者は8.9％しかなかった（Hermange et al. 2003b：95）。つまり，これまでの施策では実際の保育所の整備が追いつかず，親のニーズに応えられていないことが明らかとなった。このため，保育所の増設や認定保育ママの増員を議論することになった。したがって，家族担当大臣が示した２つの自由選択の保障のうち，保育所や認定保育ママなどの活用を支援する現金給付の拡充が中心的な議題となった。

　認定保育ママの利用に関して，これまでの AFEAMA は低所得者を中心に支給しており，中位所得者の認定保育ママの利用は経済的な負担が大きかった。作業部会ではこうした現状に対応するため，保育方法自由選択手当の導入にあたって従来よりも中位所得者に手厚い給付を行うようにした。

　また，これまでの家族政策はパートタイム労働への関心が十分ではないとさ

れた。作業部会では，乳幼児をもつ母親のパートタイム労働の比率が2002年までの10年間で10％ポイント上昇して37％となったことを考慮すべきとした（Hermange et al. 2003b：170）。こうした議論は，就業自由選択補足手当でパートタイム労働を行いながら手当を受給する一部支給の給付額を15％引き上げることにつながった。

　PAJE の特徴のひとつに，これまで第 2 子以降に支給された APE を再編し，就業自由選択補足手当として第 1 子からも支給したことが挙げられる。しかし，第 1 子のみの家族の受給期間は 6 か月に限定した。この短期間の支給は作業部会での労働総同盟（CGT）の提案からきている。作業部会では CGT から就業を阻害する給付に対して反対する意見が示された（Hermange et al. 2003b：189）。また，別の発言機会では，保育所の増設や出産休暇期間の延長を要望するほかに，第 1 子のみの家族への就業自由選択補足手当の受給期間を 1 年のうち 6 か月が考えられるとし，結果的にはこうした CGT の意見を PAJE に反映した（Hermange et al. 2003b：203）。

　CGT が第 1 子のみの家族への就業自由選択補足手当の期間を 3 年ではなく 6 か月とした背景には，1995年の育児親手当の改革の存在があった。第 2 節で述べたように，1994年の育児親手当の改革では，給付対象が第 3 子以降から第 2 子以降に拡充された。その結果， 3 歳未満の子どもを 2 人以上もつ女性の労働力率が減少した。CGT は作業部会でこの問題について言及し，第 1 子を出産した女性がそのまま労働市場から退出することを避けたかったと考えられる。

　作業部会は以上の議論を重ね，2003年 2 月に PAJE に関する報告書をまとめた。この報告書では，家族担当大臣からあった 3 つの目的を達成することのほかに，考慮されるべきこととして，特定の集団に損失を与えない給付にすることや，財政状況を考えること，経済成長と就業率への影響を考えることなどを提示した（Hermange et al. 2003b：256）。最終的な報告書は多様なアクターか

らなる作業部会の意見を様々に取り入れたために複数のシナリオを用意する結果になった。それでも合意できる結論として，第1に乳幼児受け入れ方法の改善，第2に基礎的給付と補足的給付の2つの手段の用意，第3に出生に関する公平で統合された給付の再編の3つを挙げた（Hermange et al. 2003a：185）。

　第2の基礎的給付と補足的給付の2つの手段の用意はフランス家族政策が2階建て構造を維持することになったため「自由選択」の明確化が既存の施策の発展を支えた根拠として説明できる。作業部会の議論を通じて示されたことは，第1子からでも基礎的給付を支給することと，そのうえで育児休業と保育方法に関する自由選択を保障する補足的給付を用意することであった。1990年代に出された統合や削減の提案は既存の施策での漸進的変容を脅かす存在であったが，1990年代後半の左派による「自由選択」の明確化と2002年以降のPAJEの議論で右派が「自由選択」の保障に反対しなくなったことから，2階建て構造が「自由選択」の明確化を伴って漸進的に発展してきたと説明することができる。

　以上のPAJEの過程をみていくと，基礎手当の支給範囲の拡大や，6か月とはいえ就業自由選択手当を第1子に拡充したこと，第2子からの家族手当と第3子以降の家族補足手当を維持したことから，基礎的給付と補足的給付の構造を作り出していったといえる。ここから，1階部分の基礎的給付を基礎手当により拡充することで，すべてのライフスタイル選択に対応した現金給付をさらに発展させたことがわかる。そのうえで，多様なライフスタイル選択を支えるため，就業自由選択補足手当の第1子までの拡充や，保育方法自由選択補足手当による就労と現金給付の結合など，両立支援を中心とした支援の拡大がみられ，2階部分の補足的給付を整備した。それだけではなく，家族補足給付を残し，就業自由選択オプション補足手当を用意することで専業主婦も含めた子ども支援のみの部分も含めた「自由選択」の補足的給付の発展がみられた。

5　2階建て現金給付と「自由選択」

　本書の目的は，フランス家族政策が制度併設に沿って発展してきたことを説明することであった。また，その過程で対立する施策の統合や削減の政治を乗り越えるため多様なアクターが「自由選択」での既存の施策の発展に反対しなくなったことを明らかにすることであった。第3章と第4章では現金給付の発展と再編をみてきた。

　1998年のジロ報告では，社会党も「自由選択」の明確化を打ち出し，削減の政治を主導した右派だけではなく左派も「自由選択」を受け入れることになった。そして，既存の施策による家族政策の再編の道筋をつけた UNAF や CGT などの多様なアクターも合意可能な一致点として「自由選択」が以降の方針となった。その後，「自由選択」に沿った改革が実施され，2004年の PAJE では，基礎的給付としての基礎手当と補足的給付としての就業自由選択補足手当，保育方法自由選択補足手当，就業自由選択オプション補足手当を創設し，既存の施策を発展させる制度併設に沿った2階建て構造の現金給付が維持された。

　特に2階部分の補足的給付は，多様なライフスタイル選択に対応するために様々な施策を維持した。補足的給付の間では育児休業やサービス給付の利用，多子家族など，特定の条件を満たしたうえで受給することが求められている。こうした補足的給付はすべてのライフスタイルに広く対応した普遍主義的な現金給付ではなく，特定のライフスタイル選択に重心を置いている。保育方法自由選択補足手当は就業中の家族が認定保育ママや在宅保育者を雇用する際に現金給付を支給することで仕事中心型のライフスタイルを支援している。就業自由選択補足手当は就業を前提として仕事中心型のライフスタイルに重点を置きつつも，所得比例ではない定額の給付や第2子以降への3年間にわたる長期間

の給付となるために仕事と家庭との関連を弱め，ときには労働市場からの退出も許容する環境順応型や家庭中心型のライフスタイルにも対応している。他方で，家族補足手当や就業自由選択オプション補足手当のように第3子以降の子どもに手厚い支援をすることで家庭中心型のライフスタイルへの誘因を強める可能性がある補足的給付も残している。

　こうした「自由選択」を保障する2階建て構造のフランス家族政策は，1970年代後半の様々な施策が付け加えられた時期から漸進的に発展してきたものであった。それでも付け加えられた時点で基礎的給付と補足的給付からなる「自由選択」が定まっていたわけではない。1990年代初めには補足的給付を中心とした統合案が提示されたり，1990年代半ばにはCNAFの赤字から基礎的給付の所得制限が行われたり，既存の施策での発展に至るまでにいくつもの危機が存在していた。その後，UNAFやCGTによる反対で統合や削減が十分に達成できなかったとき，既存の施策での発展を指し示す方針が「自由選択」であった。左派は「自由選択」の明確化を掲げることで既存の施策での発展を容認し，右派は2002年以降のPAJE改革のなかで「自由選択」の保障を表明することで既存の施策による発展に反対することがなくなった。こうした統合や削減との対立ののち，1990年頃に成立した2階建て構造の家族政策は，1990年代に「自由選択」での多様なアクターの合意形成を促し，2004年のPAJEでの2階建て構造の維持に至ったのであった。

　漸進的変容論の「制度併設」から説明すると，以上の過程は，2階建て構造や管理運営体制に拘束されながらも，新しい要素が付け加えられ，給付の拡大に伴った補足的給付の中心部への侵食を伴い，「自由選択」を受け入れて家族政策の発展と再編に至る制度併設から説明できる。この「自由選択」を保障する家族政策によって，個人のライフスタイル選択を保障し，他の福祉国家にはみられない多様な家族への支援方法がみられるようになった。

註

（1）OECD Statistics. ただし，フランスの女性の労働力率は1983年以降のデータしかない。

（2）国立社会保障・人口問題研究所『人口統計資料集 2012年版』。

（3）1974年12月24日法の財政法との関連や，一般化原則・格差解消原則・財政調整原則の新三原則に関しては加藤（1995：313-360）を参照。

（4）2012年の CSG の税率が7.5％であり，そのうち家族手当金庫に1.08％，老齢保険金庫に1.13％，疾病保険金庫に5.29％が充当されている。

（5）正確には，全産業一律スライド制最低賃金（salaire minimum interprofessionnel de croissance）である。

（6）1981年7月の家族手当の増額は，BMAF の14％の加算と出生児数に対応する加算が行われた結果，第2子に対して BMAF の23％から25.5％までの増額，第3子に対して BMAF の42％から46％までの増額，以降の子どもに対して3.5％ずつの増額となった。これらの家族手当の増額の結果，合計で25％の増額と算出された。

　　また，金庫の理事構成比と任命方法の変更もあった。1982年12月17日法において，1968年以降労働者代表が29人中12人，使用者代表が29人中6人であった CNAF の理事構成比を，労働者代表が28人中15人，使用者代表が28人中6人に変更し，労働者代表側の要求を部分的に取り入れた。また，理事選任は最も代表的な組織による指名方式から，社会保障選挙での選挙制へと回帰させた（宮本 2001：162-163）。

（7）産後手当は出産手当に代わる手当である。第2章の註（16）を参照。

（8）1978年末時点で，3歳未満の子どもをひとりもつ家族に毎月354フラン支給した。

（9）APE 導入当時，すべての仕事を休業した場合には1,000フラン，部分的に休業してパートタイム等で働く場合には500フラン支給した。日本でも育児休業給付は従前所得に比例した金額を支給するが，フランスでは就業自由選択補足手当であっても所得制限なく一律の金額を支給する。

（10）JO, Documents parlementaires, Assemblée Nationale, 15 novembre 1984, n° 2429, p. 2.

（11）JO, Documents parlementaires, Assemblée Nationale, 29 novembre 1984, n°

2470, p.27.

(12) ここでの職業活動には親ひとりにつき四半期ごとに BMAF の３倍に相当する金額以上の所得が求められた。AGED の給付額は所得や子どもの年齢によって異なり，最大で1,574ユーロが社会保障を担う金庫へと直接支払われた（宮本 2010：241）。

(13) JO, Documents parlementaires, Assemblée Nationale, 29 octobre 1986, n° 427, p.2.

(14) この当時，実際の給付先は社会保障・家族手当拠出金徴収組合（Unions de recouvrement des cotisations de sécurité sociale et d'allocations familiales）であった（宮本 2010：242）。

(15) JO, Documents parlementaires, Assemblée Nationale, 30 mai 1990, n° 1402, p.22.

(16) JO, Débats parlementaires, Assemblée Nationale, 1re séance du mardi 5 juin 1990, pp. 2026-2032.

(17) *Le Monde*, 3 décembre 1991.

(18) JO, Documents parlementaires, Assemblée Nationale, 7 octobre 1993, n° 2429, p.31.

(19) フランスでは法案が委員会に付託されるとその法案を担当する報告者を指名する。指名された報告者は法案に関する報告書を作成し，本会議では委員会を代表して審議を先導する役割を担う（大山 2006：92）。

(20) *Le Monde*, 2 décembre 1993.

(21) 第３章第４節で述べたとおり，フランスでは妊娠中絶を合法化した1975年１月17日法をヴェイユ法と呼ぶのが一般的である。

(22) JO, Documents parlementaires, Assemblée Nationale, 2 mai 1994, n° 1201, p.5.

(23) JO, Documents parlementaires, Assemblée Nationale, 17 mai 1994, n° 1239, p.18.

(24) Ibid.

(25) *Le Monde*, 19 février 1994.

(26) *Le Monde*, 8 mars 1995.

(27) contribution pour le remboursement de la dette sociale. 社会保障債務償還拠出金は1996年に創設され，社会保障の債務を返還するために個人の所得から0.5％徴収している。

(28) *Droit Social*, 1996, No.3, p.224に Intervention du Premier ministre Alain Juppé sur la réforme de la protection sociale, Assembleé Nationale, 15 novembre, 1995 として掲載されたものから引用した。

(29) Ibid. pp. 221-222.

(30) Conference de la Famille. なお，2007年以降は開催されず，2009年からは大統領直属の諮問機関である家族高等評議会（Haut Conseil de la Famille）に統合されている。高等評議会に関しては第5章第4節を参照。

(31) JO, Débats parlementaires, Assemblée Nationale, 2ᵉ séance du vendredi 3 juin 1994, pp. 2695-2696.

(32) *Le Monde*, 7 mai 1996.

(33) *Le Monde*, 13 janvier 1997.

(34) ジョスパン内閣の方針は，子どもを2人もつ家族に対して月収2万5,000フランの所得上限を設定するものであった（宮本 2007：7）。

(35) 正確には1997年12月19日法である。

(36) ルプランスによる家族・人口高等評議会の報告書では，"Salarié à domicile" と書かれている。

(37) 女性の労働市場への参加という観点では，この手当は所得にかかわらず一律の給付になっているため，所得比例型の現金給付と比べて仕事と家庭との間の連携ができておらず，両立支援の側面が所得比例型の現金給付を実施するドイツやスウェーデンと比べて弱いといえる。

第5章
認定保育ママと働く女性への「自由選択」

集団保育所での保育の様子
(2013年7月16日, *La Croix*, MYCHELE DANIAU/AFP) (http://www.la-croix.com/Famille/Actualite/Les-orientations-de-la-politique-familiale-fixees-pour-cinq-ans-2013-07-16-986815)

ここでは，サービス給付に着目してフランス家族政策の発展をみていく。フランスでは女性の労働市場参加にあわせて保育所の整備を進めている。また，3歳以降は保育学校によってほぼ100％の子どもが教育を受けられる体制を整備している。サービス給付を利用する際には，保育方法自由選択補足手当で認定保育ママや在宅保育者を雇用する際の親の経済的な負担を軽減している。

　本章はサービス給付のなかでも認定保育ママ制度の急速な拡大を取り上げる。後述のように，現在フランスで最も利用されているサービス給付は認定保育ママである。この認定保育ママは1990年に認定保育ママ雇用家庭補助（AFEA-MA）を導入して以降急速に発展した。認定保育ママ自体は施設サービスではなく認定保育ママという人材を利用して保育を行う人的資本によるサービス給付であり，保育所や保育学校，在宅保育者などと並ぶフランスのサービス給付の柱として保育方法の多様性に貢献してきた。また，AFEAMA が保育方法自由選択補足手当に再編される過程のなかで，認定保育ママの利用を促進する現金給付として両立支援部分の「自由選択」の基盤を提供してきた。なぜ認定保育ママは主たるサービス給付となりえたのであろうか。また，どのようにして「自由選択」を支える制度になったのであろうか。

　近年，認定保育ママの議論は日本でも取り上げられている（神尾 2007：松村2010：宮本 2011）。これは子育て支援が日本よりも充実しているフランスで認定保育ママが主要な保育方法であるだけでなく，日本でも認定保育ママ制度が事実上開始されたことにも起因するだろう。

　日本の保育ママは1960年代から「家庭保育員」の名称でいくつかの自治体が独自のサービスを提供していたものの，自治体での取り組みは全国的に拡大しなかった[1]。しかし近年，政府は待機児童の問題を解決するため，不足する保育方法を拡大させるひとつの手段として保育ママの活用を図った。2009年4月に児童福祉法が一部改正され，家庭的保育事業として保育ママの資格要件を

緩和した。この改正で主に保育士資格をもつことが要件であった保育ママが，市町村の研修を経て資格を取得できるようになった。2009年10月30日には厚生労働省が家庭的保育のガイドラインを策定し，2010年4月から全国的に家庭的保育事業が開始された。ただし，日本では認定保育ママの人数がまだ少なく，この制度が定着するかは未知数である。

　研修による認定保育ママ資格の取得などはフランスでも実施しており，全国的に保育ママ制度を開始した日本の現状にあてはめても，本章で取り上げるフランスの制度的展開から得られる示唆は大きいだろう。

　本章では，1970年代後半に創設した認定保育ママ制度の展開を追う。ここから保育方法の「自由選択」の基盤に認定保育ママの急増があったことを説明する。第1節では，認定保育ママだけではなく，フランスで提供されている主なサービス給付を政策目的集合から整理する。第2節では，1977年の認定保育ママ制度の成立以降，1980年代には認定保育ママの数が減少したことをみていく。第3節では，分権化とそれに伴う「保育所契約」を検討し，保育所の増設がうまくいかないなかで全国家族手当金庫（CNAF）が認定保育ママをサービス給付拡大の手段として活用したことをみていく。第4節では，認定保育ママの活用について仕事と家庭の調和から提言した1992年の家族・人口高等評議会報告書を1987年の報告書と比較しながら検討する。第5節では，本章のまとめを行い，認定保育ママがサービス給付の拡大を図るために利用され，認定保育ママ雇用家庭補助で認定保育ママの雇用を後押ししたこともあって，現金給付とサービス給付の両面から仕事か子育てかの「自由選択」を支えるようになったことを指摘する。

第**5**章　認定保育ママと働く女性への「自由選択」

1　サービス給付と認定保育ママ

政策目的集合とサービス給付

第1章で述べたフランスのサービス給付（図1-4）と第3章で示した2階建て構造との関係はいかに整理できるのだろうか。

フランスでは他国に比べても3歳から6歳までの保育方法を比較的早期に整備してきた。保育学校やそれに類似する幼稚園は1970年代までにほぼすべての3歳から6歳の子どもに保育方法を提供しており，1階部分の基礎的給付として整理することができる。

その一方で，0歳から3歳までの保育方法は親に頼る部分が大きく，女性の労働市場参加が増大して以降，対応すべき課題となった。現在，0歳から3歳向けの保育方法は主に各種の保育所（集団保育所・親保育所・企業内保育所・家族保育所）と認定保育ママ，一時託児所である。このうち，一時託児所は短時間で一時的な保育も可能な施設であり，専業主婦でも利用可能であるため，すべてのライフスタイル選択に対応した保育方法として位置づけられる。

この一時託児所とは役割が異なり，各種の保育所や認定保育ママ，在宅保育者は女性が働きながら子どもを育てる両立支援として位置づけられる。このうち，各種の保育所は保育士による相対的に質の高い保育が提供されており，子どもに対する人的資本投資という側面をもつため，子ども支援との重なりも指摘できる。これに対して，認定保育ママは保育士資格よりも短期間の研修で保育資格が得られるため，保育士よりも質の高い保育を提供できない可能性がある。また，在宅保育者は資格も伴わないため保育の質では他の制度よりも劣ることが考えられる。このように認定保育ママや在宅保育者の場合は保育の質の観点から子ども支援の側面が弱く，むしろ女性の労働市場参加と子育てとの両

177

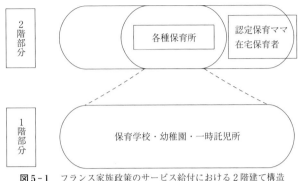

図 5-1 フランス家族政策のサービス給付における 2 階建て構造
出典：筆者作成。

立を支援することが強調される。

　以上の整理から多様なサービス給付を 2 階建て構造で説明すると図 5-1 となる。ただし，後述のように保育所のなかでも家族保育所は認定保育ママが保育のために利用する施設であり，保育所であっても認定保育ママと同程度の保育しか提供されない可能性もある。また，認定保育ママをライフスタイル選択の観点からみれば主たる保育方法として環境順応型のライフスタイル選択にも提供可能である。こうしたことから 2 階部分の両立支援と子ども支援との重なりは現金給付と比べても明確に分けることが難しい。なお，家庭中心型のライフスタイルを選択した場合には家族手当や家族補足手当を利用した親による保育が想定される[2]。

　第 1 章でもふれたように，フランスのサービス給付は，最大で10人までしか子どもを引き受けない近年のミクロ保育所に代表される小規模の乳幼児受け入れ施設を拡充しているほか，多様な受け入れ体制をもつ多機能受け入れ施設への集約傾向がみられ，多様性を維持しながらも2000年代後半から次第に再編が進んでいる。

サービス給付の運用方法

さて，こうしたサービス給付は主にコミューンが整備し，CNAF が財政的に支援する。フランス全体のサービス給付の増設計画は「乳幼児計画」（plan petite enfant）や中央政府と CNAF の協定によって進められている。

「乳幼児計画」は，共働き家族の仕事と家庭の調和や，サービス給付への需要，保育方法の地域間のばらつきなど，働く親がもつ保育の困難に対して解決策を提供するために作成された（Bas 2006：2）。2006年11月に作成された「乳幼児計画」では，2007年からの５年間で認定保育ママを子ども６万人分の受け入れが可能になるよう増やすことや，保育所の定員を年１万2,000床増やすこと，ミクロ保育所の認可，認定保育ママの認定条件整備などを行うとした（Bas 2006：7-20；神尾 2007：53-54）。

この計画を具体的に進めるにあたって，CNAF や中央政府，自治体は協定や契約を結ぶ。中央政府と CNAF との間では「目標・運営協定」（convention d'objectifs et de gestions）が結ばれ，CNAF の運営目標を定める。2009年から2012年の「目標・運営協定」では，乳幼児受け入れの拡大を項目として掲げ10万床の受け入れ拡大を目指す財政支援や地域による受け入れのばらつきの是正を定めたほか，サービスの質や会計など35項目にわたる協定を結んだ[3]。この「目標・運営協定」にもとづき，CNAF と各 CAF との間で「目標・運営複数年契約」（contrat pluriannuel d'objectifs et de gestion）を結ぶ。また，CAF と自治体との間では「子ども契約」（contrat "enfance et jeunesse"）が結ばれ，この契約によって自治体は CAF から乳幼児の受け入れ施設に対して55％の財政的な支援を受ける（CNAF 2008）。

2009年時点での CNAF の保育サービスや保育を利用する親への経済的支援など親が子どもとともに過ごすことを支援する社会活動に対する支出は総額で約40億ユーロとなっている（表5-1）。表5-1では，社会活動支出を，等しく

表5-1 2008～2009年の家族手当金庫による社会活動支出

(単位：1,000ユーロ)

	2008年	2009年	2008年構成比	2009年構成比	2008～2009年の増減
家族への財政補助	371,625	372,070	9.6%	9.4%	0.1%
親への補助	3,078,444	3,157,133	79.5%	79.6%	2.6%
CAFサービス	423,362	436,754	10.9%	11.0%	3.2%
総 額	3,873,431	3,965,957	100.0%	100.0%	2.4%

出典：Escande 2010：93.

良いバカンスが取れるようにするなどの家族への直接の財政補助と，保育所などのサービスに対して支援する親への補助，金庫が直接運営するサービスの3つに分類しており，そのなかでも親への補助が全体の80%弱となっている（Escande 2010：93）。また，社会活動の主たる機能としては，0歳から6歳までの乳幼児受け入れ体制，親子の自由時間の確保（休暇で利用する施設の整備など）[4]，社会的なつながりや在宅生活環境の支援などを含む親子の社会的な援護[5]，住宅，社会生活と指導，家族の補足的給付，その他に分類でき，そのうち乳幼児受け入れ体制から親子の社会的な援護までで社会活動支出の87%を占め，乳幼児受け入れ体制のみでも52%を占める（Escande 2010：95-98）。ここから社会活動支出のなかで乳幼児受け入れ体制に関する支出が突出していることがわかる。

認定保育ママの現状

　ここまで，2階建て構造からサービス給付全体の概要と運用をみてきた。次に，本章で取り上げる認定保育ママの現状と運用をみていきたい。

　認定保育ママはフランス各県の県議会議長による認定を受け，親の家ではなく主に保育ママの家で子どもを保育する人のことを指す。認定保育ママは6歳までの子どもを4人まで預かることが可能であり，親との契約のもとで子ども

を保育する。原語は "assistant (e) maternell (e) agréé (e)" であり，直訳すれば「認定母親アシスタント」である[6]。この資格は女性だけのものではなく，男性でも認定保育ママになることができる。2007年1月1日以降，120時間の研修が義務化され，子どもの受け入れ開始前に60時間の研修は終えていなければならない。その後，2年以内に残りの60時間の研修を受けることになる。また，5年ごとに更新が必要であり，更新時には再度120時間の研修を受ける。

認定保育ママは，親が認定保育ママを直接雇用して利用する方法と，家族保育所が雇用した認定保育ママを利用する方法の2種類がある（神尾 2007：48）。前者は親と労働契約を結んだ認定保育ママが6歳未満の子どもを認定保育ママの自宅で預かる方法である。後者は一般的に3歳未満の子どもを認定保育ママの自宅で預かるが，週に1回か2回は保育ママと預けられた子どもが家族保育所に行き，乳幼児教育指導員から幼児教育を受けることになる。家族保育所は1970年代に拡大したものの，1993年以降は他の保育方法の拡大によってそれほど増えていない。また，家族保育所の82%はコミューンが運営し，12%はアソシアシオンが運営している（OECD 2004：19）。なお，図5-1との関連では，認定保育ママが主たる保育をするため保育の質が他の保育所より高いものとはいえないが，乳幼児教育指導員からの幼児教育があることを理由に他の保育所と同じ位置づけで整理した。

認定保育ママ制度は1977年から始まり，1990年から1995年にかけて認定保育ママに関連する制度が整備された（表5-2）。現在，親が認定保育ママと契約した場合，保育方法自由選択補足手当を給付する。これによって認定保育ママを利用する親に対して認定保育ママの社会保険料相当分を補償する。保育方法自由選択補足手当の整備で，認定保育ママや在宅保育を利用する際の両立支援部分の「自由選択」が現金給付からも手厚く支えられているといえる。

認定保育ママに関する現金給付は1980年に創設された保育ママ特別給付から

表5-2　認定保育ママ制度の展開

年	出来事	内　容
1977年	認定保育ママ制度成立	
1980年	保育ママ特別給付の創設	3歳未満の子どもの受け入れに認定保育ママを雇用した親に支給。被用者の社会保険料を負担。
1990年	認定保育ママ雇用家庭補助の創設	6歳未満の子どもに対して，保育ママを雇用した被用者の社会保険料を負担。
1991年	認定保育ママの雇用に対する税額控除導入	保育ママ雇用関連支出に対して上限付きで25％の税額控除。
1992年	認定保育ママ雇用家庭補助増額，認定保育ママ雇用家庭補助補足手当の創設	3歳未満の場合，家族手当基準算定月額の25.78％（上限額は毎月500フラン），3〜6歳の場合，家族手当基準算定月額の15.47％（上限額は毎月300フラン）の増額。
	認定保育ママの認定条件を整備	60時間の研修が義務化。
1995年	認定保育ママ雇用家庭補助補足手当の引き上げ	3歳未満の場合，BMAFの38.48％（50％増），3〜6歳の場合，BMAFの19.24％の増額（24％増）。
2004年	保育方法自由選択補足手当の導入	認定保育ママ雇用家庭補助を保育方法自由選択補足手当として再編。
2007年	認定保育ママの認定条件の整備	120時間の研修が義務化。

出典：Steck 2005；Haut Conseil de la population et de la famille 1992；神尾 2007；宮本2011をもとにして筆者作成。

始まる。しかし十分には機能せず，その後1990年に認定保育ママ雇用家庭補助（AFEAMA）を創設することになった。1991年は AFEAMA の増額とともに AFEAMA 補足手当を創設した。2004年からは AFEAMA が乳幼児受け入れ給付のなかに保育方法自由選択補足手当として組み込まれ，乳幼児向けの手当として再編された。

　現金給付以外にも認定保育ママを支援する施策が展開されている。1991年12月30日法では保育ママ雇用関連支出に対して上限付きで25％の税額控除を実施した。現在，保育費用の50％が税額控除される仕組みとなっており，子どもひとりにつき2,300ユーロを上限として最大1,150ユーロの税額控除を行ってい

第5章　認定保育ママと働く女性への「自由選択」

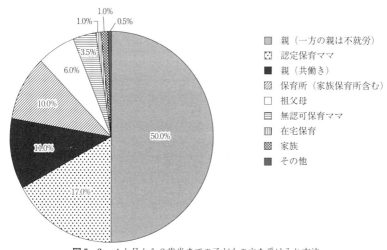

図5-2　4か月から2歳半までの子どもの主な受け入れ方法
出典：Blanpain 2005：2．

る[7]。

　また，1992年7月12日法は保育ママの認定条件を整備し，県の母子保健局での職業訓練を5年間に60時間，うち20時間は最初の2年で受講することで保育ママとして認定するほか，認定資格の更新を5年単位で行い，保育可能児童数の上限を3人に定めた（宮本 2011：300）。上述の乳幼児計画の影響もあり，認定保育ママの条件整備は2007年に再び行われ，現行の研修制度等の実施に至っている。

　フランスの認定保育ママの数は2012年12月31日まででおよそ45万8,000人とされている（Borderies 2015：65）。2010年のCNAFの資料によれば，1990年の時点で認定保育ママの数は13万2,000人であり（CNAF 2010：9），約20年で30万人以上の認定保育ママが増加したことになる。

　また，2002年の保育方法に関するアンケートでは，生後4か月から2歳半までの子どもの保育方法で認定保育ママが17%を占めており，就労していない一

183

方の親の保育に次ぐ保育方法となっている（図5-2）。サービス給付でみれば保育所よりも認定保育ママを利用する割合が高く，認定保育ママがフランスで主要な保育方法であることがわかる。

　では，なぜ認定保育ママが保育所よりも利用される保育方法になったのだろうか。以下では，認定保育ママ制度整備の過程から認定保育ママが主要な保育方法となった要因を考える。1980年代以降，女性の労働市場参加に伴ってフランスでも保育所の整備を進めた。しかし，保育所を増やしても保育ニーズを充足できていないという認識が広まった。そのため，保育所だけではない手段として認定保育ママ制度への支援を手厚くするようになった。

2　認定保育ママの成立とその影響

　認定保育ママ制度は1977年5月17日法で創設された。1960年代に入ると働く母親の子どもを日中に保育する「子守り」（gardiennes）がみられるようになったが，この「子守り」は労働契約を結ばず，社会保障の申告をしないことが一般的であった（Aballéa 2005：56-57）[8]。「子守り」に賃金を与えられる地位はなく，報酬に関する慣習もなかったが，逆にいえば，経済的な地位が保障されないために子どもを保育する能力を保障するものもなかった。受け入れ環境や設備，保障などは保育を依頼する親の自由な判断に委ねられていた。こうした不確実性の高い状況を改善するために1997年5月17日法を用意することになった。

　1977年5月17日法は「子守り」の職業養成を推進する職業認定制度であった（宮本 2011：299）。この法律は「教育的責務に関する親への援助」をこの種の労働の目的として明確化した（Aballéa 2005：57）。それだけではなく，報酬の基礎額や補償の条件，社会保障の恩恵なども決めた。しかし，1977年5月17日

第**5**章　認定保育ママと働く女性への「自由選択」

法は「子守り」をする際に職業認定の取得を義務づけたものではなかった。この法の象徴的な意義は，認定保育ママという肩書きが認知されることにあった。すなわち，それまで社会的地位の低かった「子守り」という職業を「認定保育ママ」へと呼称変更し，身分の改善を図ったのであった。

1980年には認定保育ママ制度の利用を経済的に支援するため，保育ママ特別給付（prestation spéciale assistante maternelle, PSAM）を創設した。PSAM は 3 歳未満の子どもの保育に認定保育ママを雇用した親に支給し，被用者である親の社会保険料の負担の軽減を目的とした。

PSAM は全国社会・衛生活動基金（fonds national d'action sanitaire et sociale, FNASS）の枠内で資金が供給された。FNASS は1967年に設立された CNAF が運営する家族部門の基金である。この創設によって CNAF が財政的にサービス給付の提供にあたる社会活動（action sociale）[9]に参加するようになった。1970年時点での FNASS の主な活動は CNAF によるサービス関連給付の基金化であった（Ancelin 2002：13）。

以上のように認定保育ママ制度やそのための現金給付を創設したが，これらの試みは十分な成果を挙げなかった。1977年の職業認定制度は経済的な問題から拡大しなかった。親が認定保育ママと正式な雇用契約を結ぶとその収入を政府の税務当局へ申告しなければならない。そうすると所得税や社会保険料を支払うことになるため，保育ママとしてもそれを雇う親としてもそれまでの不安定な地位のままで利用するほうが経済的な負担を回避できた（Aballéa 2005：57-58；宮本 2011：299）。

また，認定保育ママを支援するために創設した保育ママ特別給付（PSAM）も機能しなかった。PSAM は家族保育所への支援に比べて低額の支援であった[10]。それだけではなく，1986年に創設された在宅保育手当（AGED）よりも低額の支援であった（CNAF 1989b：8）。結果的に PSAM は他制度に劣り，さ

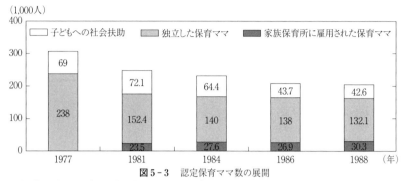

図5-3 認定保育ママ数の展開

注:「子どもへの社会扶助」は社会扶助制度の枠内でサービスを利用することを指す。
出典:CNAF 1989b:7より筆者作成。

らにはほとんど認知されないまま,乳幼児受け入れの状況を改善しなかったといえる。PSAM は FNASS から給付されるため,家族手当など CNAF から直接給付される手当とは異なり,一般的ではない特別な給付という位置づけであった。こうした性格からも PSAM は認知度が低く,CNAF から直接給付する AFEAMA への改革につながったといえる。

これらの制度の不発は1980年代にわたって認定保育ママの減少を招いた(図5-3)。1977年時点で30万人を超えていた保育ママは1988年に10万人も減少した。特に親との契約によって独立して保育を行う保育ママが急激に減少した。ただし,認定保育ママの減少は親が利用できる保育ママの減少を示しているわけではない。多くの保育ママは上述の経済的な理由から闇(au noir)に流れ,無認可の保育ママとして働いていたと考えられる。

1977年からの認定保育ママ制度の整備は経済的な要因や不十分な手当からサービス給付の拡大に寄与できなかった。その一方で,女性の労働市場参加は増大しており,働きながら子どもを育てるためのサービス給付の需要は高まっていた。そのため,保育所の増設や在宅保育者への支援など,認定保育ママに限らないサービス給付の拡充が必要になってくる。このように考えると,給付

第**5**章　認定保育ママと働く女性への「自由選択」

額の増大など経済的な要因を改善すれば認定保育ママの数が増加に転じるとい
う単純な問題でもないことがわかる。認定保育ママはサービス給付のひとつの
選択肢に過ぎないため，他のサービス給付の方法やそれに伴う現金給付次第で
は認定保育ママが制度として機能せず，早々に家族政策の舞台から消えていた
可能性もある。次節では，1980年代の保育所増設の展開から，サービス給付の
なかでも認定保育ママの活用が保育方法のニーズに対応する重要な手段として
再度登場する背景を説明する。

3　保育所増設の限界と認定保育ママの活用

地方分権改革と社会活動

　1970年代以降，女性の労働市場参加が進むに伴い乳幼児の受け入れ体制が問
題として浮上した（Ancelin 1997：213-216）。既に説明したように，3歳から6
歳向けの保育学校は1970年代でほぼ整備が終わっており，それ以降は0歳から
3歳向けのサービス給付を求める声への対処が課題となった。政府は1970年に
最初の作戦となる「1億保育所」（100 millions crèches）作戦を開始し，保育所
の拡充を目指した[11]。

　しかし，1970年代を通じた保育所の増設は保育ニーズを満たすまでには至ら
なかった。それは保育所の増設以上に女性の労働市場参加に伴う保育ニーズが
高まったという要因がある一方で，分権化で思うように保育所の増設が進まな
い制度的要因も存在していた。

　1981年のフランス大統領選挙ではミッテランが分権化を掲げて当選した。そ
の結果，地方分権改革の枠組みを示す1982年3月2日法を制定した。このなか
では，県行政の執行権を中央政府任命の県知事から県議会議長へと委譲するこ
とや，県知事がもつ地域圏[12]，県，コミューンに対する後見的監督権の大幅

な緩和，地域圏の「地方公共団体」への昇格，大都市に新たに区制を導入する組織改革などを行った（久邇 2004：38-44）。

　この時点で地方分権改革の方針を示すことになったものの，具体的な事務権限の配分は別の法律での整備が必要であった。そこで1983年1月7日法と同年7月22日法は権限の配分を定めたが，これらの法律によって地方に事務権限が配分されても中央集権国家の特徴は打破されなかった（久邇 2004：54-68）。それは中央から地方へ委譲された権限が予想以上に限定的なものであったことと，中央と地方の所轄職務の重複が地方の現場で混乱を生じさせたことから読み取れる。知事の権限は従来とは異なるものになったが，全体として軽減されたとはいえなかった。また，地方財政制度改革も行ったが，中央政府への財政的な依存状況にほとんど変化はなかった。

　その一方で，中央と地方の所轄職務の重複は保育サービスを中心とした親と子どもの生活を支援する社会活動でも問題となる[13]。1983年7月22日法は社会活動の責任主体を県とすることが規定された（Gruber 1996：248-250）。しかし，県にとっては管理を任されても組織として十分ではないことが問題であった。その背景には，社会活動に対する責任の急激な増大に直面しても委譲された社会活動の行政機能が県に残されてきたことや，中央政府が「国民連帯」の領域で一部の社会活動の機能を残してきたことが挙げられる（Schmidt 1990：330）。こうした中央と地方の機能の重複から，中央政府は県の分権化の脅威であったし，混乱の原因でもあった。

　たとえば，1988年に導入された参入最低所得（RMI）は，その責任主体をめぐって激しい論争になった（Schmidt 1990：331）。コミューンは市民に最も近いことを理由に市長がRMIの権限をもつべきと主張した。その一方で，県は社会活動に対する責任をもつためRMIを管理する最適な人材を有していると主張した。しかし，RMIの資金が社会保険料ではなく税財源からくるため，

中央政府は RMI を国民連帯の問題であると位置づけた。最終的に，RMI の管理はコミューンや県ではなく中央政府が行うことを適切であるとした。

　1980年代以降，フランスは分権化によって様々な権限を地方に委譲した。社会活動のなかに含まれるサービス給付も県に委譲されることになった。そのため，サービス給付の拡大には中央政府の方針だけではなく県に委譲された権限への対処が問題となる。中央政府にも国民連帯から責任が残されるなかで，中央と地方との責務を明確化することがサービス給付の拡大には必要であった。

分権化と家族手当金庫

　それでは，以上の分権化とそれに関連する問題のなかでサービス給付はどのようにして拡大したのであろうか。

　CNAF はミッテランの分権化の方針を受けて，法律が成立する以前の1982年 1 月 1 日から社会活動の分権化を実施した[14]。ただし，CNAF の執行委員会は，家族部門の社会活動が家族政策の枠内に明確に含むことの再確認が強く望まれるとして，財政的な枠組みは FNASS から全国社会活動基金（fonds national d'action sociale, FNAS）へと変更して存続させた[15]。財政的枠組みを CNAF がもち続けることは，サービス給付への CNAF の直接介入の原理が分権化でも変わらずに継続したことを示す（Ancelin 1997：344, 2002：14）。CNAF は財政的仕組みから「国民連帯」の領域で社会活動の機能を中央に残した。

　CNAF のサービス給付への直接介入は決して画一化したサービス給付の支給を目指すものではなく，乳幼児の受け入れ方法の多様性を保障するための選択であった。1984年 4 月17日に開催された CNAF の社会活動委員会では，支援形態の多様化が家族に対してその状況に沿った最もよい解決策の選択を保障するに違いないとして，1981年からの分権化への考えを再確認している

189

（CNAF 1984：2）。このように CNAF は直接的な介入であっても多様な家族に対する選択を保障する手段としてサービス給付を考えていた。

　財政的な枠組みに沿ってサービス給付の予算も増大した。1982年から1988年までに FNAS 全体の予算は41.4％増加し，社会活動支出で35.9％，サービスへの給付で92.4％増加した（CNAF 1989a：2-3）。その一方で，各地域でCNAF が管理していた社会活動基金（fonds d'action sociale）は全国組織への支出拡大によって64.6％の減少となった。こうした傾向は CNAF の直接的な介入が強まったことを示している。

　分権化のなかでも CNAF が社会活動に影響力を及ぼすことができた背景には「契約」による金庫と地方の関係形成が挙げられる。分権化以降，CNAFはコミューンなどの自治体と個別に契約を結び，その契約において財政的に支援するようになった。1983年から CNAF はコミューンなどとの間で５年間の施設サービスへの公的支援を行う「保育所契約」（contrat crèche）を導入した（Ancelin 1997：360-365）。「保育所契約」の目的は，金庫が自治体による財政支出に取って代わることではなく，保育所の促進努力を金庫と自治体がともに行うことと，施設の財政状況を改善すること，乳幼児受け入れ体制の質を向上することが挙げられた。1987年からは CNAF とコミューンなどとの間で「子ども契約」（contrat enfance）を締結して保育所の増設に向けた努力を重ねてきた。このように1980年代から CNAF は保育所増設に向けて契約での地方の社会活動への介入を始めたといえる。

　契約によるサービス給付への支援の結果，サービス給付に占める地方の支出割合は1981年の51.4％から1990年の46.4％へと減少し，契約は一定の効果を生んだ（CNAF 1992：2）(16)。しかし，分権化後の CNAF による財政支援に関しては不確実性が高かったため，自治体は CNAF との契約締結にためらいがあった（Ancelin 1997：362-363）。それだけでなく，「保育所契約」にはコ

ミューンなどに法的な義務がなかった（Martin et al. 1998：143-144）。この結果，CNAF が保育所の増設に主体的な役割を果たすことはなかったと考えられる[17]。実際，1983年から実施された「保育所契約」は 5 か年計画の1988年には目標に到達せず，10万床の保育所設置目標は 2 万床に留まった（Martin et al. 1998：144）。

　また，サービス給付の拡大以上に女性の労働市場参加が進んだことから供給が追いつかず，サービス給付への支援が不十分であることを示す結果となった。100人の 3 歳未満の子どもの受け入れ方法に関する1982年の調査では，59人の子どもが母親によって保育されており，幼稚園の利用は11人，保育ママは 8 人，集団保育所は 3 人，家族保育所は 2 人，その他が 6 人となった。このアンケートから乳幼児受け入れ体制の公的支援を実現するためには保育所で50万床以上の増設が必要であると指摘された（Leprince 1986：15）。その後も，1990年に保育所を7,800床増設しても需要は満たされていないとして，さらなる増設の必要性が指摘された（CNAF 1992： 1 ）。以上のように，CNAF は急増する保育ニーズを満たす支援が達成できていないという認識をもっていた。1980年代を通じて，CNAF は女性の労働市場参加によって生じる保育ニーズの拡大に直接的なサービス給付への介入から解決を図ろうとしていたが，分権化や予想外の保育ニーズの大きさから十分に支援を拡大できなかった。

現金給付とサービス給付の交差

　増大する保育ニーズに対応するためには，コミューンなどの自治体を中心とした保育所の整備を促しながらも，別の保育方法によるサービス給付の整備が必要とされる。こうした条件は，認定制度の整備を行ったものの活用できなかった認定保育ママ制度の再活用に目を向けさせることになろう。実際，保育所契約で新設される保育所の半分は家族保育所であった（Haut Conseil de la

population et de la famille 1992：117)。家族保育所に雇用されるのが認定保育ママ
であることを考えると，認定保育ママ制度の活用は保育所との関係で保育ニー
ズを充足するひとつの解決策としても推測できる。

1980年代後半以降，CNAF は保育所による保育ニーズの充足を目標としな
がらも，施設によらないで認定保育ママという人的資本を活用することによる
保育ニーズの充足へと舵を切っていった。

CNAF は，認定保育ママ制度が有効に機能しない反省から，1989年に保育
ママ仲介制度（RAM）を開始した。RAM は CAF が中心となって，認定保育
ママと親，認定保育ママ同士が出会う場所として機能した。具体的な取り組み
は，受け入れの需給情報の提供や，親に対する行政手続き支援，保育ママに対
する研修活動などであった（Haut Conseil de la population et de la famille 1992：118)。
それまでの親と認定保育ママとの関係形成の手段は個別での話し合いであった。
RAM の創設で行政手続きや認定保育ママと雇用する親とのマッチングなど面
倒な負担の軽減が可能になり，認定保育ママに対する不確実性の低減につな
がったといえる。現在も RAM は認定保育ママの研修や親と認定保育ママの橋
渡しを行っている。

認定保育ママへの現金給付はこれまでの保育ママ特別給付（PSAM）から認
定保育ママ雇用家庭補助（AFEAMA)へと改められた。AFEAMA は1990年7
月6日法で創設され，1990年12月29日法で発効した。従前の PSAM は全国社
会活動基金（FNAS）の枠組みで給付を行っており，CNAF に組み込まれた一
般的な現金給付とは異なる制度であった。AFEAMA への改革で，認定保育
ママへの現金給付は社会保障法典のなかに規定されることになった。こうして
CNAF から直接に手当を支給するようになり，認定保育ママを支援する制度
が広く認知されるようになった。

AFEAMA 導入の議論のなかで，政府提出法案の国民議会での報告者とし

て指名されたルフォル（社会党）は，1990年5月30日に報告書を提出した。そのなかで生活環境調査研究センター（CREDOC）[18]による1989年5月の保育方法に関するアンケートを示し，親が最も重宝している保育方法である認定保育ママの乳幼児受け入れが重要であり，他の保育方法による給付よりも低額で支給されるPSAMを改革する必要があるとした[19]。このアンケートの回答で，よりよい保育方法は，認定されていない者を含めた保育ママが31.8％，続いて祖父母が26.7％，そして集団保育所が17.6％であった。また，既存のPSAMの受給者は，当時12万9,600人いた認定保育ママのうち4万5,000人しかおらず，1980年代の認定保育ママの減少が止まらないことから改革を訴えた。1990年6月5日の国民議会議事録では，ルフォルがPSAMは実際には独立して保育を行う保育ママにしか関係がなかったことや家族保育所の給付が増大したことを報告した[20]。

　以上のように，PSAMでの認定保育ママへの支援は他の保育方法に対して脆弱であり，認定保育ママが減少している事情も考慮してAFEAMAへの改革に至った。AFEAMAは，6歳未満の子どもに対して認定保育ママを雇用する親の社会保険料相当分をCNAFや農業社会共済中央金庫[21]に肩代わりさせた（宮本 2011：300）。AFEAMAは子どもひとりに対して1日につきSMICの価格の5倍を超えない給与を認定保育ママに支払う場合，認定保育ママを雇用する親の社会保険料拠出の負担を軽減した（Steck 2005：184）。また2007年時点で，認定保育ママの最低賃金日額は，子どもを1日（8時間から10時間）預かった場合，SMICの2.25倍に固定するとデクレで決められている（宮本 2011：309；Marical 2007：40）。

　AFEAMAはそれまでのPSAMが3歳未満としていた子どもの対象を6歳までに拡大した（Steck 2005：147）。このほか，利用者急増の要因として，AFEAMAが家族手当金庫から社会保障・家族手当拠出金徴収連合（URS-

SAF) [22] に直接支払われる仕組みであったことが挙げられる。この仕組みによって，全国社会活動基金（FNAS）がPSAMを運営していたために公務員などを対象とする特別制度には適用されずすべての制度に一般化されていないという問題を解消した [23]。また，認定保育ママを雇用した親は賃金の社会保険料相当分を前払いすることなく認定保育ママを雇用できるようになった。

1990年に5万人だったAFEAMA受給者は1992年1月1日には13万人に急増し，1980年代に経済的な理由で認定保育ママとして活動していなかった無認可の保育ママも認定保育ママとして活動するようになった（Steck 2005：147）。AFEAMAの導入で認定保育ママ制度は0歳から6歳までを対象にした利用者の多様化が進み，現金給付がサービス給付を支える制度として確立した。

その後，1991年12月30日法でAFEAMAの増額やAFEAMA補足手当の導入を行った。AFEAMA補足手当は，3歳未満の場合，家族手当基準算定月額（BMAF）の25.78％（上限額は毎月500フラン）を増額し，3歳から6歳の場合，BMAFの15.47％（上限額は毎月300フラン）を増額した。このAFEAMA補足手当は1995年に引き上げられ，3歳未満の場合，BMAFの38.48％（50％増），3歳から6歳の場合，BMAFの19.24％（24％増）にそれぞれ増額した。また，この法律では保育ママを雇用した際の支出に対して上限付きで25％の税額控除も導入し，税制上の優遇も開始した（宮本 2011：300）。現在では上限付きで50％の税額控除を行っている。

以上，保育所の増設が契約どおりに進まなかった1980年代において，高まる保育ニーズを充足するために人的資本である認定保育ママを活用する道がCNAFを中心に整備された。AFEAMAの登場は保育所の増設よりも認定保育ママを利用した保育方法を拡大させた。新規の保育所数は，1985年から1996年で年平均5,000床の増加だったが，1996年から1999年には年平均1,500床，1999年から2005年には年平均530床に留まった（Lewis et al. 2008：226；Périvier

第**5**章　認定保育ママと働く女性への「自由選択」

2003：2；Bailleau 2007)。認定保育ママを活用する現金給付やその他の制度の構築は保育所に代表される保育施設の増設を抑制し，認定保育ママ数の急増を導いたといえる。

　なお，1986年に創設した在宅保育手当（AGED）も保育ニーズを充足するための手段として用意された。しかし，AGED は在宅保育者を雇用する親に四半期ごとに BMAF の 3 倍に相当する額の所得が必要であり，在宅保育者の賃金を支払う余裕がなければならず，高所得者層を優遇する施策として批判された（宮本 2010：241-242）。事実，前章の表 4 - 2 をみると，AGED の支給対象となる在宅保育者（在宅給与者）を保育方法として選択した家族は高所得者層に限られる。乳幼児受け入れ給付（PAJE）の再編直前には，AGED の受給者に月400ユーロを超える税の軽減を行ったが，そもそも税を軽減するまでの所得課税をされない中所得者層には利用できないものであったし，税の軽減を行っても月900ユーロの負担が残るため子どもがひとりしかいない家族には認定保育ママよりも高価な保育方法であった（Legendre et al. 2003：3 ）。このことから，AGED は認定保育ママに比べて高所得者層に限った施策であるといえ，認定保育ママよりも保育ニーズを充足する効果は限定的であった。その後，AFEAMA が AGED にも並ぶ給付水準になったため，認定保育ママの増大に至ったといえる。

　保育ニーズの増加に対応しきれなかった1980年代までのサービス給付は，1990年代前後から認定保育ママと親とを結びつける RAM と，サービス給付を利用するための現金給付によって急増することになった。サービス給付は，現金給付と交差することで，それまで現金給付で進んでいた「自由選択」の流れと合流するようになった。認定保育ママが主要な保育方法となった現在，保育方法自由選択補足手当での経済的な支援の後押しを受けて，仕事と家庭の調和を実現しながら女性が労働市場で活躍し続ける両立支援部分の「自由選択」を

支えるものとなっている。

4　認定保育ママと「仕事と家庭の調和」の結合

1987年家族・人口高等評議会報告書

　ここまでサービス給付である認定保育ママの活用を促進するために現金給付が保育サービスの機能を経済的に支援してきたことを示した。以下では，認定保育ママと仕事と家庭の調和の関係について，家族・人口高等評議会（Haut Conseil de la population et de la famille）の報告書から検討する。認定保育ママの活用は，ニーズを満たさない保育所の増設や分権化，保育ママの闇市場の拡大から説明できるだけではなく，高等評議会の議論から出された仕事と家庭の調和とも関わりながら発展してきた。

　家族・人口高等評議会は1985年10月23日デクレで創設された大統領直属の諮問機関である[24]。その目的は，人口政策や家族政策の専門家を招集してこれまでの政策に対して提言することであった。1987年の報告書ではCNAFの関係者が含まれていたものの，労働組合や使用者団体，全国家族協会連合（UNAF）などの利益団体は参加していなかった。2009年6月からは家族・人口高等評議会と全国家族会議を引き継ぐ組織として家族高等評議会（Haut Conseil de la famille）を首相のもとに設置している[25]。2015年現在，労働組合や使用者団体，UNAFなど60名から構成される諮問機関である。

　この家族・人口高等評議会は，1987年に「仕事と家族――構築すべき新たなバランス」（Vie professionnelle et vie familiale, de nouveaux équilibres à construire）と題した報告書を提出した。題名からもわかるように仕事と家庭の調和に関する報告書であり，高等評議会で1985年から続けてきた議論をまとめたものであった。

第**5**章　認定保育ママと働く女性への「自由選択」

　この報告書の冒頭で示されるミッテランの宣言はその当時の家族政策の状況を示している。ミッテランは1985年10月25日に開催された高等評議会の初回の会議において，仕事と家庭の調和がテーマであることを示したが，その際に親の仕事と家庭の調和が困難になった場合，親が子どもを産むことに対してよくない結果をもたらすと強調した（Haut Conseil de la population et de la famille 1987：9）。こうしたミッテランの発言は，1980年代に再び浮上した少子化問題への対応策として仕事と家庭の調和があることを示す。報告書の結論では，開かれた自由の拡大が母親と父親のより自由な決定を表出する基盤となることや，そのためには時間，空間，財政の3つの次元で自由の拡大を調査すべきであることなどを示すとともに，ミッテランの発言を受けて，出生率の改善が重要であるとした（Haut Conseil de la population et de la famille 1987：30-31）。

　この報告書では，1980年代後半の人口政策や家族政策をめぐる状況を整理したのち，仕事と家庭の選択に影響を与える制約を軽減する2つの提言を示した。

　第1に，就労構造と労働条件の柔軟化である。ここでは，子どもをもつことで家庭生活での責任が増える親に向けて，労働時間の削減や育児休業が容易に行われるべきだとした（Haut Conseil de la population et de la famille 1987：35-38）。具体的には，パートタイム労働の発展，労働時間調整の多様化，育児休業の一般化，在宅と職場の距離の短縮が挙げられた。このなかで，在宅と職場の距離の短縮は，親が在宅のままでは社会とのつながりがもてないため，部分的な在宅作業を奨励するものであった。

　第2に，仕事と家庭の時間の包括的な調和を可能にすることである。これは具体的な提言として，0歳から3歳までの子どもの受け入れ体制の多様化と発展，親子の時間の調和，在宅保育補助の発展を挙げた（Haut Conseil de la population et de la famille 1987：38-39）。0歳から3歳までの子どもの受け入れ能力の多様化では，その実現に向けて地方自治体やCAF，アソシアシオン，企業，

197

親の代表などの関係者を集めた保育方法の調整機関の創設が重要であるというフランス民主主義労働同盟（CFDT）[26]と家族組合連合会（CSF）[27]の提案を取り入れた。また，在宅保育補助の発展は，夫婦や子ども，母親自身が家族のなかで家事の交換可能性や分担の観念を実行できなければならないとした。

以上の1987年報告書をみると，少子化対策としての仕事と家庭の調和とともに，就労構造や労働条件の柔軟化というフランスのもつ雇用問題もからめて仕事と家庭の調和を推進していることがわかる。

1992年家族・人口高等評議会報告書

家族・人口高等評議会は，1987年の報告書が出されたのち，1989年から1991年までの議論をまとめた報告書「仕事・住宅・家族」（vie professionnelle, logement et vie familiale）を出した。内容は2つに分かれており，第1に，「よりよい仕事と家庭の調和」（mieux concilier la vie professionnelle et la vie familiale），第2に，「住宅政策・住環境政策に向けて」（pour une politique du logement et de l'habitat）であった。本書の関心は家族政策や仕事と家庭の調和であるため，前者の報告をみていく。

この報告書も1987年と同様に当時の状況を整理したのち提言をまとめた（Haut Conseil de la population et de la famille 1992：47-54）。提言の冒頭では1987年に定式化されたものと同じ論理のなかに位置づけることを示した。そして，夫婦が子どもに費やすことのできる時間とともに，子どもの受け入れ施設と就労とを結びつける多様な状況のなかで本当の自由を認めることが重要であるとした（Haut Conseil de la population et de la famille 1992：47）。今回の具体的な提言は多岐にわたり，①政府と労使代表が雇用と労働の状況の改善に向けて対話を続けるべきであると指摘したほか，②賃金で差別されない選択をしたうえでのパートタイム労働の発展，③育児休業給付の実現に向けた育児休暇の有償化，

第**5**章　認定保育ママと働く女性への「自由選択」

④子どもが病気になった際の休業の一般化，⑤子どもを育てる親に対しての経済的政治的責任の注意喚起と情報提供，⑥地方との調整の仕組みの設立，⑦具体的な実現に向けて参加する企業の奨励，⑧就学時間外の子どものための活動組織の発展，⑨相互扶助と支援への地方イニシアチブの奨励，⑩子どもと家族に対する個人や集団の責任意識の発展という1987年の提言以外も含む10項目の提言が行われた。

　前回の報告書とは異なり，1987年報告書では認定保育ママへの言及がみられた。報告書では，「第3章　子どもの課外施設と就学前施設」として章を立て，保育所や保育ママの問題を取り上げた（Haut Conseil de la population et de la famille 1992：27-34）。ここでは，認定保育ママを含めた乳幼児の受け入れ体制について，「乳幼児の施設の状況——特に3歳未満——は，若い家族にとって仕事と家庭の調和を可能にする本質的な構成要素のひとつである。課外施設や大きな子どもへのバカンスや休暇の時間は，同じく家庭生活の様式を編成する重要な構成要素である」（Haut Conseil de la population et de la famille 1992：27）として，1987年の報告書よりも3歳未満の子どもをもつ家族に対する仕事と家庭の調和で踏み込んだ記述がみられた。

　また，先述した図5-3から認定保育ママの数が1970年代末以降低下したことを指摘し，この現象の原因が多くの認定保育ママ候補者の意欲を削ぐ認可手続きの複雑さと認定保育ママが自宅で保育するために必要な住宅事項の基準の高さにあると指摘した（Haut Conseil de la population et de la famille 1992：28）。そして，独立した認定保育ママの地位を公権力が規制することが数年続き，組織化された施設の構造的な不足もあって，認定されていない保育者による「闇」市場の維持に貢献したとも指摘した。

　提言のなかでは，「保育所契約」やRAM，PSAMからAFEAMAへの制度改革を新たな措置として評価しつつ，すべての親が子どもへのよりよい保育方

法を考えられるように，集団保育所や家族保育所，認定保育ママのネットワークを促進する必要性が残っているとした。

1992年報告書が1987年報告書と違う点を指摘するならば，まず，1987年報告書では少子化対策としての仕事と家庭の調和という考えが存在していたが，1992年報告書は少子化対策への言及はせずに仕事と家庭の調和への提言を行った。1990年代に入ると急速な合計特殊出生率の減少がみられなくなり，少子化対策と関連づけることなく仕事と家庭の調和に向けて提言を行える状況にあった。また，仕事と家庭の調和のために認定保育ママの活用に言及したことが挙げられる。1992年報告書では認定保育ママに対して積極的に検討を行い，認定保育ママなどの保育方法の多様化が仕事と家庭の調和とって重要であるとの認識が見受けられる。

このように1980年代後半からの認定保育ママに関わる施策の整備に伴いながら，家族・人口高等評議会の議論において認定保育ママと仕事と家庭の調和を関連させてきたと指摘できよう。

5 「自由選択」の基盤としての認定保育ママ

本章では認定保育ママがなぜフランスのサービス給付において主要な保育方法となったのかをみてきた。

1980年代以降，分権化によって生じたCNAFと地方との契約で保育所を増設していったが，その増設のペースが女性の労働市場参加による保育ニーズを充足することはなかった。そのため，CNAFは従来の契約による施設サービスの増大に加えて，CNAFが認定保育ママを雇用する際に生じる社会保険料相当分を直接支援する現金給付を創設し，保育方法の不足への解決策として認定保育ママの人的資本を活用した。

第**5**章 認定保育ママと働く女性への「自由選択」

　1989年以降の認定保育ママ制度の見直しや改善を通じて，認定保育ママの数は急増し，フランスのサービス給付の主たる保育方法になった。その反面，保育所の整備は停滞し，保育所の利用率が全体の保育サービス利用の11％に留まった（Leprince 2003：26）。この時期の改革で AFEAMA が果たした役割は大きかった。他の保育方法より低額の支援であった PSAM を他の保育方法に匹敵する水準まで給付額を増大した結果，1990年代の認定保育ママの急増につながった。政府は，認定保育ママの利用が増大することで集団保育所の整備による支出を軽減できたといえ，認定保育ママを利用する親は，より柔軟な認定保育ママを活用することでニーズに沿った保育方法の手段が拡大したといえる。

　認定保育ママは人的資本を用いたサービス給付であるとともに，保育方法自由選択補足手当を用いた現金給付の給付条件にもなっている。保育方法自由選択補足手当は，現金給付とサービス給付との間をつなげ，仕事と家庭の調和を目指す家族を支援する多様な施策の一部として現在の2階建て構造のなかで補足的給付の両立支援のみの部分を中心に支えている。「自由選択」は主に現金給付で用いられる方針であるが，保育方法自由選択補足手当が不十分なサービス給付を現金給付によって補完する手法のひとつであるならば，サービス給付でも「自由選択」が付け加えられ，それまで家族政策の中心部であった家族手当だけではなく，補足的給付のなかにある認定保育ママ制度が主たる保育方法として家族政策全体を徐々に侵食するようになったと指摘できよう。

　以上のように，認定保育ママはサービス給付において保育方法の選択肢を拡大させ，現金給付でも2階部分の補足的給付を構成しており，仕事中心型のライフスタイル選択を支援する「自由選択」の達成を目指す具体的な手段となっている。

　なお，近年のサービス給付では地域間の格差が問題となっている。2003年のアンケートでは，3歳未満の子ども100人に対する保育方法の割合について，

認定保育ママがフランスの中部で手厚く供給されている一方，南部では少な
かった。また，逆に保育所は南部で手厚く供給される一方で北部に行くほど少
なかった。最終的にすべての保育方法でみると，中部では３歳未満の子ども
100人に対して50床から73床供給される地域が多いのに対して，北部や南部で
は15床から34床の地域が多くあった（Chastenet 2005）。2010年のアンケートに
おいてもこの傾向は変わっておらず（Borderies 2012：6‐8），フランス国内で
はサービス給付の「自由選択」に向けて地域間格差を解消することも求められ
ている。

　註

（１）2005年には世田谷区の家庭保育員が預かり保育中の生後５か月の乳児を虐待し
　　　て重傷を負わせたとして，預かり保育をしていた保育ママが逮捕され，その後の
　　　民事訴訟ではその保育ママと世田谷区に対する損害賠償請求を認めた（「保育ママ
　　　の保育児童に対する虐待について，世田谷区の国家賠償責任が認められた事例」
　　　『判例タイムズ』1277号，pp.124-141）。
（２）家族による保育の選択も「自由選択」のひとつであるとしながらも，本章で取
　　　り上げるのはサービス給付による「自由選択」の提供である。たとえば，保育方
　　　法自由選択補足手当に示される「自由選択」は保育方法に関する「自由選択」で
　　　あり，働きながら子どもを育てる際の保育方法を多様に選べる支援を目的として
　　　いる。そのため，保育所や保育学校，認定保育ママ，在宅保育者といった保育方
　　　法の選択であり，育児休業給付や家族補足手当のように育児による労働市場から
　　　の退出を視野に入れたものではない。結果として，ここで示す「自由選択」は両
　　　立支援の側面が強く，子ども支援のみの場合の「自由選択」は十分には考慮に含
　　　まないことになる。
（３）詳細は，社会保障・公的サービスウェブサイトの *Convention d'objectifs et de
　　　gestions entre l'Etat et la Cnaf 2009-2012*（http://www.securite-sociale.fr/IMG/
　　　pdf/cogcnaf2009-12.pdf 2015年３月25日現在）を参照。
（４）具体的には，子どもの休暇の際の受け入れ体制やバカンスに関連する支出のこ

とを指す。

（5）具体的には，ボランティア活動等の社会的労働のサービスや，在宅補助，家族への財政的給付が挙げられる。

（6）本書では，日本での一般的な呼称であるため，「認定保育ママ」という呼称を用いる。

（7）フランス財務省のウェブサイト（http://www.impots.gouv.fr/portal/dgi/public/popup; jsessionid=PBCUAL3KM3Q11QFIEIQCFFA? espId=1&typePage= cpr 02 & docOid=documentstandard_374&temNvlPopUp=true 2016年2月1日現在）を参照。

（8）1960年代以前にも「子守り」は存在していたが，その役割は個人的な理由から授乳を望まない女性の子どもへの授乳であった（宮本 2011：298）。

（9）社会活動は生活困難に直面する個人や家族を対象としてサービス給付を行う総体として定義することができる。社会活動は行政機関やアソシアシオンなどが運営する（松村ら 2005：98）。

（10）1日ごとにひとりにつき，PSAM は22フランの支援に対し，保育所は34フランの支援であった。

（11）この作戦は1974年にも改善して継続された。

（12）地域圏は県よりも広域な地方行政区画のことであり，ド・ゴールが第5共和政の大統領であったときには公共投資の配分計画作成権限を与えていた（久邇 2004：11-14）。

（13）中央と地方の所轄職務の重複は社会活動だけではなく，都市計画や教育の分野でもみられた（久邇 2004：55-57）。都市計画の場合，土地占有計画はコミューンの責任で策定することになっているが，その一方で都市計画文書に関する調整委員会は各県に設置することになっている。したがってコミューンは土地占有計画の計画案を調整委員会の諮問にかけなければならない。また，市町村の計画案の策定には政府が関与している。

　教育の場合，建築，整備，維持，管理に関して，コミューンが小学校，県が中学校，地域圏が高等学校をそれぞれ担当すると定めた。また，重要な職務は中央政府の責任とされており，施設の維持管理に関わる財政負担のみが地方に移管されることになった。

（14）circulaire Cnaf n° 35-87 du 10 juin 1987, p.1.

（15）circulaire Cnaf n° 35-87 du 10 juin 1987, p.6.

（16）この過程で保育所の占有率も73.4%（1981年）から76.2%（1990年）へと改善したことが指摘されている。

（17）加えて，1970年代からのフランスの低成長が保育所の増設に影響を与えたといえる。前章でも述べたように，1970年代後半から様々な経済活性化策を講じてきたが，結果として緊縮財政を採用せざるをえなくなった。財政赤字の影響はコミューンなどの自治体にも影響を与えていると考えられ，保育所等を新設する際にCNAFからの財政支援があるとしても自治体が設置費用を支出しなければならず，自治体の財政状況は保育所などの整備を滞らせるひとつの要因であっただろう。

（18）centre de recherche pour l'étude et l'observation des conditions de vie. 社会経済状況に関する公的調査研究組織である。

（19）JO, Documents parlementaires, Assemblée Nationale, 30 mai 1990, n° 1402, pp.10-12.

（20）JO, Débats parlementaires, Assemblée Nationale, 1re séanse du mardi 5 juin 1990, n° 36, p.2024.

（21）農業社会共済中央金庫（caisse centrale de la mutualité sociale agricole）は農業従事者対象として社会保険を提供する農業制度の管理運営組織である。農業従事者の家族給付は一般制度を中心に管理運営するCNAFとは別に支給されている。

（22）unions de recouvrement des cotisations de sécurité sociale et d'allocations familiales. 社会保障や家族手当の社会保険料を徴収する公的組織である。

（23）JO, Documents parlementaires, Assemblée Nationale, 30 mai 1990, n° 1402, p.12.

（24）家族・人口高等評議会は，1939年の家族法典で創設された家族・人口高等委員会（Haut Comité consultatif de la population et de la famille）を引き継ぐ組織であった。

（25）詳細は家族高等評議会のウェブサイト（http://www.hcf-famille.fr/spip.php?article 10 2015年3月25日現在）を参照。

（26）confédération française démocratique du travail. CGTが共産党系の労働組合であるのに対して，CFDTはキリスト教系の労働組合である。CFDTが家族政策の

議論に積極的に参加することはあまりないが，1995年に出されたジュペ・プランでの家族手当への所得制限に関しては，他の労使代表がすべて反対するなか唯一反対しなかった（Steck 1996：160）。

(27) confédération syndicale des familles. CSF は UNAF の構成組織のひとつであり，組織の目的は家族の一般的な利益の代表・保護を道徳的物質的な観点から保障することである。詳細は CSF のウェブサイト（http://www.la-csf.org/ 2015年3月25日現在）を参照。

終　章
「自由選択」の意義と課題

家族係数の削減発表後にパリの保育所を訪問するエロー首相（当時）
（2013年6月4日，*Le Monde*, FRED DUFOUR/AFP）（http://www.lemonde.fr/soci
ete/article/2013/06/04/reforme-du-quotient-familial-si-vous-n-avez-rien-compris_
3423206_3224.html）

本章ではこれまでの議論から，フランス家族政策が多様な施策を付け加えて
いくことで徐々に発展し，全体像を「自由選択」として明確にしていく過程を
経て，2004年の再編に至ったことをまとめる。そのうえで，「自由選択」を掲
げたことから得られる示唆について，第１章で挙げた２つの可能性から考える。
フランス家族政策は既存の施策を利用した「制度併設」からその発展と再編を
説明することが可能である。しかし，単に多様な施策が1970年代後半から付け
加えられていった制度変化の帰結であったという直線的な説明よりも現実は複
雑である。1990年代初めには「自由選択親手当」が提案され，多様な施策を統
合して簡素なものにする改革を実施することで「制度併設」に取って代わる可
能性もあった。また，1995年のジュペ・プランや1997年のジョスパンによる施
政方針演説では経路依存性に反する家族手当の所得制限を提示し，1998年の一
時期は実際に所得制限を実施した。それでも統合や削減ではなく，既存の施策
での「制度併設」による発展と再編に至った要因として，右派左派だけではな
く労働総同盟や全国家族協会連合も相乗り可能な「自由選択」という全体的な
方針が，反対されることなく統合や削減を乗り越えて多様なライフスタイルの
選択を支える言葉になったことが挙げられるだろう。こうした点で，「自由選
択」は削減と再編の間にある政治的な対立を乗り越えるための合意形成手法で
あった。

　「自由選択」の意義は多様なアクターの合意形成にだけあるのではない。多
様なアクターから反対されない方針を採用した結果，「自由選択」は特定の家
族モデルによらないあらゆるライフスタイル選択を支援することになった。こ
れまでの福祉国家研究は「男性稼ぎ手モデル」が維持困難となった世界を，女
性の労働市場参加を前提とした特定の家族像で代替することで乗り越えようと
してきた。それに対して，フランスは特定の家族像への誘導ではなく，多様な
家族像の許容（「自由選択」）によって乗り越えようとしている。こうした多様

なライフスタイル選択の許容は，国際比較の視点からフランス家族政策の位置づけを困難にしている。「自由選択」という家族政策の方針への一致は，家族と雇用の変容に影響を受けながら，家族政策の制度的持続性から抜け出すこともなく確立した合意と妥協の帰結であった。

　しかし，本書で提示した「自由選択」が本当に多様なライフスタイルの選択を保障できるようになるためには課題も残されている。それは特に本書で十分に扱うことのできなかった家族政策と雇用，ジェンダーとの関係からうかがえる。ここでは第1に，真の「自由選択」を保障するために再編してきた家族政策が，未だに保育所の足りないまま認定保育ママに依存している状況が続いていることを指摘する。第2に，家族政策と雇用との関係で，家族政策が雇用の過度な柔軟化や労働市場での女性の階層化を生み出す可能性があることを指摘する。そして第3に，2010年代以降の家族政策について，家族手当に所得要件を導入することや「就業自由選択補足手当」を「子ども教育共有給付」にすることで，「制度併設」による説明が2004年以降も適用できる可能性を指摘する。

　それでも，「自由選択」は女性就労，家族の役割，人口増のいずれへの期待にも応えようとする新しい家族政策の方向性を提示している可能性をもつ。

　以下，第1節では第3章から第5章の議論を振り返り，多様なアクターが「自由選択」を受け入れ，既存の政策による「制度併設」で発展してきたフランス家族政策の全体像を整理する。第2節では，フランス家族政策の発展と再編から導き出される「自由選択」の意義について第1章で述べた2つの可能性も踏まえて提示する。第3節では，「自由選択」の課題を保育所の拡充と女性就労の階層化，「制度併設」の進展という3つから考える。第4節は本書の議論をまとめる。

終　章　「自由選択」の意義と課題

1　フランス家族政策の発展と再編

　本書の目的は，家族に関連した手厚い給付や多様な施策を実現してきたフランスがいかに家族政策を発展，再編させてきたのかを説明することであった。そのために「自由選択」や政策目的集合，「制度併設」を用いながら主に1970年代後半からの家族政策の変遷を追ってきた。

　「自由選択」は，子育てをするために家族内に留まるか労働市場に参加するかの選択は個人の決定に委ね，政府はどちらの選択にも不都合にならない多様な施策の提供を目指す全体的な方針であり，フランスは多様なライフスタイル選択に合わせて，フルタイムやパートタイムでの就労も育児休業の取得も選べるような支援を目指してきた。そこでは，「就業自由選択補足手当」や「保育方法自由選択補足手当」といった名称に「自由選択」を含む施策のみが「自由選択」を志向するのではなく，1970年代後半から付け加えられた多子家族支援や育児休業給付，仕事と家庭の調和支援策が漸進的に変容した結果，フランス家族政策全体が２階建ての構造をもつ「自由選択」として説明できるようになった。

　しかし，「自由選択」は家族政策が発展する初期から明確なビジョンをもって示されたアイディアでは決してなかった。1980年代の「自由選択」はライフスタイル選択の保障よりは出産奨励を支える目的であったし，その当時は全体的な方針として多様なアクターが「自由選択」を容認したわけでもなかった。様々なアクターが既存の施策の方針を「自由選択」として反対しなくなるには1990年代の統合や削減の提案を経る必要があった。「自由選択親手当」の提案で多様な施策を統合した簡略化が行われそうになり，ジュペ・プランで支出削減のために家族手当の所得制限が提案されるなど，家族政策は大きく変わる可

211

能性があった。しかし，全国家族協会連合や労働総同盟の反対から統合や削減は実現しなかった。統合や削減に代えて，右派左派ともに指摘したことは「自由選択」の明確化であり，「自由選択」に基づいた2004年の乳幼児受け入れ給付の再編であった。「自由選択」は，統合や削減をしないで家族政策の発展と再編を目指すために用いられた，既存の施策の全体像を改めて明確にする方針だといえよう。

　以下では，第3章から第5章までに既に言及した部分も含めて，現金給付とサービス給付からフランス家族政策の既存の施策を用いた「自由選択」への再編をまとめていく。

現金給付における「自由選択」

　第3章と第4章ではフランス家族政策の現金給付を取り上げた。そのなかでは，2004年の乳幼児受け入れ給付の再編に至る現金給付が，家族手当や基礎手当を中心とした普遍主義的現金給付を支給する1階部分の基礎的給付と，就業自由選択補足手当や保育方法自由選択補足手当に代表される多様なライフスタイル選択に対応した2階部分の補足的給付からなる2階建て構造であることをみてきた。

　こうした基礎的給付と補足的給付のフランス家族政策は1970年代後半から徐々に整備されてきた。しかし，2階建て構造や使用者の拠出は第2次世界大戦以前から形成されたため，本書では戦前に立ち返ってその発展を追うことにした。

　フランスにおけるすべての就業者を対象とした基礎的給付の成立は1939年であった。1932年の家族手当法は労働者を常時雇用する使用者に対して補償金庫への加入を義務づけた。しかし，ここで導入された家族手当では，自営業者などは補償金庫に加入する義務はなく，すべての就業者を対象とした制度になっ

終　章　「自由選択」の意義と課題

ていなかった。その後1930年代後半に人口減少が生じると出産奨励策としての
家族政策の役割が期待されるようになり，1939年の家族法典の成立で家族手当
の適用範囲がすべての就業者を対象とするものとなった。このすべての就業者
を対象とした普遍主義的現金給付の伝統は1998年の約10か月を除いて家族政策
の１階部分を形成することになった。

　家族法典とそれに関連する財務省通達では２階部分の主婦手当も創設し，専
業主婦を前提とした男性稼ぎ手モデルにもとづく２階建て構造を整備した（深
澤 2012：185）。その後の戦時下での給付の拡大を経て，1946年には家族手当，
産前手当，出産手当，単一賃金手当という４種類の現金給付を支給するように
なった。図２-３で整理したように，１階部分の普遍主義的現金給付は家族手
当と産前手当，出産手当であった。また，２階部分の単一賃金手当を拡充し，
1955年には賃金従事者でなくても単一賃金手当相当額を支給する主婦手当も創
設した。このように早い時期から２階建て構造の現金給付が発展したが，この
時期の補足的給付は専業主婦向けに偏っていた。

　こうした２階建て構造の発展だけではなく，戦後の家族政策は全国家族手当
金庫（CNAF）の自律性を維持して安定した財源が確保できるようになった。
ラロック・プランは戦後社会保障の管理運営体制を一般化原則，単一金庫原則，
自律性原則の３原則から実施することで他の社会保障の金庫との統合を図った
が，支給対象が職域によらず既にすべての就業者を対象にしているうえ，財源
を労使折半ではなく使用者のみの拠出で賄っている家族手当金庫は他の金庫と
大きく異なっていた。そのため1949年に CNAF は独立の組織として自律性を
与えられることとなった。

　以上，1970年代までに現在の家族政策の原型となる２階建て構造や管理運営
体制，拠出方式が形成された。管理運営体制の労使比率の変更や一般社会拠出
金による拠出などの改革を行ったものの，２階建て構造や管理運営体制の基本

213

的な仕組みには大きな変化は生じておらず，現在までその状況を保っている。

　1970年代後半になると，家族形態の多様化や女性の労働市場参加に伴って生じる新しい社会的リスクの登場で仕事と家庭の調和が課題となった。それと同時に，1980年代には少子化対策も課題となり，出産奨励策および仕事と家庭の調和の両方を実現する家族政策を発展させる必要があった。1977年には子ども支援のみの施策である家族補足手当が多子家族を支援した。家族補足手当は単一賃金手当と主婦手当など男性稼ぎ手の存在を前提とした現金給付を統合した手当であったため，従前の出産奨励主義の強い現金給付であった。また，1985年には子ども支援と両立支援の重なり合う部分の育児休業給付である育児親手当（APE）を第3子以降から支給するようになった。APEでは連帯と人口減少のために「自由選択」を提供する必要性が唱えられたが，当時は人口減少に対応する出産奨励主義の側面が強かったといえるだろう。

　その一方で，仕事と家庭の調和に向けた施策も実施した。1986年には在宅保育手当（AGED）で在宅保育者を雇用する家族に対して経済的な支援を行った。この法律の目的には個人の決定に干渉しない「選択の自由」の提供があった。また，1990年には認定保育ママを雇用した家族に対する経済的な支援である認定保育ママ雇用家庭補助（AFEAMA）を創設した。この法律をめぐる議論のなかでは女性に「選択の自由」を提供することが望ましいとした。

　1970年代後半からはそれまで専業主婦向けの施策のみを展開していた2階部分の補足的給付に仕事中心型の施策が付け加えられた時期であった。ただし，この時期が政策変化の決定的なタイミングだったわけではなく，1970年代に孤児やひとり親，障がい児など特定の家族への支援を展開した延長線上に働きながら子育てをするという特定の家族への支援として連続して発生した施策であったといえるだろう。

　また，この時期に「自由選択」が施策の目的として言及されるようになった。

終　章　「自由選択」の意義と課題

　図2-3の1977年から1990年の変遷でわかるように，家族補足手当から育児親
手当，在宅保育手当，認定保育ママ雇用家庭補助への発展で，仕事と家庭の調
和を目指しながらも少子化対策のために出産奨励主義的な多子家族支援も残し
た多様な施策がこの当時から形成された。しかし，この時点で「自由選択」が
家族政策の全体的な方針として多様なアクターに容認されたのではない。1990
年代の展開によっては施策の統合や基礎的給付の削減が改革議論の中心になり，
既存の施策からなる「自由選択」へと再編しない可能性も残していた。

　1990年代に入ると「自由選択」を家族政策の統合に向けたアイディアとして
改革に利用するようになった。利用したのはシラクである。1990年初頭からシ
ラクは「自由選択手当」の導入を訴えるようになった。1993年に第2次保革共
存内閣となった際，RPRのコダッシオーニが第1子を支給対象とした一時的
な仕事の休業を支援する家族政策の必要性を示した。当初第2子向けの支援を
考えていたシラクもこうした提案に同調し，第1子向けの現金給付のアイディ
アとして「自由選択手当」を主張するようになった。これは家族補足手当を残
しながら仕事と家庭の調和を推進する「自由選択」の側面をもっていたが，主
に2階部分の補足的給付を大規模に統合して新たな手当を創設するものであり，
2階建て構造の再編可能性を含んでいた。

　しかし，この「自由選択」アイディアは財政状況を理由に達成できなかった。
1994年の家族政策改革では，コダッシオーニが第1子をもつ親を対象に最低賃
金の半額分を支給する「自由選択親手当」を創設するよう提案したが，UDF
の保健相ヴェイユが財政状況を理由に新たな現金給付の新設を先送りしたため，
「自由選択親手当」は成立しなかった。

　その後，1995年の大統領選挙でシラクが当選した。そのため第1子向けの
「自由選択手当」の創設に向けて準備が進められるかと思われたが，財政状況
の悪化がアイディア実現への障害となった。社会保障改革案であるジュペ・プ

215

ランの目的は新たな現金給付の創設よりも社会保障財政の悪化を食い止めるために家族手当に所得制限を設けることや，現金給付全体を所得税の課税対象とすることであった。

ジュペ・プランは家族政策が普遍主義的な現金給付を提供することで達成してきた「国民連帯」の根幹を脅かすものとして批判の対象となった。ジュペ・プランが提示されたのち，初めて開催された全国家族会議では労働総同盟（CGT）が反対するだけでなく，全国家族協会連合（UNAF）もそれまでの政府との協調関係を見直して普遍主義的現金給付を守るために反対した。全国家族会議での議論はまとまらず，ジュペ・プランにかわる新しい家族政策の報告書を提出することになった。その報告書では家族給付に対する課税や家族手当への所得制限を見送ることになった。

ジュペ・プランによる家族政策改革の先送りは既存の政策を統合するための与党提案の「自由選択」アイディアにも影響を及ぼし，ジュペ・プランを実行させないために「自由選択親手当」も財政状況を理由に無期限の延期となった。財政悪化に伴う削減の政治に対する反対が成功するとともに，多様な施策からなる２階建て構造の一部を統合することでフランス家族政策のかたちを変えようとする「自由選択」アイディアも頓挫した。この時点で施策を統合するアイディアはなくなり，右派としての家族政策の改革方針はなくなったといえる。そして，右派は2002年から政権を担った際に，統合ではなく多様な既存の施策を活用する「自由選択」の明確化に反対することなく，乳幼児受け入れ給付の議論を取りまとめていった。

「自由選択」アイディアが頓挫した一方で，１階部分の普遍主義的現金給付がフランス家族政策の基盤として認識されるようになった。ジュペ・プランが提案した家族手当の所得制限や家族給付の課税対象は，1997年に国民議会選挙で与党になる社会党からも提案された。右派ではなく左派である社会党の提案

によって再び家族手当の普遍主義的性格が削減の政治の争点となった。社会党からの提案後に開催された全国家族会議では，UNAFが子どもに開かれた普遍的権利である家族手当の受給を侵害するものとして反対し，CGTが普遍主義原則を崩すことや使用者の拠出金のこれ以上の削減は許されないことなどから反対した。国民議会での議論では社会党以外の政党が反対にまわった。しかし，社会党が富裕層のみを削減の対象とすることを説明して家族手当の所得制限を押し切った。

　ただし，家族手当の所得制限は，その実施を翌年度の改革が実行されるまでの間に限定してそのあり方を検討するという条件付きでの可決であった。その後，社会党でも家族手当ではなく税制によって対応すべきとの報告書が提出され，家族手当への所得制限は約10か月で廃止された。家族手当への所得制限はほとんどすべての労働組合や家族団体，政党が反対する状況に至っており，1階部分の基本的給付である家族手当の普遍主義的性格の変更は困難なものとなった。家族手当の所得制限でフランス家族政策の2階建て構造は揺らいだものの，この時点で1階部分を変更できなくなり，既存の施策による再編を方向づけることになったといえるだろう。

　また，この報告書は「自由選択」の明確化を掲げた。これまで積極的に「自由選択」に言及してこなかった社会党から報告書が出されたことで，1990年代を通じて右派も左派も「自由選択」による家族政策の改革の必要性に言及したことになる。1980年代半ばから施策の目的で示された「自由選択」は，右派が提案した2階建て構造に変革を加えようとする「自由選択」アイディアの挫折を経て，フランス家族政策の全体的な方針としてどの政党であっても重視するようになった。この時点で，再編の性質が多様な施策によるライフスタイル選択の保障であることに反対するアクターはいなくなったといえるだろう。

　2000年代に入ると乳幼児受け入れ給付（PAJE）の改革のなかで真の「自由

選択」の実現に向けた動きが重要であるとされた。その際の「自由選択」はシラクのアイディアにある補足的給付の統合ではなく，育児休業給付や保育方法の選択など多様な施策による2階部分を残したものであった。2004年から始まったPAJEは就業自由選択補足手当と保育方法自由選択補足手当，就業自由選択オプション補足手当で「自由選択」という名称を用いた。この時点で，主要な政党は「自由選択」を全体的な方針として反対しなかった。UNAFは1998年の段階で家族政策の維持と引き換えに税制での負担を提案し，それ以降の削減提案を行わない「自由選択」に沿った家族政策の再編は許容できるものであった。CGTは乳幼児受け入れ給付の議論で育児休業給付にあたる就業自由選択補足手当の第1子への支給を6か月と短くする提案が認められたことで「自由選択」を受け入れたといえる。

　以上，1970年代後半から2004年までの現金給付をみると，戦後既に整備されていた管理運営体制や財源徴収の仕組みを前提として，1990年までに多様なライフスタイル選択に対応した2階部分の補足的給付が付け加えられてきた。1990年代は，付け加えられた施策の拡大もありながら，補足的給付の統合案やジュペ・プランなどによる削減の政治との競合で，既存の施策が漸進的な変容に至るかは不透明な時期であった。再編の行方がわからないなかで，労働組合や家族団体が削減の政治に抵抗し，既存の施策を活用する妥協を行ったため，多様なアクターが「自由選択」という方針のもとに合意することとなった。

　こうした発展と再編の過程は，周縁で創設された新制度が徐々に拡大していき，多様な施策からなる2階部分の補足的給付が確立する「制度併設」として説明できる。ただし，1990年代の「自由選択」アイディアや削減の政治は「制度併設」による漸進的変容の詳細なメカニズムから外れた新しい家族政策へと転換する可能性もあった。それでも「制度併設」で家族政策が安定的に発展するためには，既存の施策に反対しない方針が必要だと考えられ，そうした意味

で1980年代から目的として言及されていた「自由選択」が左派によって1990年代後半に改めて明確化され，2002年以降政権を担う右派も「自由選択」での再編に反対しなかったことは，1990年代の統合と削減を乗り越えて1970年代後半からの既存の施策で再編を進めることに「自由選択」が機能したと指摘できる根拠になるだろう。

サービス給付における「自由選択」

第5章では，サービス給付と「自由選択」との関係を理解するため，保育方法のなかでも3歳未満の保育方法として大きな比重を占める認定保育ママ制度に着目した。認定保育ママの経済的負担を軽減するための現金給付の導入が認定保育ママ急増の主な要因であり，サービス給付に対して多様なライフスタイル選択に対応する現金給付が経済的に支えることで「自由選択」のなかでも両立支援の部分が手厚くなっていった。

認定保育ママ制度は1977年に成立した。この制度は，家庭内保育労働に従事していた者への社会的地位の向上や労働条件の改善，保育設備の基準作成などを目的として創設された。しかし，当初の制度は有効に機能せず，認定保育ママの数は減少した。この要因には，認定保育ママが正式な雇用契約を結ぶと収入を申告することになり，所得税や社会保険料の支払い義務が生じるため，むしろ不安定な地位で活動しているほうが経済的な負担を回避できることがあった。

認定保育ママの利用を支援するために1980年には保育ママ特別給付を導入した。しかし，家庭保育所への支援や在宅保育手当に比べて低額であったため活用されなかった。それだけではなく，全国家族手当金庫（CNAF）から直接支給される手当ではなく社会活動基金を経由して支給されるために他制度と比べて認知度も低かった。

認定保育ママの数が減少するなか，女性の労働市場参加に伴う保育ニーズに
対応する方法は保育所の増設であった。しかし，保育所の増床ペースは保育
ニーズを充足するまでには至らなかった。CNAF は1982年から保育サービス
などの社会活動の分権化を実施したものの，財政的な枠組みは全国規模の社会
活動基金として存続し，保育所増設への財政的権限を CNAF に残した。
CNAF は自治体との間で契約を結び，地方の社会活動へ介入することで保育
所の増設を進めたが，CNAF の財政支援は不確実性が高いとして自治体には
契約締結へのためらいがあった。また，自治体に契約を結ぶ法的な義務はなく，
結果的に CNAF が保育所の増設に主体的な役割を果たせなかった。実際，10
万床の保育所設置目標は 2 万床に留まった。

　こうした保育所の増設が保育ニーズに追いつかない現状にあって，1980年代
半ば以降は保育所への経済的な支援のほかに，CNAF は直接的な現金給付に
よるサービス給付の利用支援を展開した。1986年の在宅保育手当（AGED）は
在宅保育者の雇用を経済的に支援する現金給付であり，現金給付でサービス給
付の利用を支援する制度のひとつである。1990年には認定保育ママ雇用家庭補
助（AFEAMA）を創設した。AFEAMA はそれまでの保育ママ特別給付より
も支給額を引き上げるだけではなく，CNAF から支給する施策となり認知度
も高まった。

　現金給付によるサービス給付の支援のほかにも，1989年には家族手当金庫が
保育ママ仲介制度を開始し，認定保育ママと利用者を結びつける窓口を家族手
当金庫に設けることで認定保育ママの利用を後押しした。また，税額控除によ
る家族への経済的な負担軽減も行った。

　認定保育ママに関する改革の結果，AFEAMA の受給者は1990年の 5 万人
から1992年 1 月 1 日には13万人に急増した。2004年以降は，保育方法自由選択
補足手当として「自由選択」の名のもとに認定保育ママを利用する際の経済的

支援を行っており，2009年12月31日までにおよそ42万4,000人の認定保育ママが活動している。サービス給付を現金給付が支援し，「自由選択」のなかでも両立支援のみの部分を手厚くしていく過程が1990年代以降の認定保育ママの拡大からみえてくる。

　以上，1980年代以降の認定保育ママ制度の発展は，分権化や予想以上の女性の労働市場参加で十分な保育所の整備ができないなか，現金給付と組み合わせて認定保育ママを急増させることでサービス給付の不足に対処した。そのため，フランスでは集団保育所よりも認定保育ママが主たる保育方法となった。認定保育ママを利用する親としては，より柔軟な認定保育ママの利用で親のニーズに沿った保育方法の手段が拡大したといえる。

　認定保育ママはサービス給付であるとともに，保育方法自由選択補足手当という現金給付からも支援を受ける。こうしたサービス給付と現金給付の両方が関係する現行の家族政策は，現金給付とサービス給付との間をつなげ，幅広い年齢や利用者に対してサービスを供給する家族政策の多様性を示す事例である。また，認定保育ママの拡大は補足的給付のなかでも両立支援のみのライフスタイル選択に対応しており，働きながら子どもを育てる親に向けた「自由選択」を提供している。

2　「自由選択」の意義

　以上，現金給付とサービス給付の双方の発展と再編を整理した。新しい制度が付け加えられ，それが発展する「制度併設」としてフランス家族政策の発展と再編が説明できる一方で，その過程を支える全体的な方針として「自由選択」の存在があった。それでは，この「自由選択」はいかなる意義をもっているのか。第1章では「自由選択」の可能性として家族像の対立を乗り越える可

能性と類型化が困難な家族政策を映し出す可能性の2点を述べた。これらの可能性をフランス家族政策からみていきたい。

多様なアクターの一致点としての「自由選択」

多様なライフスタイル選択に対応した補足的給付は1970年代後半から付け加えられたが，2004年の乳幼児受け入れ給付に至るまでに必ずしも安定的に発展したものではなかった。結果的に1990年までに整備された既存の施策の配置を発展，再編させる家族政策となったのであり，その過程には主に2つの対立があった。

第1に，1990年までの施策と「自由選択」アイディアとの対立があった。1990年代初めからシラクやコダッシオーニが導入を訴えた自由選択手当や自由選択親手当は個別に整備してきた補足的給付を乳幼児向けの手当と組み合わせる統合案であった。具体的には，第1子向けの産前産後時期に給付する乳幼児手当（APJE）と，第3子向けの育児休業給付である育児親手当（APE），第1子からベビーシッターと認定保育ママを親が雇用した際に支払われる在宅保育手当（AGED）と認定保育ママ雇用家庭補助（AFEAMA）の統合案であった。統合後の自由選択親手当は第1子をもつ親を対象に最低賃金の半額分の支給を目指した。

この改革で統合する給付は育児休業中の親による保育や認定保育ママの雇用など多様な保育方法を利用したい家族を支援する2階部分の補足的給付が中心であった。自由選択親手当が実施されればそれまでの多様な施策による補足的給付の構造は家族補足手当を除いて統合されるため，多様な施策で構成されることを特徴のひとつとする2階部分のフランス家族政策の再編可能性を含むものであった。

乳幼児手当との統合も2階建て構造のフランス家族政策と対立するもので

あった。乳幼児手当は所得制限があるもののすべての子どもをもつ家族を対象に支給され，2階建て構造のなかでは1階部分の基礎的給付として位置づけられる。「自由選択」アイディアはこの1階部分も侵食して2階部分との統合を目指す改革案であったため，「自由選択」を標榜しながらも2階建て構造を変え，「制度併設」による漸進的な変容の道から離れる2階建て構造そのものの再編可能性も含んでいた。

　第2に，既存の施策の発展と削減の政治との対立があった。1995年のジュペ・プランは社会保障財政の悪化に伴い提示された社会保障の削減案であった。家族政策では1997年の全国家族手当金庫（CNAF）の黒字化に向けて家族給付を課税対象にすることや家族手当への所得制限の導入を提案した。

　それまでの家族政策は質的にも量的にも拡大していた。財政的には，全国疾病保険金庫や全国老齢年金金庫は1970年代から赤字が続く一方で，CNAFは1970年代から1980年代にかけて相対的に安定していた。戦後4種類から始まった現金給付は新しい施策を付け加えたりしながら1990年代初めには10種類[1]にまで拡大した。0歳から3歳までのサービス給付は1970年代以降に発展し，保育所や認定保育ママ，在宅保育者などを利用できる環境が整備された。特に認定保育ママは1990年代に現金給付の影響から急速に拡大した。

　戦前からの2階建て構造は，すべての家族を支援する基礎的給付があったうえで，多様な現金給付とサービス給付が発展するフランス家族政策の基盤であった。これがジュペ・プランでの家族手当の所得制限で切り崩されることになった。それに対して，労働総同盟（CGT）や全国家族協会連合（UNAF）などの様々なアクターは家族政策の伝統への挑戦であるとして反対したのであった。

　既存の施策の配置を前提に家族政策を発展させていくならば，アイディアによる統合と所得制限による削減という2つの困難を超えて，改めて既存の施策

を用いていくことを確認する必要があったといえる。そのために登場してきたのが「自由選択」の明確化だったと説明できる。まず，既存の施策と「自由選択」アイディアとの対立を超えるため，アイディアのなかで用いられた「自由選択」を統合のアイディアとしてではなく名称として残し，1980年代半ばからの施策の目的であった「自由選択」と合流させることで，既存の政策に沿った家族政策の発展と再編への道筋をつけた。右派は2002年以降，政権を担うなかで家族政策の再編で真の「自由選択」が必要であることを主張していた。「自由選択」に言及しつつ，統合ではなく既存の施策の利用によって家族政策を展開させてきたことからも，右派が全体的な方針としての「自由選択」に反対しなかったことが指摘できるだろう。また，既存の施策と削減の政治との対立を乗り越えるため，右派左派だけでなく労働組合や家族団体も相乗りできる「自由選択」で家族政策を再編させた。削減の政治はジュペ・プランを打ち出した右派だけではなく，その後に社会党を含む保革共存内閣でも展開された。しかし，この削減提案は全国家族会議に参加したCGTやUNAF，国民議会での社会党以外の政党の反対によって成功しなかった。全国家族会議が多様なアクターの参加する家族政策の政策決定機関として機能するなかで，家族政策を再編するためには様々なアクターが合意可能な方針に沿って進める必要があった。その結果，1998年のジロ報告で「選択の自由」の明確化が提示に至ったといえる。その方針に沿って2004年の乳幼児受け入れ給付の改革が行われ，既存の施策の配置を残したまま，「就業自由選択補足手当」や「保育方法自由選択補足手当」など，一部の施策に「自由選択」を名称として取り入れることになった。

　このように既存の施策によって家族政策が発展していくためには，既存の施策の経路依存性を補強するための多様なアクターの合意形成が必要であった。「自由選択」は経路依存性から外れる統合や削減が十分に実現されなかったのち，既存の施策の構造を改めて明確化して2004年への漸進的な変容につなげて

いくための方針であった。

類型化困難なフランス家族政策を説明する「自由選択」

　以上のように多様なアクターが統合や削減の政治での対立を乗り越えて「自由選択」に反対しなくなり，家族政策を発展，再編させることになった。図3－1や図5－1での配置で確認できるように，こうして整備された家族政策はすべての子どもを対象とした基礎的給付の家族手当や3歳から6歳のすべての子どもに教育を提供する保育学校などの1階部分と，育児休業や認定保育ママの利用，多子家族支援などのあらゆるライフスタイル選択に対応した2階部分からなる2階建て構造となった。

　これらの家族政策の充実にもかかわらず，第1章で説明したように，コルピらの説明では，フランスはいまだに伝統的家族型にあり，家族関連社会支出の対GDP比が高くても大陸ヨーロッパの家族政策の枠内から完全に逸脱するものではない（Korpi et al. 2013：11-12）。フランスは福祉レジーム論のなかで保守主義レジームとして相対的に家族主義が強いといわれている一方で，女性の労働力率が高く，こうした状況は「フレンチ・パラドクス」と呼ばれる（Revillard 2006）。

　これは福祉国家研究でのフランスの明確な位置づけを困難にしている。ルイスは「男性稼ぎ手モデル」から福祉国家を整理した際，フランスを「修正男性稼ぎ手モデル」とした（Lewis 1992）。ルイスは，イギリスが1970年代半ばに体の弱い扶養家族を介護する際の無償労働に手当を支給する障がい者ケア手当（invalid care allowance）を導入したとき，ケアは既婚女性の「基本的な」義務の一部であるとして手当の対象外となったことや，アイルランドでも既婚女性の労働市場への参入を妨げる法律が存在していたことなどから，これらの国を「強い男性稼ぎ手モデル」とした。スウェーデンでは，1960年代から1970年代

にかけて「共稼ぎ家族」規範が形成され，女性の社会的な資格の基盤が夫に依存する妻から労働者へ移行したほか，1971年の分離課税の導入や1970年代以降の公的なサービス給付の拡大，育児休業給付である1974年の両親保険の導入から，スウェーデンを「弱い男性稼ぎ手モデル」とした。スウェーデンで働く女性への支援がみられるにもかかわらず「弱い男性稼ぎ手モデル」とするのは，スウェーデンであっても男性の行動様式が変わっていないため家族内のケア労働が男女間で共有されないためである。ルイスの認識では，ジェンダー平等が進んでいるといわれるスウェーデンでも「男性稼ぎ手モデル」から脱却はできておらず，福祉国家は男性稼ぎ手を中心に形成されていた。

　フランスは，妻や母としての女性の役割と労働者としての女性の役割がパラレルに認識されており，働く女性への支援を行いながらも低賃金の女性を中心に家庭にいることも奨励する施策を展開した結果，「強い男性稼ぎ手モデル」と「弱い男性稼ぎ手モデル」の間に位置する「修正男性稼ぎ手モデル」とルイスは説明する[2]。

　実際，現在のフランス家族政策を他国と比較した場合にジェンダー平等に対する不十分な対応を指摘できる。育児休業給付に関し，北欧やドイツでは従前所得に比例した金額を支給するが，フランスの就業自由選択補足手当は支給額が一律である。たとえば，同じ保守主義レジームに分類されるドイツでは2007年に育児手当を両親手当へと改め，親の税抜き所得の67％を手当として支給する所得比例型手当を用意することで，労働市場への参加を促す家族政策を提供する（魚住 2007：26）。フランスの就業自由選択補足手当は一律の支給額であるため，低賃金で働く女性は就業時と大きな差の生じない金額が支給されることになり，結果的に低賃金で働く女性は就業自由選択補足手当を含む家族政策に依存しやすくなる。

　また，男性の保育への参加支援の不備も指摘できる。ノルウェーやスウェー

デン，ドイツでは，一方の親が育児休業を取得するだけではなく，他方の親の育児休業の取得も奨励する「パパ・クォータ」を実施している。「パパ・クォータ」の実施によって，ドイツの場合は，両親ともが育児休業を取得した際，一方の親だけの場合の12か月にさらに2か月を加える。スウェーデンの場合，育児休業のうち2か月は両親のどちらかだけが取得できる（宮本 2009：182）。ノルウェーでは1993年に「パパ・クォータ」を導入した。出産後の52週の休暇のうち4週は両親のどちらかだけが取得でき，取得しなければ権利放棄となる「パパ・クォータ」の効果で男性の育児休業取得率は2001年に80％になった（辻村 2011：51）。日本でも2009年から父母両方による育児休業の取得を支援するために「パパママ育休プラス制度」を創設した。日本では育児休業期間が原則で1年間となっているが，「パパママ育休プラス制度」の利用で育児休業期間が育児休業の対象となる子の年齢が原則1歳2か月まで延長可能になっている。

　第1章で説明したように，フランスでも「就業自由選択補足手当」を「子ども教育共有給付」（prestation partagée d'éducation de l'enfant）に再編し，2014年10月1日から生まれた子どもの保育のために育児休業を利用する場合には男性の育児休業取得を促進する「パパ・クォータ」を実施することになった。日本よりも男性の育児休業取得に対する支援が遅いフランスは，これまでジェンダー平等に関連する施策にあまり関心をもってきておらず，近年になって整備が始まったばかりだといえよう。こうした保育サービスなどを認定保育ママで充実させながらもジェンダー平等への遅れた動きがある家族政策の状況が福祉国家研究におけるフランスの位置づけを難しくしている。

　このことを「自由選択」から説明するとどのようなことがいえるのだろうか。相対的に家族主義の強い保守主義レジームにありながらも家族政策を拡充するフランスは福祉国家の類型化のなかで評価が難しい。本書は，この類型化が困

難な理由を「自由選択」に求める。「自由選択」の家族政策はあらゆるライフスタイル選択に対応した2階建て構造から説明できるが，あらゆるライフスタイル選択に対応するためには専業主婦を含めたすべての家族を支援する必要が生じることになり，家族主義を捨てきれないのである。

　図3-1で示したように，家庭中心型のライフスタイル選択に対応した現金給付は家族補足手当や就業自由選択オプション補足手当があり，仕事と家庭の調和を施策の目的としない経済的支援を行う。そのなかで1977年の家族補足手当は戦前からある出産奨励主義の伝統を引き継ぎ，多子家族への支援を行っている。

　こうした家庭中心型のライフスタイル選択への対応は保守主義レジームの特徴を残すため，すべてのライフスタイル選択に対応した補足的給付であっても女性を労働市場から退出させる効果をもちうる。就業自由選択補足手当の前身である育児親手当（APE）は，1994年のヴェイユ法で受給資格を第3子から第2子に引き下げた。その結果，3歳未満の2人以上の子どもをもつ女性の労働力率は1994年の69％から1997年の53％へと16％ポイントも減少した（Afsa 1998：37）。この時期の子どもをもつ20歳から49歳の女性の労働力率は子どもをひとりもつ女性が80％台であり，子どもを3人もつ女性が30％台であった（Bonnet et Labbé 1999：2）。子どもを2人もつ女性以外に大きな変動がなかったため，3歳未満の2人以上の子どもをもつ女性の労働力率の減少はAPEが原因であるといえる。

　「自由選択」が多様なライフスタイル選択を保障した結果，多子家族への手厚い経済的支援で労働市場から退出させ，家庭中心型のライフスタイル選択に対応するだけではなく，すべてのライフスタイル選択に対応した施策であってもその手厚い給付額や第2子以降への3年間という長期間の支給で労働市場から退出させる効果をもつ可能性があった。

終　章　「自由選択」の意義と課題

　ただし，APE が長期的に女性を家庭に留め続けるかは明らかではない。
1993年末，イブリーヌで APE を受給可能な就業経験のある第 3 子以上の子ど
もをもつ女性を対象に調査を行った結果，その女性のうち40％が APE を受給
し，60％は受給しなかった（Fagnani 1995：258-259；小島 1996：184-185）。これ
に対してファニャーニは，安定した職が確保されている女性には，育児に専念
できる可能性というプラスの影響が育児親手当にある一方で，それ以外の女性
には，以前と同等の職に復帰できない可能性や失業の可能性といったマイナス
の影響が APE にあるとした。また，このマイナスの影響によって，育児休業
制度に依存する可能性や，さらなる出産を諦める可能性があることも指摘した。
このため，1994年の APE の改正は労働市場における性差別や男女間の賃金格
差の拡大を助長する可能性があるという。しかし，ファニャーニはこうした育
児親手当の就業抑制効果に対して留保をつけ，1989年から1993年にかけて受給
資格者の就業率が27.0％から31.5％に上昇していることも指摘した。

　APE の就業抑制効果は十分に証明されたとはいいがたい。また女性の労働
市場参加の進展や EU を中心としたジェンダー主流化の動きから，1994年の
APE の改正後の就業抑制効果への取り組みは消極的になったといえる。それ
を象徴する改革は2004年の乳幼児受け入れ給付（PAJE）での就業自由選択補
足手当の第 1 子への導入であった。就業自由選択補足手当は多くの点で APE
を引き継ぐものであったが，そのなかでも第 1 子への拡充は新しい対応であっ
た。しかし，第 4 章で述べたように，APE を第 2 子へと拡大した際に女性が
労働市場から退出したことへの反省から，第 1 子への就業自由選択補足手当の
支給期間は 6 か月と短く設計された。

　以上のように，伝統的家族型に留まるいくつかの要素がフランス家族政策に
みられる一方で，「自由選択」に就業抑制だけではなく仕事と家庭の調和を優
先する動きがあることも事実である。1970年代以降，フランスでは 0 歳から 3

229

歳に向けたサービス給付の拡充がみられた。1980年代には分権化のなかでも保育所の増床を進めてきた。1990年代に入ると認定保育ママの利用促進のために認定保育ママ雇用家庭補助や保育方法自由選択補足手当といった手厚い現金給付を用意し，結果的に30万人以上の認定保育ママの増加につながった。

　加えて，労働市場の柔軟化に伴い現金給付のなかでパートタイム労働も評価するようになった。労働法におけるパートタイム労働法制の整備は1980年代にはその体系が確立され，1990年代には失業対策の一環としてパートタイム労働を推進した（水町 1997：28）。パートタイム労働への政策対応に沿って家族政策のなかでのパートタイム労働の評価が現れたといえる。1985年に導入した育児親手当（APE）は，その創設当初から正規の労働時間の半分に短縮した場合の収入の減少を補償する手当でもあり，パートタイム労働の存在を前提に制度を設計した。この APE によって，親は仕事をすべて中断することと半分に減らすことのいずれかの選択が可能になった。そのため APE は，国民議会がパートタイムの拡大と労働時間の柔軟化の導入を正当化したものであった（Jenson and Sineau 2001：101）。家族政策によるパートタイム労働への対応は1994年のヴェイユ法でもみられた。ヴェイユ法が導入した一部支給は，企業が定めた労働期間の50％かそれ以下での就労の場合と，企業が定めた労働期間の50～80％での就労の場合の支給を用意した（宮本 2010：241）。

　フランス家族政策は女性の労働市場からの退出を促す家庭中心型の施策を残しながら，仕事と家庭の調和に向けた家族関連社会支出を徐々に拡大させてきた。この過程の延長線上に「自由選択」があった。既存の施策での発展と再編を「自由選択」として多様なアクターが反対しなくなるなかで，伝統的家族型への支援も残したあらゆるライフスタイル選択に対応する家族政策となり，純粋に仕事と家庭の調和を支援する方向へは転換しなかった。それでも，フランスは戦前から家族を重視して２階建て構造を維持し，CNAF を社会保障の管

理運営体制の3つの柱のひとつとして位置づけたために家族政策の安定した量的な拡大が可能であった。こうした実態から，フランス家族政策は家族関連社会支出の対 GDP 比が高いながらも伝統的家族型に留まるという類型化が困難なものとなった。

「自由選択」は多様なアクターが削減や統合などの家族政策の方針をいくつも提示するなかで，最終的にそれぞれが相乗りできる方針であった。フランス家族政策が歩んだ既存の施策による発展と再編という道筋は，「自由選択」が全体的な方針として対立を超えた合意形成を作り上げた結果であったといえよう。また，「自由選択」は保守主義レジームのなかで家族関連社会支出が大きいという疑問にも応えるものであった。「自由選択」が専業主婦を含めたあらゆるライフスタイル選択に対応した方針であったため，相対的に早い家族政策の整備があっても仕事と家庭の調和だけではない女性の労働市場からの退出も招く施策を残した。

3 「自由選択」の課題

前節では「自由選択」の意義を第1章で挙げた2つの可能性から説明した。しかし，現状の「自由選択」にもとづく施策では本当に自由に選択できる環境が十分には整っておらず，課題も残されている。前節では「自由選択」がすべてのライフスタイル選択に対応する方針であるために伝統的家族型に留まることを述べた。このなかでふれた「自由選択」とジェンダー平等の関係も課題のひとつである。すべてのライフスタイル選択への対応と仕事と家庭の調和の重視との間での現実的な対応が「自由選択」であるならば，ジェンダー平等は十分には達成されていない。最後に，これからのフランス家族政策を考えるうえでの課題を取り上げて終えることにしたい。

0歳から3歳までのサービス給付の拡充

　フランスでは1970年代から保育所の増設に取り組んでいるものの，それが家族の保育ニーズを満たすまでには至っていない。就業自由選択補足手当が第2子以降に最長3年の育児休業給付を保障し，親が主たる保育方法として認定保育ママを選択するなか，1990年代半ばには保育所の増設が抑制された。こうした流れは現在にも影響を及ぼしている。6か月から1歳までの子どもをもつ親を対象にしたアンケートでは希望した保育方法と実際に利用した保育方法が一致しておらず，保育所での保育を希望したすべての家族が保育所を利用できる状況には至っていない（図終-1）。このCNAFが2013年の新学期時点で6か月から1歳の子どもをもつ親に対して実施したアンケートでは，親が希望する保育方法は，親が33％，保育所が25％，認定保育ママが26％であるのに対して，実際に利用した保育方法は，親が54％，保育所が14％，認定保育ママが29％となっている（CNAF 2013）。最初から希望する保育方法のない親もいるが，希望する保育方法から実際に利用した保育方法が減少したのは保育所のみである。希望した通りに保育所を保育方法として選択できる親は少なく，働いている親は妥協の産物として自分や認定保育ママによる保育方法を選択している可能性がある。

　保育所へのニーズを満たすため，フランスでは「乳幼児計画」を作成してこの問題を解決しようと試みてきた。第5章で述べたように，2006年11月に作成された「乳幼児計画」では，2007年からの5年間で保育所の定員を年1万2,000床増やすことにした。また，認定保育ママを子ども6万人の受け入れ分増やすことや，ミクロ保育所の許可，保育所を創設・運営する中小企業への援助，認定保育ママの認定条件整備などを行うとした（Bas 2006：7-20；神尾 2007：53-54）。こうした計画を実現するために2007年から「目標・運営協定」が政府とCNAFの間で結ばれた。2013年から2017年の「目標・運営協定」も

終　章　「自由選択」の意義と課題

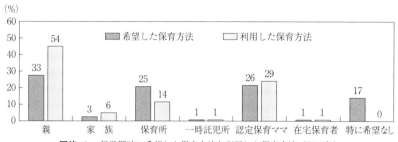

図終-1　新学期時に希望した保育方法と利用した保育方法（2013年）
注：6か月から1歳までの子どもをもつ親へのアンケート。
出典：CNAF 2013：2より筆者作成。

結ばれており，そのなかでは協定の期間内に新たに10万人分の受け入れ体制を解決するための融資を行うとした[3]。サービス給付の拡充は，こうした計画や協定を用いた行政による整備にとどまらず，企業による保育所の開設，運営への補助など民間による整備も支援している。

しかし，こうした取り組みにもかかわらず保育方法の真の「自由選択」は実現しておらず，サービス給付は保育所が足りないまま親や認定保育ママに依存する状況を続けている。2013年のアンケートでは，3歳未満の子どもの61％はどちらか片方の親に保育されている（Villaume et Legendre 2014：4）。親以外の保育方法を利用した場合，19％の子どもは認定保育ママを利用し，保育所を利用する子どもは13％にとどまった。2002年時点では子どもの70％がどちらか片方の親に保育されており，徐々に保育所など他の保育サービスの利用が進んでいるものの，フランスでは未だに親が保育をしている（図終-2）。

家族に真の「自由選択」が保障されるためには希望したサービス給付を利用できる環境が必要である。現状の「自由選択」は現金給付とサービス給付のそれぞれの支援の仕方にばらつきがあり，ライフスタイル選択にあわせた保育方法を家族が自由に選択できる状況には至っていない。財政状況や保育従事者の確保などの問題を考慮に入れながらも，0歳から3歳までのサービス給付の拡

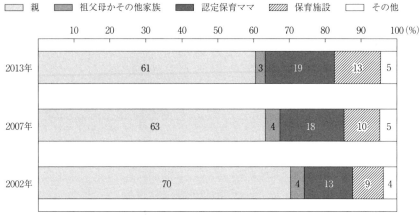

図終-2 3歳未満の子どもの主な保育方法の推移（平日8〜19時）
出典：Villaume et Legendre 2014：4より筆者作成。

充をいかにして図っていくのかが今後の課題となる。

認定保育ママの急増が労働市場の階層化を下支えする可能性

第2の課題は認定保育ママの拡大に伴って生じる労働市場での階層化が挙げられる。モレルは補完性から「自由選択」へという大陸ヨーロッパの移行を説明するなかで，低所得の女性が長期間かつ定額の育児休業の利用によって労働市場からの撤退を奨励される一方で，認定保育ママやベビーシッター，保育所などの利用を促進する多様な保育方法の提供から高所得者層の女性がますます増加するという雇用の階層化を指摘した（Morel 2007：635）。

ここまでの極端な二極化が「自由選択」の採用で生じるかは不明であるが，認定保育ママの急増で労働市場内の階層化が進んでいる可能性は否定できない。認定保育ママの賃金日額は一般的にSMIC時間額の2.25倍から5倍で契約することになるが，2007年から2008年の月額賃金の中央値を取ると，他の業種と比べて相対的に低賃金であったという（宮本 2011：305-306）。フランス国立統計経済研究所（INSEE）が出した業種ごと月額賃金をみると，保育サービスの

終　章　「自由選択」の意義と課題

表終-1　2012年の主な業種ごとの月額賃金の平均値

（単位：ユーロ）

業　種	賃　金	業　種	賃　金
金融業・保険業	3,228	建設業	1,974
情報通信業	3,091	食品製造業	1,875
電気機械製造業	2,603	その他サービス業	1,867
不動産業	2,173	公務員・医療・社会活動業	1,778
運送業・倉庫業	2,141	宿泊業・レストラン業	1,590

出典：フランス国立統計経済研究所のウェブサイト（http://www.
insee.fr/fr/themes/tableau.asp?reg_id=0&ref_id=NATTEF04155
2016年3月4日現在）より一部抜粋して筆者作成。

職員を含む公務員・医療・社会活動業といったカテゴリー（Administration pub-
lique, enseignement, santé humaine et action sociale）の月額賃金が2012年で1,778
ユーロとなっており，宿泊業・レストラン業（Hébergement et restauration）の
1,590ユーロに次いで低い（表終-1）。このカテゴリーには認定保育ママ以外
も含むが，保育士などと比べて短期間の研修で資格を得られる認定保育ママは
他の保育サービスの職員よりも月額賃金が低いと予想できる。ここから，労働
市場に認定保育ママが参入したとき，認定保育ママは安価な労働力として労働
市場のなかで低い地位にいることが読み取れる。

　フランスのように仕事と家庭の調和を推進した場合，働く女性は出産や子育
てをしながら仕事を継続することが容易になる一方で，保育の受け皿としての
認定保育ママが安価な労働力として労働市場に参画することが考えられる。

　真の「自由選択」を保障するためには，自由に選択が可能となる所得を適切
な雇用環境から確保することが必要となるが，以上の事例はその雇用環境の悪
化を家族政策がもたらす可能性をはらんでいる。長期的な課題として，認定保
育ママを利用する親の「自由選択」を確保するためにも，認定保育ママの賃金
水準の向上が必要となるだろう。

　しかし，認定保育ママは，労働市場で相対的に安価であるからこそ親が利用

しやすい側面もある。第4章の表4-2で示した所得別の親が利用する保育方法の割合は，認定保育ママが他の保育方法に比べて利用しやすいことを示すだけでなく，在宅保育者や親に保育されるのに比べて幅広い所得階層が利用していることを示している。こうした認定保育ママの地位と利用者の利便性との間で適切な関係を維持する必要もある。

「制度併設」の進展？

最後の課題として，「制度併設」の進展で「自由選択」の明確化を伴って発展してきたフランス家族政策の2階建て構造が成立しなくなる可能性を挙げる。

フランスでは2015年7月1日から家族手当の所得要件を追加している[4]。これによって，月額所得6,000ユーロで2人の子どもがいる家族は家族手当額を2分の1にし，月額所得8,000ユーロで2人の子どもがいる家族は家族手当額を4分の1に削減することになった。所得要件が提案された際，全国家族協会連合（UNAF）は普遍主義原則をもつ家族政策が変容することを理由に反対し，労働総同盟（CGT）は社会保障の精神に反するとして反対した[5]。しかしながら，社会保障財政の悪化に伴う措置に十分に抵抗できず家族手当の所得要件は導入されることになった。UNAFやCGTの抵抗が十分に機能しなかった背景には，家族政策の政策決定に大きな影響力をもっていた全国家族会議を2009年以降開催していないことが考えられる。全国家族会議にかわって首相のもとに家族高等評議会を設置し，UNAFやCGTはその構成員となっているが，家族高等評議会は諮問機関であり，全国家族会議ほどの影響力はないといえる。

これまで，育児親手当（APE）や認定保育ママ雇用家庭補助（AFEAMA）などが1990年までに付け加えられ，それが徐々に拡充，発展した。その後，家族手当の削減案の提示で旧来の施策である家族手当が普遍主義的性格を一時的に失うなかで2階部分の補足的給付を「自由選択」の名称で再編し，徐々に新た

に付け加えられた補足的給付部分の施策の影響力が増していった。この漸進的変容の過程から，2004年までのフランス家族政策が「制度併設」のなかで新制度が既存の制度から支持を横取りするという詳細なメカニズムにまで至ったと考えられる。

　そして，オランド政権での2015年7月からの家族手当への所得要件の追加は「制度併設」の進展を指し示していると考えられる。第2章で示した，「制度併設」のその後のメカニズムは，既存の制度の不安定化イメージの固定化と，旧制度と新制度の妥協による旧制度の漸進的崩壊であった（Streeck and Thelen 2005：31）。こうしたメカニズムを現在の現金給付の改革にあてはめれば，まず，既存の制度である家族手当が家族給付部門のなかで財政的圧迫を伴う施策として不安定化イメージが固定化されたといえる。そして，旧制度である家族手当と新制度である2階部分の補足的給付との間での家族政策の持続可能性をもたせるための妥協によって家族手当の所得要件を追加することになり，家族手当の普遍主義的性格は完全なものではなくなったと説明できるのである。

　実際には，家族手当への所得要件の追加であり，高所得層に家族手当を支給しない所得制限の導入ではない。そのため家族手当の普遍主義的性格が失われた1998年の所得制限とは状況が異なる。2015年7月から始まった家族手当への所得要件の追加がどのようになるかはわからないが，今後も家族給付部門の赤字が改善されなければ家族手当の所得制限に至る可能性はある。その場合，「制度併設」が進展することでこれまで既存の施策から発展してきた「自由選択」の1階部分が崩壊し，フランス家族政策の伝統が失われる可能性もある。全国家族協会連合や労働総同盟の対応を含めて，2階建て構造の家族政策の変容可能性に注意を向ける必要がある。

　近年になって実施された改革は家族手当の所得要件の追加だけではない。第1章で述べたように，2014年10月1日から生まれた子どもの育児休業に対して

は，「就業自由選択補足手当」ではなく「子ども教育共有給付」を支給することになった。これも「自由選択」が名称から消えることで2階建て構造の家族政策の変容可能性を示しているのかもしれない。ただし，「子ども教育共有給付」は家族政策の削減ではなく，男性の育児休業参加によるジェンダー平等の推進を目指した家族政策の再編といえよう。いずれにしても，現在の家族政策の変化は，2004年の乳幼児受け入れ給付（PAJE）で再編が実現した「自由選択」に残された課題である財政問題とジェンダー平等をめぐって展開している。「自由選択」を前提として，崩壊ではない再編の変容可能性も視野に入れながらフランス家族政策のこれからをみていく必要がある。

4　フランスの「自由選択」

　本章では，これまでの議論をまとめたうえで，「自由選択」の意義と課題を提示した。フランス家族政策は1階部分において戦前からのすべての就業者を対象とした家族手当を維持，発展させていき，そのうえで2階部分において，現代であれば女性の労働市場参加に沿った，就業自由選択補足手当や保育方法自由選択補足手当，保育所と認定保育ママの拡大を行ってきた。フランスは，家族手当金庫の存在やそれに伴う保険料徴収の仕組みなど，1970年代までに整備された制度的基盤を活かしながら2階建て構造の「自由選択」による家族政策を発展させてきた。

　1990年代の大規模な統合案や削減の政治による漸進的変容の危機のなかで既存の制度で発展していくことになったフランス家族政策を支えた方針が「自由選択」であった。「自由選択」は，既存の施策による発展とそれに対立する統合のアイディアや削減の政治がせめぎ合うなかで，多様なアクターが既存の施策で合意可能な一致点を提供し，今後のフランス家族政策の全体的な方針を明

確にさせた。また,「自由選択」にもとづくフランス家族政策は専業主婦や伝統的家族を含めるすべてのライフスタイル選択に対応し,出産奨励主義に由来する多子家族支援や,女性の労働市場からの退出を促す可能性をもつ手厚い育児休業給付を提供した。こうした多様な施策からなる2階建て構造のフランス家族政策は比較福祉国家研究のなかで家族関連社会支出が多くてもジェンダー平等には進まないというフランスの位置づけをどっちつかずで既存の福祉国家類型には簡単にあてはまらないものにするひとつの要因であったといえる。

　当然ながら,フランス家族政策が本当に自由を提供しているのかという問題は存在しており,「自由選択」に前節でみてきた限界があることも指摘できる。そこでは,親が希望する保育方法を保障するためのサービス給付の拡充や認定保育ママの急増による労働市場の階層化などの具体的な課題を示してきた。また,2015年からの家族手当への所得要件の追加や「子ども教育共有給付」の導入は今後の「自由選択」の変容を示している可能性もある。

　家族政策は福祉国家において重要である。宮本太郎は,近年の新しい社会的リスクに直面した人々がその解決のために必要なデモクラシーのあり方を「ライフ・ポリティクス」と呼んだ(宮本太郎 2008：173-175)。「ライフ・ポリティクス」は「生活のあり方にかかわる政治」であり,具体的には,家族のあり方や男性と女性の社会的役割の再定義,様々な体と心の弱まりについてのケア,生活と両立しうる新しい働き方(ファミリー・フレンドリーあるいはワーク・ライフ・バランスと呼ばれる事柄),文化,宗教,性的指向性などともかかわる多様なライフスタイルの相互承認をめぐる政治ということができる。ここで使われる「ライフ・ポリティクス」にはどのような生活を営むかという人々の多様なライフスタイル選択とそのなかでの社会参加を支援する仕組みの双方が組み込まれているだろう。フランスの「自由選択」にもとづく家族政策は,個人の多様なライフスタイル選択を保障したうえで社会参加を支援し,女性就労と家族の

役割，人口増のいずれの期待にも応えようとする試みであり，その試みは今も続いている。このようにみていくと，フランスは，現時点でも様々な課題を抱えながら，袋小路に陥った保守主義レジームを「自由選択」の家族政策が救い出し，あらゆる人々のライフスタイル選択に対応した新しい福祉国家再編を目指すひとつのモデルだといえるのかもしれない。

註

（1）1985年の社会保障法典の給付は，家族手当，家族補足手当，ひとり親手当，家族援助手当，乳幼児手当，育児親手当，在宅保育手当，特別教育手当，新学期手当の９種類であり，住宅手当を含めれば10種類であった（上村 1999：168-173）。その後，1990年に認定保育ママ雇用家庭補助を創設し，家族関連の現金給付は住宅手当を除いて10種類となった。

（2）これは，ペダーセンがフランスを「家族」を重視する福祉国家としたことにも通じるであろう（Pedersen 1993：15-17）。

（3）*Convention d'objectifs et de gestion entre l'Etat et la Cnaf 2013-2017*, p.30（全国家族手当金庫ウェブサイト, https://www.caf.fr/sites/default/files/cnaf/Documents/DCom/Presse/Communiqu%C3%A9s%202013/Cog2013_2017_integrale.pdf 2015年３月25日現在）。

（4）*Le Monde*, 24 octobre 2014.

（5）*Le Figaro*, 17 octobre 2014.

参 考 文 献

日本語文献

浅井亜希 2013「スウェーデンとフランスにおける脱家族化への家族政策の転換」日本
　　比較政治学会編『事例比較からみる福祉政治』ミネルヴァ書房，247-268頁。

天野知恵子 2007『子どもと学校の世紀──18世紀フランスの社会文化史』岩波書店。

アリエス，フィリップ／杉山恵美子訳 1980『〈子供〉の誕生──アンシャン・レジーム
　　期の子供と家族生活』みすず書房（Ariès, Philippe 1960 *L'enfant et la vie familiale
　　sous l'Ancian Régime*, Plon.）。

井上たか子編著 2012『フランス女性はなぜ結婚しないで子どもを産むのか』勁草書房。

ヴェーユ，シモーヌ／石田久仁子訳 2011『シモーヌ・ヴェーユ回想録──20世紀フラ
　　ンス，欧州と運命をともにした女性政治家の半生』パド・ウィメンズ・オフィス
　　（Veil, Simone 2007 *Une vie*, Stock.）。

上村政彦 1972「フランスにおける社会保障運営への労使の参加について」『国際社会保
　　障研究』第6号，26-39頁。

上村政彦 1973「フランス家族手当法の生成と発展」『国際社会保障研究』第10号，1
　　-19頁。

上村政彦 1999「家族給付制度」藤井良治・塩野谷祐一編『先進諸国の社会保障6　フラ
　　ンス』東京大学出版会，161-179頁。

魚住明代 2007「ドイツの新しい家族政策」『海外社会保障研究』第170号，22-32頁。

江口隆裕 2011『「子ども手当」と少子化対策』法律文化社。

エスピン＝アンデルセン，イエスタ／渡辺雅男・渡辺景子訳 2000『ポスト工業経済の

社会的基礎——市場・福祉国家・家族の政治経済学』桜井書店（Esping-Andersen, Gøsta 1999 *Social Foundations of Postindustrial Economies*, Oxford University Press.)。

エスピン＝アンデルセン，イエスタ／岡沢憲芙・宮本太郎監訳 2001『福祉資本主義の三つの世界——比較福祉国家の理論と動態』ミネルヴァ書房（Esping-Andersen, Gøsta 1990 *The Three Worlds of Welfare Capitalism*, Polity Press.)。

エスピン＝アンデルセン，イエスタ 2003a「黄金時代の後に？——グローバル時代における福祉国家のジレンマ」エスピン＝アンデルセン，イエスタ編／埋橋孝文監訳『転換期の福祉国家——グローバル経済下の適応戦略』早稲田大学出版，1-51頁（Esping-Andersen, Gøsta 1996 "After the Golden Age? : Welfare State Dilemmas in a Global Economy," Esping-Andersen, Gøsta (ed.), *Welfare States in Transitions: National Adaptations in Global Economies*, SAGE, pp. 1-31.)。

エスピン＝アンデルセン，イエスタ 2003b「労働なき福祉国家——大陸ヨーロッパ社会政策における労働削減政策と家族主義の袋小路」エスピン＝アンデルセン，イエスタ編／埋橋孝文監訳『転換期の福祉国家——グローバル経済下の適応戦略』早稲田大学出版，107-140頁（Esping-Andersen, Gøsta 1996 "Welfare States without Work : the Impasse of Labour Shedding and Familialism in Continental European Social Policy," Esping-Andersen, Gøsta (ed.), *Welfare States in Transitions: National Adaptations in Global Economies*, SAGE, pp.66-87.)。

エスピン＝アンデルセン，イエスタ／京極高宣監修・林昌宏訳・B. パリエ解説 2008『アンデルセン，福祉を語る——女性・子ども・高齢者』NTT 出版（Esping-Andersen, Gøsta 2008 *Trois Leçons sur l'État-Providence*, Seuil et la République des Idées.)。

エスピン＝アンデルセン，イエスタ／大沢真理監訳 2011『平等と効率の福祉革命——新しい女性の役割』岩波書店（Esping-Andersen, Gøsta 2009 *The Incomplete Revo-*

lution: Adapting to Women's New Roles, Polity Press.）。

大沢真理 2002『男女共同参画社会をつくる』日本放送出版協会。

大沢真理 2007『現代日本の生活保障システム──座標とゆくえ』岩波書店。

大島梨沙 2007「フランスにおける非婚カップルの法的保護──パックスとコンキュビナージュの研究（１）」『北大法学論集』第57巻第６号，117-173頁。

大島梨沙 2008「フランスにおける非婚カップルの法的保護──パックスとコンキュビナージュの研究（２・完)」『北大法学論集』第58巻第１号，281-324頁。

大山礼子 2006『フランスの政治制度』東信堂。

加藤智章 1984「フランス社会保障制度の構造とその特徴──ラロックプランの成立まで」『北大法学論集』第35巻第３・４号，133-195頁。

加藤智章 1995『医療保険と年金保険──フランス社会保障制度における自律と平等』北海道大学図書刊行会。

加藤智章 2007「フランス社会保障制度を考える視点」『海外社会保障研究』第161号，４-14頁。

加藤雅俊 2012『福祉国家再編の政治学的分析──オーストラリアを事例として』御茶の水書房。

神尾真知子 1999「児童福祉サービス」藤井良治・塩野谷祐一編『先進諸国の社会保障６ フランス』東京大学出版会，287-304頁。

神尾真知子 2007「フランスの子育て支援──家族政策と選択の自由」『海外社会保障研究』第160号，33-72頁。

唐渡晃弘 2015「保守主義レジーム・フランスの状況」新川敏光編著『福祉レジーム』ミネルヴァ書房，83-93頁。

河合務 2010「1960・70年代フランスの出産奨励運動と「人口問題教育」──家族計画運動との関係に焦点をあてて」『地域学論集』第７巻第２号，239-251頁。

北明美 2002「日本の児童手当制度の展開と変質（上)」『大原社会問題研究所雑誌』第

524号，18-32頁。

木寺元 2012『地方分権改革の政治学——制度・アイディア・官僚制』有斐閣。

ギデンズ，アンソニー／佐和隆光訳 1999『第三の道——効率と公正の新たな同盟』日本経済新聞社（Giddens, Anthony 1998 *The Third Way*, Polity Press.）。

木村琢麿 1999「政治・行政・地方自治」藤井良治・塩野谷祐一編『先進諸国の社会保障6　フランス』東京大学出版会，81-98頁。

久邇良子 2004『フランスの地方制度改革——ミッテラン政権の試み』早稲田大学出版部。

倉田賀世 2013「日本のワーク・ライフ・バランス施策に関する一考察——ドイツ法との比較法的見地から」本澤巳代子・ウタ，マイヤー＝グレーヴェ編『家族のための総合政策III——家族と職業の両立』信山社，61-75頁。

小島宏 1996「フランスの出生・家族政策とその効果」阿藤誠編『先進諸国の人口問題』東京大学出版会，157-193頁。

小島宏 1998「フランスにおける家族政策の雇用政策化とその影響」『家族社会学研究』第10巻第2号，7-18頁。

子ども・子育て新システム検討会議 2010a『子ども・子育て新システムの基本的方向』。

子ども・子育て新システム検討会議 2010b『子ども・子育て新システムの基本制度案要綱』。

小宮山洋子 2010『私の政治の歩き方③　政権交代編——「子ども手当」こうして作った』八月書館。

近藤正基 2009『現代ドイツ福祉国家の政治経済学』ミネルヴァ書房。

近藤正基 2014「福祉政策」西田慎・近藤正基編著『現代ドイツ政治——統一後の20年』ミネルヴァ書房，225-247頁。

阪野智一 2006「比較歴史分析の可能性——経路依存性と制度変化」日本比較政治学会編『比較政治学の将来』早稲田大学出版部，63-91頁。

参考文献

佐々田博教 2011『制度発展と政策アイディア――満州国・戦時期日本・戦後日本にみる開発型国家システムの展開』木鐸社。

清水泰幸 2007「フランスにおける家族政策」『海外社会保障研究』第161号，50-60頁。

少子化社会対策会議 2012『子ども・子育て新システムに関する基本制度』。

白川耕一 2014「家族政策」西田慎・近藤正基編著『現代ドイツ政治――統一後の20年』ミネルヴァ書房，248-268頁。

新川敏光 2005『日本型福祉レジームの発展と変容』ミネルヴァ書房。

新川敏光 2011a「福祉国家変容の比較枠組」新川敏光編著『福祉レジームの収斂と分岐――脱商品化と脱家族化の多様性』ミネルヴァ書房，1-49頁。

新川敏光 2011b「日本型家族主義変容の政治学」新川敏光編著『福祉レジームの収斂と分岐――脱商品化と脱家族化の多様性』ミネルヴァ書房，309-331頁。

新川敏光 2014『福祉国家変革の理路――労働・福祉・自由』ミネルヴァ書房。

総務省統計局 2012『日本の統計 2012年版』。

髙崎順子 2016『フランスはどう少子化を克服したか』新潮新書。

田中拓道 2012「公と民の対抗から協調へ――19世紀フランスの福祉史」髙田実・中野智世編著『福祉（近代ヨーロッパの探求 第15巻）』ミネルヴァ書房，115-149頁。

田中洋子 2006「労働と時間を再編成する――ドイツにおける雇用労働相対化の試み」『思想』第983号，100-116頁。

田端博邦 1985「フランスにおける社会保障制度の成立過程」東京大学社会科学研究所編『福祉国家2 福祉国家の展開（1）』東京大学出版会，113-168頁。

田村哲樹 2011「労働／ケアの再編と「政治」の位置」仁平典宏・山下順子編『労働再審5 ケア・協働・アンペイドワーク』大月書店，191-220頁。

男女共同参画会議影響調査専門調査会 2002『「ライフスタイルの選択と税制・社会保障制度・雇用システム」に関する報告』。

千田航 2008「男女共同参画社会の政策形成過程――基本法の成立とナショナル・マ

シーナリー」『ジュニア・リサーチ・ジャーナル』第15号，115-150頁。

千田航 2010「フランス福祉国家研究における社会保険と家族政策の位置づけ」『新世代法政策学研究』第6号，183-202頁。

辻村みよ子 2011『ポジティブ・アクション──「法による平等」の技法』岩波新書。

辻由希 2012『家族主義福祉レジームの再編とジェンダー政治』ミネルヴァ書房。

都村敦子 1989「家族給付」社会保障研究所編『フランスの社会保障』東京大学出版会，167-187頁。

都留民子 2000『フランスの貧困と社会保護──参入最低限所得（RMI）への途とその経験』法律文化社。

デイリー，メリー・レイク，キャサリン／杉本貴代栄監訳 2009『ジェンダーと福祉国家──欧米におけるケア・労働・福祉』ミネルヴァ書房（Daly, Mary and Rake, Katherine 2003 *Gender and the Welfare State: Care, Work and Welfare in Europe and the USA*, Polity.）。

所道彦 2003「比較のなかの家族政策──家族の多様化と福祉国家」埋橋孝文編著『比較のなかの福祉国家』ミネルヴァ書房，267-295頁。

所道彦 2012『福祉国家と家族政策──イギリスの子育て支援策の展開』法律文化社。

内閣府 2005『平成17年版少子化社会白書』。

内閣府 2015『男女共同参画白書 平成27年度版』。

内閣府経済社会総合研究所・家計経済研究所編 2006『フランス・ドイツの家族生活──子育てと仕事の両立』国立印刷局。

内閣府男女共同参画局編 2004『逐条解説 男女共同参画社会基本法』ぎょうせい。

中島晶子 2012『南欧福祉国家スペインの形成と変容──家族主義という福祉レジーム』ミネルヴァ書房。

中島さおり 2005『パリの女は産んでいる──“恋愛大国フランス”に子供が増えた理由』ポプラ社。

参 考 文 献

中島さおり 2010『なぜフランスでは子どもが増えるのか──フランス女性のライフスタイル』講談社現代新書。

中山洋平 2001「例外としてのフランス：なぜキリスト教民主主義政党は根付かなかったのか──世紀末の組織化の挫折と媒介構造の形成」『年報政治学』2001年度，33-50頁。

濱田江里子 2014「21世紀における福祉国家のあり方と社会政策の役割──社会的投資アプローチ（social investment strategy）の検討を通じて」『上智法學論集』第58巻第1号，137-158頁。

バルビエ，ジャン＝クロード・テレ，ブルーノ／中原隆幸ら訳 2006『フランスの社会保障システム──社会保護の生成と発展』ナカニシヤ出版（Barbier, Jean-Claude et Théret, Bruno 2004 *Le nouveau system français de protection sociale*, La Découverte.）。

樋口美雄・府川哲夫編 2011『ワーク・ライフ・バランスと家族形成──少子社会を変える働き方』東京大学出版会。

広井良典 2006『持続可能な福祉社会──「もうひとつの日本」の構想』ちくま新書。

廣澤孝之 2005『フランス「福祉国家」体制の形成』法律文化社。

深澤敦 2008「フランスにおける家族手当制度の形成と展開──第一次世界大戦後のパリ地域補償金庫を中心として（上）（下）」『立命館産業社会論集』第43巻第4号，23-46頁，第44巻第2号，13-45頁。

深澤敦 2012「フランスの家族手当と家族政策の歴史的転換──「主婦手当」問題を中心として」法政大学大原社会問題研究所・原伸子編『福祉国家と家族』法政大学出版局，163-191頁。

深澤和子 2003『福祉国家とジェンダー・ポリティックス』東信堂。

福島都茂子 2007「ヴィシー政府の人口政策とその効果（一）──フランスにおける1942年の出生率上昇の理由の分析」『法学論叢』第161巻第5号，108-127頁。

福島都茂子 2008「ヴィシー政府の人口政策とその効果（二）——フランスにおける
　　1942年の出生率上昇の理由の分析」『法学論叢』第163巻第 1 号，43-68頁。

福島都茂子 2015『フランスにおける家族政策の起源と発展——第三共和制から戦後ま
　　での連続性』法律文化社。

藤井穂高 1997『フランス保育制度史研究——初等教育としての保育の論理構造』東信
　　堂。

藤井良治 1989「フランスの家族と家族手当政策」『海外社会保障情報』第86号， 1 -13
　　頁。

フローラ，ペーターら編／竹岡敬温監訳 1987『ヨーロッパ歴史統計　国家・経済・歴
　　史 1815-1975（下）』原書房（Flora, Peter et al. (eds.) 1987 *State, Economy, and
　　Society in Western Europe 1815-1975: A Data Handbook in Two Volumes*, Vol. 2, St.
　　James Press.）。

ベヴァリッジ，ウィリアム／山田雄三監訳 1969『ベヴァリッジ報告——社会保険およ
　　び関連サービス』至誠堂（Beveridge, William 1942 *Social Insurance and Allied
　　Services*, H.M. Stationery Office.）。

堀江孝司 2001「福祉国家類型論と女性の就労」『大原社会問題研究所雑誌』第599号，
　　16-31頁。

堀江孝司 2005『現代政治と女性政策』勁草書房。

牧陽子 2008『産める国フランスの子育て事情——出生率はなぜ高いのか』明石書店。

松村祥子 2010「フランスの保育と子育て支援」『社会福祉研究』第107号，114-118頁。

松村祥子・出雲祐二・藤森宮子 2005「社会福祉に関する日仏用語の研究（ 2 ）」『放送
　　大学研究年報』第23号，97-107頁。

三浦まり 2013「政権交代とカルテル政党化減少——民主党政権下における子ども・子
　　育て支援政策」『レヴァイアサン』第53号，35-56頁。

三浦まり・濱田江里子 2012「能力開発国家への道——ワークフェア／アクティベー

ションによる福祉国家の再編」『上智法学論集』第56巻第2・3号，1-35頁。

三浦まり・宮本太郎 2014「民主党政権下における雇用・福祉レジーム転換の模索」伊藤光利・宮本太郎編『民主党政権の挑戦と挫折――その経験から何を学ぶか』日本経済評論社，53-89頁。

水島治郎 2012『反転する福祉国家――オランダモデルの光と影』岩波書店。

水町勇一郎 1997『パートタイム労働の法律政策』有斐閣。

宮本悟 1995「フランスにおける家族手当制度の形成過程――1932年「家族手当法」の成立とその後」『中央大学経済研究所年報』第26号第1巻，171-195頁。

宮本悟 1999「1970年代におけるフランス家族手当制度の展開――「制度間財政調整」の犠牲者」『中央大学大学院研究年報』第28号，29-41頁。

宮本悟 2000「フランス家族手当制度の歴史的生成過程」『社会政策学会誌』第3号，177-196頁。

宮本悟 2001「ミッテラン政権下における社会保障政策――家族手当制度への「一般化社会出資金」導入問題を中心に」『専修経済学論集』第36巻第1号，153-186頁。

宮本悟 2007「フランス家族手当制度の選別主義的改革――1997年改革による所得制限の導入」『中央大学経済研究所年報』第38号，1-15頁。

宮本悟 2008「フランス家族手当制度における所得制限の見直し――普遍主義への回帰」『中央大学経済研究所年報』第39号，77-91頁。

宮本悟 2010「フランスにおける乳幼児向け家族給付の拡充――乳幼児受け入れ給付PAJEの導入」『経済学論纂』第50巻第1・2合併号，237-252頁。

宮本悟 2011「フランス認定保育ママ制度の沿革と現況」『経済学論纂』第51巻第1・2合併号，297-307頁。

宮本太郎 2004「就労・福祉・ワークフェア――福祉国家再編をめぐる新しい対立軸」塩野谷祐一・鈴村興太郎・後藤玲子編『福祉の公共哲学』東京大学出版会，215-233頁。

宮本太郎 2005a「福祉国家の労働支援とジェンダー平等」『女性労働研究』第47号，22-35頁。

宮本太郎 2005b「未完の自由選択社会」古城利明編『公共サービスの揺らぎ』中央大学出版部，97-121頁。

宮本太郎 2006「新しい社会的リスクと人生前半・中盤の社会保障」『NIRA 政策研究』第19巻第2号，12-17頁。

宮本太郎 2008『福祉政治——日本の生活保障とデモクラシー』有斐閣。

宮本太郎 2009『生活保障——排除しない社会へ』岩波新書。

宮本太郎 2012「福祉政治の新展開——三つの言説の対抗」宮本太郎編著『福祉政治』ミネルヴァ書房，1-20頁。

宮本太郎・ペング，イト・埋橋孝文 2003「日本型福祉国家の位置と動態」エスピン＝アンデルセン，イエスタ編／埋橋孝文監訳『転換期の福祉国家——グローバル経済下の適応戦略』早稲田大学出版部，295-334頁。

宮本太郎・BS フジ・プライムニュース編 2011『弱者99％社会——日本復興のための生活保障』幻冬舎新書。

メリアン，フランソワ・グザヴィエ／石塚秀雄訳 2001『福祉国家』白水社（Merrien, François-Xavier 2000 L'État-Providence, Presses universitaires de France.）。

矢野秀利 1989「財政の概要と社会保障」社会保障研究所編『フランスの社会保障』東京大学出版会，29-55頁。

矢野秀利 1999「財政制度と社会保障財政」藤井良治・塩野谷祐一編『先進諸国の社会保障6　フランス』東京大学出版会，47-80頁。

山口俊夫編 2002『フランス法辞典』東京大学出版会。

横山文野 2002『戦後日本の女性政策』勁草書房。

吉田徹 2008『ミッテラン社会党の転換——社会主義から欧州統合へ』法政大学出版局。

参 考 文 献

外国語文献

Aballéa, François 2005 "La professionnalisation inachevée des assistants maternelles," *Recherches et Prévisions*, No. 80.

Afsa, Cédric 1998 "L'allocation parentale d'éducation : entre politique familiale et politique pour l'emploi," *INSEE Première*, No. 569.

Ancelin, Jacqueline 1997 *L'action sociale familiale et les caisses d'allocations familiales: un siècle d'histoire*, Association pour l'étude de l'histoire de la sécurité sociale.

Ancelin, Jacqueline 2002 "L'action sociale familiale des CAF : de la libre initiative aux missions de service public," *Recherches et Prévisions*, No. 68-69, pp. 5-16.

Bailleau, Guillaume 2007 "L'accueil collectif et en crèche familiale des enfants de moins de 6 ans en 2005," *Études et Résultats*, No. 548.

Bas, Philippe 2006 *Presentation du plan petit enfance*, Ministère délégué à la Sécurité sociale, aux Personnes âgées, aux Personnes handicapées et à la Famille.

Blanpain, Nathalie 2005 "Accueil des jeunes enfants et coûts des modes de garde en 2002," *Études et Résultats*, No. 422.

Bonnet, Carole et Labbé, Morgane 1999 "L'activité professionnelle des femmes après la naissance de leurs deux premiers enfants l'impact de l'allocation parentale d'éducation," *Études et Résultats*, No. 37.

Bonoli, Giuliano 2005 "The Politics of the New Social Politics : Providing Coverage against New Social Risks in Mature Welfare States," *Policy & Politics*, Vol. 33, No. 3, pp. 431-449.

Bonoli, Giuliano 2012 "Active labour market policy and social investment : a changing relationship," Morel, Nathalie et al. (eds.), *Towards a Social Investment Welfare State? : Ideas, Policies and Challenges*, Policy Press, pp. 181-204.

Borderies, Françoise 2012 "L'offre d'accueil collectif des enfants de moins de 3 ans en

251

2010," *Études et Résultats*, No. 803.

Borderies, Françoise 2015 "L'offre d'accueil collectif des enfants de moins de 3 ans en 2012," *Document de travail, Série statistiques*, No. 194.

Ceccaldi, Dominique 1957 *Histoire des prestations familiales en France*, Union nationale des caisses d'allocations familiales.

Chastand, Antoine 1979 "Les effects de complément familial," *Economie et Statistique*, No. 116, pp. 13-24.

Chastenet, Benoît 2005 *Document de travail: l'accueil collectif et en crèches familiales des enfants de moins de 6 ans en 2003: Enquête annuelle auprès des services de PMI*, No. 79, DREES.

Clegg, Daniel 2007 "Continental Drift : On Unemployment Policy Change in Bismarckian Welfare States," *Social Policy & Administration*, Vol. 41, No. 6, pp. 597-617.

CNAF 1984 "Au conseil de la CNAF," *LETTRE CAF*, No. 3, pp. 1-2.

CNAF 1989a "Inventions et financement de l'action sociale familiale des Caf,"*LETTRE CAF*, No. 4, pp. 1-3.

CNAF 1989b "La place des assistantes maternelles dans la politique d'accueil,"*LETTRE CAF*, No. 6, pp. 7-8.

CNAF 1992 *Les crèches en 1990*.

CNAF 1993 "La vie familiale selon Mme Codaccioni," *LETTRE CAF*, No. 40, pp. 1-3.

CNAF 1997 *Rapport d'activité 1997*.

CNAF 1998 *Rapport d'activité 1998*.

CNAF 2008 *Le point sur... le contrat "enfance et jeunesse*.

CNAF 2010 *L'accueil du jeune enfant en 2009: Donnée statistique*.

CNAF 2013 "Baromètre du jeune enfant 2013," *l'e-ssentiel*, No. 140.

Comité d'histoire de la sécurité sociale 2005 *La sécurité sociale: Son histoire à travers les*

参 考 文 献

textes tome IV-1981-2005-, chirat.

Crouch, Colin 2005 *Capitalist Diversity and Change: Recombinant Governance and Institutional Entrepreneurs*, Oxford University Press.

David, Paul A. 1985 "Clio and the Economics of QWERTY," *The American Economic Review*, Vol. 75, No. 2, pp. 332-337.

Dupeyroux, Jean-Jacques et al. 2005 *Droit de la sécurité sociale*, 15ᵉ édtion, Dalloz.

Dupeyroux, Jean-Jacques et al. 2011 *Droit de la sécurité sociale*, 17ᵉ édition, Dalloz.

Dutton, Paul V. 2002 *Origins of the French Welfare State: The Struggle for Social Reform in France 1914-1947*, Cambridge University Press.

Escande, Marie-Thérèse 2010 "Les dépenses d'action sociale des CAF en 2009," *Politiques sociales et familiales*, No. 101, pp. 93-98.

Esping-Andersen, Gøsta et al. 2003 *Why we need a New Welfare State*, Oxford University Press.

Fagnani, Jeanne 1995 "L'allocation parentale d'éducation : effets pervers et ambiguities d'une prestation," *Droit Social*, No. 3, pp. 287-295.

Ferrarini, Tommy 2006 *Families, States and Labour Markets: Institutions, Causes and Consequences of Family Policy in Post-War Welfare States*, Edward Elgar.

Gillot, Dominique 1998 *Pour une politique de la famille rénovée*, Documentation française.

Gisserot, Hélène et al. 1997 *Pour une politique globale de la famille*, Documentation française.

Gornick, Janet C. and Meyers, Marcia K. 2009 "Institutions that Support Gender Equality in Parenthood and Employment," Gornick, Janet C. and Meyers, Marcia K. (eds.), *Gender Equality: Transforming Family Divisions of Labor*, Verso, pp. 3-64.

Gruber, Annie 1996 *La décentralisation et les institutions administratives*, Deuxième édition, Armand Colin.

253

Hacker, Jacob S. 2005 "Policy Drift : The Hidden Politics of US Welfare State Retrenchment," Streeck, Wolfgang and Thelen, Kathleen (eds.), *Beyond Continuity*, Oxford University Press, pp. 40–82.

Hakim, Catherine 2001 *Work–Lifestyle Choices in the 21th Century: Preference Theory*, Oxford University Press.

Hall, Peter A. 1993 "Policy Paradigms, Social Learning and the State : The Case of Economic Policymaking in Britain," *Comparative Politics*, Vol. 25, No. 3 , pp. 275–296.

Hantrais, Linda 1993 "Women, Work and Welfare in France," Lewis, Jane (ed), *Women and Social Policies in Europe*, Edward Elgar, pp. 116–137.

Häusermann, Silja 2010 *The Politics of Welfare State Reform in Continental Europe: Modernization in Hard Times*, Cambridge University Press.

Haut Conseil de la population et de la famille 1987 *Vie professionnelle et vie familiale, de nouveaux équilibres à construire*, Documentation Française.

Haut Conseil de la population et de la famille 1992 *Vie professionnelle, logement et vie familiale*, Documentation française.

Hermange, Marie–Thérèse et al. 2003a "La PAJE en propositions," *rapport du group de travail « Prestation d'Accueil du Jeune Enfant » pour le ministre délégué à la Famille*, Tome I, Documentation française.

Hermange, Marie–Thérèse et al. 2003b "La PAJE en debat," *rapport du group de travail « Prestation d'Accueil du Jeune Enfant » pour le ministre délégué à la Famille*, Tome II, Documentation française.

ILO 1939 *Year–Book of Labour Statistics 1939*, Geneva.

Iversen, Torben and Rosenbluth, Frances 2010 *Women, Work, and Politics : The Political Economy of Gender Inequality*, Yale University Press.

Jenson, Jane 2009 "Lost in Translation : The Social Investment Perspective and Gender

Equality," *Social Politics*, Vol. 16, No. 4 , pp.446-483.

Jenson, Jane and Sineau, Mariette 2001 "France : Reconciling Republican Equality with 'Freedom of Choice'," Jenson, Jane and Sineau, Mariette (eds.), *Who Cares? : Women's Work, Childcare, and Welfare State Redesign*, University of Toronto Press, pp.88-117.

Jenson, Jane and Saint-Martin, Denis 2006 "Building Blocks for a New Social Architecture : the LEGO^{TM} Paradigm of an Active Society," *Policy and Politics*, Vol. 34, No. 3 , pp.429-451.

Korpi, Walter 1985 "Power Resources Approach vs. Action and Conflict : On Causal and Intentional Explanations in the Study of Power," *Socioligical Theory*, Vol. 3 , No. 2 , pp.31-45.

Korpi, Walter 2000 "Faces of Inequality : Gender, Class, and Patterns of Inequalities in Different Types of Welfare States," *Social Politics*, Vol. 7 , No. 2 , pp.127-191.

Korpi, Walter et al. 2013 "Women's Opportunities under Different Family Policy Constellations : Gender, Class, and Inequality Tradeoffs in Western Countries Re-examined," *Social Politics*, Vol. 20, No. 1 , pp.1-40.

Korsvold, Tora 2012 "Dilemmas over Childcare in Norway, Sweden and West Germany after 1945," Kjørhold, Anne Trine and Qvortrup, Jens (eds.), *The Modern Child and the Flexible Labour Market: Early Childhood Education and Care*, Palgrave Macmillan, pp.19-37.

Legendre, François et al. 2003 "État des lieux des prestations petite enfance avant la mise en place de la prestation d'accueil du jeune enfant," *l'e-ssentiel*, No. 16.

Lenoir, Rémi 1991 "Family Policy in France since 1938," Ambler, John S. (ed.), *The French Welfare State*, New York University Press, pp.144-186.

Leprince, Frédérique 1986 "L'accueil des jeunes enfants : les actions des comités d'entreprises et des associations parentales," *Recherches et Prévisions*, No. 5, pp. 15-19.

Leprince, Frédérique 2003 *L'accueil des jeunes enfants en france: État des lieux et pistes d'améliaration*, Haut Conseil de la Population et de la famille.

Lewis, Jane 1992 "Gender and the Development of Welfare Regimes," *Journal of European Social Policy*, Vol. 2, No. 3, pp. 159-173.

Lewis, Jane 1997 "Gender and Welfare Regimes : Further Thoughts," *Social Politics*, Vol. 4, No. 2, pp. 160-177.

Lewis, Jane 2001 "The Decline of the Male Breadwinner Model : Implications for Work and Care," *Social Politics*, No. 8, Vol. 2, pp. 152-169.

Lewis, Jane 2006 "Introduction : children in the context of changing families and welfare states," Lewis, Jane (ed.), *Children, Changing Families and Welfare states*, Edward Elgar, pp. 3-24.

Lewis, Jane et al. 2008 "Patterns of Devolopment in Work/Family Reconciliation Policies in France, Germany, the Netherlands, and the UK in the 2000s," *Social Politics*, Vol.15, No. 3, pp. 261-286.

Mahon, Rianne 2001 "Theorizing Welfare Regimes : Toward a Dialogue?," *Social Politics*, Vol. 8, No. 1, pp. 24-35.

Mahoney, James and Thelen, Kathleen 2010 "A Theory of Gradual Institutional Change," Mahoney, James and Thelen, Kathleen (eds.), *Explaining Institutional Change: Ambiguity, Agency, and Power*, Oxford University Press, pp. 1-37.

Marical, François 2007 "Les determinants des salaires des assistantes maternelles et les effets de la PAJE," *Recherches et Prévisions*, No. 88, pp. 35-52.

Martin, Claude et al. 1998 "Caring for Very Young Children and Development Elderly People in France : Towards a Commodification of Social Care?," Lewis, Jane (ed.),

Gender, Social Care and Welfare State Restructuring in Europe, Ashgate, pp.139-174.

Messu, Michel 1992 *Les politiques familiales : Du natalisme à la solidarité*, Editions ouvrieres.

Meyers, Marcia K. et al. 1999 "Public Childcare, Parental Leave, and Employment," Sainsbury, Diane (ed.), *Gender and Welfare State Regimes*, Oxford University Press, pp.117-146.

Ministère des Affaires Sociales et de la Solidarité Nationale 1985 *La politique familiale en france depuis 1945 : Rapport du groupe de travail sur la politique familiale en france depuis 1945, présidé par Pierre Laroque*, Documentation Française.

Minonzio, Jérôme et Vallat, Jean-Philippe 2006 "L'union nationale des associations familiales (UNAF) et les politiques familiales : Crises et transformations de la représentation des intérêts familiaux en France," *Revue française de science politique*, Vol. 56, pp.205-226.

Monnier, Alain 1977 *La naissance d'un enfant : incidences sur les conditions de vie des familles*, Presses universitaires de France.

Morel, Nathalie 2007 "From Subsidiarity to 'Free Choice' : Child- and Elder-care Policy Reforms in France, Belgium, Germany and the Netherlands," *Social Policy & Administration*, Vol. 41, No. 6, pp.618-637.

Morel, Nathalie et al. 2012 "Beyond the Welfare State as We Knew It," Morel, Nathalie et al. (eds.), *Towards a Social Investment Welfare State? : Ideas, Policies and Challenges*, Policy Press, pp.1-30.

Morgan, Kimberly J. 2006 *Working Mothers and the Welfare State: Religion and the Politics of Work-Family Policies in Western Europe and the United States*, Stanford University Press.

Morgan, Kimberly J. 2012 "Promoting Social Investment through Work-Family Policies :
Which Nations Do It and Why?," Morel, Natalie et al. (eds.), *Towards a Social
Investment Welfare State?: Ideas, Policies and Challenges*, Policy Press, pp.153-179.

O'Connor, Julia S. 1993 "Gender, class and citizenship in the comparative analysis of
welfare state regimes : theoretical and methodological issues," *British Journal of
Sociology*, Vol. 44, No. 3, pp.501-518.

O'Connor, Julia S. and Olsen, Gregg M. (eds.), 1998 *Power Resources Theory and the
Welfare State: A Critical Approach*, University of Toronto Press.

O'Connor, Julia S. et al. 1999 *States, Markets, Families: Gender, Liberalism and Social
Policy in Australia, Canada, Great Britain, and the United States*, Cambridge
University Press.

OECD 2004 *Early Childhood Education and Care Policy in France*, OECD Country Note.

OECD 2011 *Doing Better for Families*, OECD Publishing.

Orloff, Ann Shola 1993 "Gender and the Social Rights of Citizenship : The Comparative
Analysis of Gender Relations and Welfare States," *American Sociological Review*, Vol.
58, No. 3, pp.303-328.

Palier, Bruno 2000 "'Defrosting' the French Welfare State," Ferrera, Maurizio and
Rhodes, Martin (eds.), *Recasting European Welfare States*, Frank Cass Publishers,
pp.113-136.

Palier, Bruno 2002 *Gouvener la sécurité sociale: Les réforme du systéme française de
protection sociale depuis 1945*, Presses Universitaires de France.

Palier, Bruno 2010a "Ordering Change : Undergoing the 'Bismarckian' Welfare Reform
Trajectory," Palier, Bruno (ed.), *A Long Goodbye to Bismarck?: The Politics of
Welfare Reform in Continental Europe*, Amsterdam University Press, pp.19-44.

Palier, Bruno 2010b "The Dualizations of the French Welfare System," Palier, Bruno (ed.),

参 考 文 献

A Long Goodbye to Bismarck?: The Politics of Welfare Reform in Continental Europe, Amsterdam University Press, pp.73-99.

Palier, Bruno and Bonoli, Giuliano 1995 "Entre Bismarck et Beveridge : Crises de la sécurité sociale et politique(s)," *Revue française de science politique*, Vol. 45, No. 4, pp.668-699.

Pedersen, Susan 1993 *Family, Dependence, and the Origins of the Welfare State: Britain and France, 1914-1945*, Cambridge University Press.

Périvier, Hélène 2003 "La garde des jeunes enfants : Affaires de femmes ou affaire d'État?," *Lettre de l'OFCE*, No. 228, pp.1-8.

Pierson, Paul 1994 *Dismantling the Welfare State?: Reagan, Thatcher, and the Politics of Retrenchment*, Cambridge University Press.

Pierson, Paul 1996 "The New Politics of the Welfare State," *World Politics*, Vol. 48, No. 1, pp.143-179.

Pierson, Paul 2000 "Increasing Returns, Path Dependence, and the Study of Politics," *American Political Science Review*, Vol. 94, No. 2, pp.251-267.

Pierson, Paul and Skocpol, Theda 2002 "Historical Institutionalism in Contemporary Political Science," Katznelson, Ira and Milner, Helen V. (eds.), *Political Science: State of the Discipline*, W. W. Norton & Company, pp.693-721.

Prost, Antoine 1984 "L'évolution de la politique familiale en france de 1938 à 1981," *Le mouvement social*, No. 129, pp.7-28.

Rasle, Lorraine 1977 "Baisse de la natalité et prestations familiales," *Population*, 32e année, No. 4-5, pp.1011-1015.

Revillard, Anne 2006 "Work/Family Policy in France : From State Familialism to State Feminism?," *International Journal of Law, Policy and the Family*, No. 20, Vol. 2, pp.133-150.

Sainsbury, Diane 1994 "Women's and Men's Social Rights : Gendering Dimensions of Welfare States," Sainsbury, Diane (ed.), *Gendering Welfare States*, SAGE, pp.150-169.

Schickler, Eric 2001 *Disjointed Pluralism: Institutional Innovation and the Development of the U.S. Congress*, Princeton University Press.

Schmidt, Vivien A. 1990 *Democratizing France: The Political and Administrative History of Decentralization*, Cambridge University Press.

Schmidt, Vivien A. 2002 "Does Discourse Matter in the Politics of Welfare State Adjustment?," *Comparative Political Studies*, Vol. 35, No. 2, pp.168-193.

Siaroff, Alan 1994 "Work, Welfare and Gender Equality : A New Typology," Sainsbury, Diane (ed.), *Gendering Welfare States*, SAGE, pp.82-100.

Steck, Philippe 1996 "De la loi Veil au plan Juppé : L'évolution de la branche famille," *Droit Social*, No.4, pp.405-413.

Steck, Philippe 2005 "Les prestations familiales," Comité d'histoire de la sécurité sociale, *La Sécurité Sociale: Son Histoire à travers les Textes Tome IV-1981-2005-*, chirat, pp.137-189.

Stratigaki, Maria 2004 "The Cooptation of Gender Concepts in EU Policies : The Case of 'Reconciliation of Work and Family'," *Social Politics*, Vol. 11, No.1, pp.30-56.

Streeck, Wolfgang and Thelen, Kathleen 2005 "Introduction : Institutional Change in Advanced Political Economies," Streeck, Wolfgang and Thelen, Kathleen (eds.), *Beyond Continuity*, Oxford University Press, pp.1-39.

Taylor-Gooby, Peter 2004 "New Risks and Social Change," Taylor-Gooby, Peter (ed.), *New Risks, New Welfare: The Transformation of the European Welfare State*, Oxford University Press, pp.1-28.

Thelen, Kathleen 2003 "How Institutions Evolve," Mahoney, James and Rueschemeyer,

参 考 文 献

Dietrich（eds.）, *Comparative Historical Analysis in the Social Sciences*, Cambridge University Press, pp. 208–240.

Villaume, Sophie et Legendre, Émilie 2014 "Modes de garde et d'accueil des jeunes enfants en 2013," *Études et Résultats*, No.896, pp. 1–8.

官　報

Journal officiel de la République française（JO）, Documents parlementaires, Assemblée Nationale.（議会文書）

Journal officiel de la République française（JO）, Débats parlementaires, Assemblée Nationale.（議事録）

新　聞

Le Monde.

Le Figaro.

『朝日新聞』。

『読売新聞』。

　　　　あ　と　が　き

　フランスの家族政策をテーマとしたのは博士課程に入ってからであり，筆者はフランス政治よりも比較福祉国家研究に軸足がある。そのため，本書はフランス家族政策を取り上げるだけではなく，日本の家族政策や「自由選択」の他国への適用可能性にも視野を広げたものになっている。結果的には読み手それぞれの立場によって，フランス家族政策の説明が不十分であったり，比較の材料以上にフランス家族政策の説明がある，理論面での説明が不足しているなど，中途半端な内容だと感じるかもしれない。

　それでも本書を完成させたかったのは，社会に広がる分断を乗り越える可能性を「自由選択」に求めたからである。家族政策研究では，男性稼ぎ手モデルや共稼ぎ世帯など特定の家族モデルの維持や移行から政策変化を説明することが多い。しかし，特定のモデルを設定すると，そのモデルから外れる人は生活保障の対象から遠のくことになる。専業主婦（夫）も共稼ぎも支援しうる「自由選択」を提示することで，家族政策の予算を拡大させながら社会の分断を乗り越える方策がみえてくるかもしれない。こうした可能性から「自由選択」を中心とした家族政策の説明を試みた。十分に説明できているわけではないが，本書を通じて以上のことが伝わっていたら本望である。

　筆者が研究者を志したのは北海道大学法学部 3 年生のときに宮本太郎先生（現・中央大学）の演習に参加したことがきっかけであった。すっかり宮本先生の演習や講義に魅了された筆者には，宮本先生に指導教員を引き受けていただく以外の選択肢はなかった。とかく「器用貧乏」になりがちな筆者に対して，

宮本先生は自主性を大切にしながら研究者として独り立ちできるよう導いてくださった。先生には博士論文の主査も務めていただき，中央大学に移られた以降も折に触れて指導いただいている。指導の成果が十分に反映されているとはいえないが，本書が先生への報恩に少しでもなっていれば幸いである。

　また，副査として博士論文を審査していただいた山口二郎先生（現・法政大学）と空井護先生にも御礼申し上げる。山口先生と空井先生に博士論文を審査していただいたことは，筆者が研究者として生きていくことへの自信にもつながった。博士論文審査後も，山口二郎先生には東京でお会いするたびに声をかけていただいている。空井護先生には，宮本先生が中央大学に移られて以降の指導教官を引き受けていただいた。

　北海道大学大学院法学研究科という自由で豊かな環境のなかに身を置いて研究を続けられたことは何事にも代えがたいものであった。遠藤乾，鈴木一人，辻康夫，前田亮介，宮脇淳，山崎幹根，吉田徹，加藤智章の諸先生には演習で筆者を指導いただくだけではなく，研究会やシンポジウムなど様々な面でも支えていただいた。また，大学院修了後には北海道大学大学院法学研究科助教として研究が継続できる環境も得ることができた。

　北海道大学大学院法学研究科では先輩や後輩にも恵まれたことが筆者の財産となっている。五十嵐元道，石川敬史，板橋拓己，加藤雅俊，崔碩鎮，柴田晃芳，下村太一，白鳥潤一郎，田中拓道，池直美，花田智之，福田宏，松本彩花，宮井健志，宮崎悠の諸氏には政治学専攻の院生で構成されるSTS（ストック・テイキング・セミナー）を中心に研究生活で必要なことを教えていただいた。特に柴田晃芳氏には折に触れて様々な相談に乗っていただき，感謝しかない。修士課程の山田健氏には本書の初校を読んでいただき，多くの誤りを指摘していただいた。また，政治学や北海道大学以外でも仲間に恵まれたことで研究生活を脱落することなく過ごせた。川久保寛，児玉弘，孫友容，戸谷義治，橋場典

子，平賀律男，南健悟，山木戸勇一郎，菅原寧格，稲垣浩，南雄太の諸氏にも感謝申し上げる。

　こうした仲間に囲まれて本書を執筆する過程で，以下の関連する論文を発表してきた。本書はこれらの論文のうえに成り立っているため，一部に内容の重複があることにご了解いただきたい。

「フランス半大統領制における家族政策の削減と再編──1990年代の利益団体の抵抗と「自由選択」」『日本比較政治学会年報』第16号，pp. 239-260，2016年。

「フランス家族政策の発展と再編──「自由選択」への着地」『日仏政治研究』第10号，pp. 13-22，2016年。

「ライフスタイル選択の政治学──家族政策の子育て支援と両立支援」宮本太郎編著『福祉政治（福祉＋α　第２巻）』ミネルヴァ書房，pp. 37-51，2012年。

「家族を支える福祉国家──フランスにおける家族政策とジェンダー平等」宮本太郎編『働く──雇用と社会保障の政治学（政治の発見第２巻）』風行社，pp. 238-263，2011年。

「フランス福祉国家研究における社会保険と家族政策の位置づけ」『新世代法政策学研究』第６号，pp. 183-202，2010年。

　本書は，上記の論文をまとめ，筆者が2013年３月に北海道大学において博士（法学）を取得した博士論文「『自由選択』の家族政策──フランスにおけるライフスタイル選択の政治」をもとに，大幅な加筆修正を行ったものである。

　本書をまとめるにあたって，北海道大学政治研究会，日本比較政治学会，日本政治学会などでの研究報告の機会を得た。甚だ拙い議論であったが，報告や討論に参加いただいた皆様に感謝申し上げる。なお，本書は松下幸之助記念財

団研究助成，北海道大学総長室事業推進経費若手研究者自立支援，JSPS 科研費（JP25885001，JP16H03576，JP16K17044および課題設定による先導的人文学・社会科学研究推進事業）の成果の一部である。なお，本書で掲載した図表の数値は四捨五入しており，必ずしも合計と一致しないものもある。

　本書を出版することができたのはミネルヴァ書房の堀川健太郎氏のおかげである。出版助成もなく出版のいろはもわからない筆者に対して多くの助言をいただいた。もちろん本書の責任はすべて筆者にあるが，幾分でも読みやすくなっているのならば，それは堀川氏の尽力によるものである。

　最後に，これまで支えてくれた家族に感謝を申し上げたい。最初に大学院に進みたいと家族に相談した際，まさかここまで長く大学に残るとは思っていなかっただろう。それでも心配を表に出さず，常に支えてくれたのが家族であった。亡父・剛，母・しげ子，敏，明日香，拓也の弟妹に感謝する。家族は筆者がどんな研究をしているのかも漠然としか知らないだろうが，本書で少しでも理解してもらえるとありがたい。

　　　　2017年3月

　　　　　　　　　　　　　　　　　　　　　　　　千田　　航

巻 末 資 料

巻末別表 1　家族給付の概要（2014年12月27日現在）

子ども・家族関連給付

手当の名称	受給要件	所得条件	支給額	併給の有無
第 1 子からの給付				
乳幼児受け入れ給付（prestation d'accueil de jeune enfant）				
出産手当金・養子手当金 (prime à la naissance, prime à l'adoption)	・出産：初期の14週以内に家族手当金庫と疾病保険初級金庫に妊娠を申告。 ・養子：20歳未満の養子の受け入れ。	単一所得の場合，子ども 1 人：35,480€ 子ども 2 人：42,576€ 子ども 3 人：51,091€ それ以上増えるごとに：8,515€ 増加。 ひとり親または共稼ぎカップルの場合，子ども 1 人：46,888€ 子ども 2 人：53,984€ 子ども 3 人：62,499€ それ以上増えるごとに：8,515€ 増加。	・妊娠 7 か月目に，923.08€（双子，3つ子などは子どもの数に合わせて同額増）。 ・養子を受け入れた場合，1846.15€。	
基礎手当 (allocation de base)	・3 歳未満の子どもがいること。 ・20歳未満の子どもを養子にすること。	全額支給の所得制限 単一所得の場合，子ども 1 人：29,700€ 子ども 2 人：35,056€ 子ども 3 人：40,412€ それ以上増えるごとに：5,356€ 増加。 ひとり親または共稼ぎカップルの場合，子ども 1 人：37,733€ 子ども 2 人：43,089€ 子ども 3 人：48,445€ それ以上増えるごとに：5,356€ 増加。 部分支給の所得制限 単一所得の場合，	・所得によって，月額184.62€ の全額支給と月額92.31€ の一部支給。	・多胎出産や同時に養子を受け入れた場合，同額の基礎手当を支給。

267

		子ども1人：35,480€ 子ども2人：41,878€ 子ども3人：48,276€ それ以上増えるごと に：6,398€増加。 ひとり親または共稼ぎ カップルの場合， 子ども1人：45,077€ 子ども2人：51,475€ 子ども3人：57,873€ それ以上増えるごと に：6,398€増加。		
保育方法自由選択補足 手当 （complément de libre choix du mode de garde, CMG）	・6歳未満の子ど もがいること。 ・認定保育ママか 在宅保育者，資 格をもつ企業と アソシアシオ ン，ミクロ保育 所で保育するこ と。 ・職業活動に従事 していること。 ・認定保育ママ： 子ども1人につ き保育1日で総 計47.65€を超 えないこと。 ・在宅保育者，認 定保育ママを雇 用する資格をも つ企業とアソシ アシオン：少な くとも月に16時 間の保育。 ・ミクロ保育所： 少なくとも月に 16時間の保育。 1時間あたり料 金が12€を超え ないこと。	なし。ただし，所得に よって支給額が異なる （巻末別表2を参照）。	巻末別表2を参照。	・CLCA が一 部支給（企業 が定めた労働 期間の50％か それ以下での 就労の場合） されている場 合，CMG の 金額を2で割 る。 ・夜間や日祝日 の保育の場 合，10％増額。 成人障がい者 手当受給の場 合，30％増額。
就業自由選択補足手当 （complément de libre	・3歳未満の子ど もがいること。	なし。	・満額支給：月額 390.52€。	・COCLA との 併給不可。

巻 末 資 料

choix d'activité, CLCA)	・20歳未満の養子をもつこと。 ・就労を中断しているかパートタイムで就労していること。 ・第1子の場合,直近2年間で8四半期の老齢年金を拠出していること。第2子の場合は直近4年間,第3子以上の場合は直近5年間で8四半期の老齢年金を拠出していること。		・一部支給:労働期間の50%かそれ以下での就労の場合,月額252.46€。労働期間の50～80%での就労の場合,月額145.63€。 ・支給期間:第1子は最大で6か月。第2子以降は3年間。	
就業自由選択オプション補足手当 (complément option-nel de libre choix d'ac-tivité, COLCA)	・少なくとも3人の子どもがいること。 ・就労を中断していること。	なし。	・月額638.33€。 ・支給期間:最大12か月。	・CLCA との併給不可。CLCA 受給のために COLCA を放棄できない。
新学期手当 (allocation de rentrée scolaire)	・6歳以上18歳未満の学生がいること。	子ども1人:24,137€ 子ども2人:29,707€ 子ども3人:35,277€ 以降子ども1人につき5,570€ 増加。	・8月に支給。ただし,16～18歳は就学の証明が前もって必要。 6～10歳:362.63€ 11～14歳:382.64€ 15～18歳:395.90€	
第2子からの給付				
家族手当 (allocations familiales)	・20歳未満の子どもを少なくとも2人もつこと。	なし。	・月額支給額 子ども2人:129.35€ 子ども3人:295.05€ 子ども4人:460.77€ 以降子ども1人につき165.72€ 増額。 ・14歳以上は月額64.67€ 加算。	
第3子からの給付				
家族補足手当	・3歳以上21歳未	・月額185.20€ 支給	所得制限に応じて,	

269

(complément familial)	満である子ども を少なくとも3 人もつこと。	単一所得の場合, 子ども3人：18,648€ 子ども4人：21,756€ それ以上増えるごと に：3,108€増加。 ひとり親または共稼ぎ カップルの場合, 子ども3人：22,812€ 子ども4人：25,920€ それ以上増えるごと に：3,108€増加。 ・月額168.35€支給 単一所得の場合, 子ども3人：18,649～ 37,295€ 子ども4人：21,757～ 43,511€ それ以上増えるごと に：3,108～6,216€増 加。 ひとり親または共稼ぎ カップルの場合, 子ども3人：22,813～ 45,623€ 子ども4人：25,921～ 51,839€ それ以上増えるごと に：3,108～6,216€増 加。	月額185.20€か月額 168.35€,あるいは 所得上限を少々上 回った場合は 168.35€が減額され る。	

出典：家族手当金庫のウェブサイト（http://www.caf.fr 2014年12月27日現在）より一部抜粋して筆者作成。
訳語や表記については，神尾（2007：57-61）にもとづく。

注：住宅関連給付の個別住宅扶助（aide personnalisée au logement），家族住宅手当（allocation de logement familiale），社会福祉住宅手当（allocation de logement sociale）（以上，住宅扶助（aides de logement）），引越し手当金（prime de déménagement），居住改善貸付（prêt à l'amélioration de l'habitat）および連帯・参加（insertion）関連給付の活動連帯所得（revenu de solidarité active），家族援助手当（allocation de soutien familial），成人障がい者手当（allocation aux adultes handicapés），障がい児教育手当（allocation d'éducation de l'enfant handicapé），親付き添い日々手当（allocation journalière de présence parentale）の概要については省略。

巻 末 資 料

巻末別表 2　保育方法自由選択補足手当の給付額

年　収	子ども 1 人あたり月額給付額 （3 歳未満）	子ども 1 人あたり月額給付額 （3 ～ 6 歳）
～20,285€（子ども 1 人） ～23,164€（子ども 2 人） ～26,043€（子ども 3 人） 子ども 4 人以降　＋2,879€	460.93€	230.47€
20,285～45,077€（子ども 1 人） 23,164～51,475€（子ども 2 人） 26,043～57,873€（子ども 3 人） 子ども 4 人以降　＋6,398€	290.65€	145.34€
45,077€～（子ども 1 人） 51,457€～（子ども 2 人） 57,873€～（子ども 3 人） 子ども 4 人以降　＋6,398€	174.37€	87.19€

出典：家族手当金庫のウェブサイト（http://www.caf.fr 2014年12月27日現在）より一部抜粋して筆者作成。

索　引

あ 行

アクティベーション　12,30,41,46,58,71,72
新しい社会的リスク　iv,9,10,14-17,25-27,
　71,128,214,239
AFEAMA補足手当　146,182,194
安倍晋三　24
育児親手当（APE）　84,85,93,135,143-146,
　149,160,163,166,170,214,215,222,228-
　230,236,240
一時託児所　54,177
一般化原則　117-120,213
一般社会拠出金（CSG）　41,139,140,152,
　170,213
一般制度　117,138-140,204
いわゆる主婦手当　123
ヴィシー政府　56,113,116
ヴェイユ，シモーヌ　125,131,144,148-150,
　153,171,215,228,230
栄光の30年　116
エスピン＝アンデルセン，G.　10-12,15,
　42,58,59,65-71,76
大沢真理　80
親付き添い日々手当　127
親保育所　53,54,60,177
オランダ　12,13,46,66,67,73
オランド，フランソワ　237

か 行

稼ぎ手―ケア提供者型　46
家族援助手当　127
家族関連社会支出　ii,25,42,43,47,64,225,
　230,231,239

家族組合連合会（CSF）　198,205
家族係数　56,122,130,156,157
家族高等評議会　172,196,236
家族主義　10,11,15,38,40,67,68,84,124,
　225,227,228
家族所得付加給付　142
家族・人口高等評議会　141,165,176,196,
　198,200,204
「家族政策改革に向けて」　56,156
家族手当基準算定月額（BMAF）　123,130,
　131,140,142,149,170,171,194,195
家族手当法（1932年3月11日法）　55,110,112,
　113,131,137,212
「家族の総合的な政策のために」　154
家族福祉志向　66,75,97
家族保育所　53,177,178,181,185,191-193,
　200
家族法典（1939年7月29日法）　113,115,122,
　131,204,213
家族補足手当　38,47,51,59,85,99,106,124,
　128,135,142-146,162,164,167,169,178,
　202,214,215,222,228
活動連帯所得（RSA）　71,72,127
家庭的な保育事業　175,176
家庭中心型　78,81,82,84,87,96,104,105,
　144,169,178,228,230
家庭保育員　175,202
加藤智章　110
神尾真知子　34,125
環境順応型　78,81,84,96,104,169,178
管理運営体制　iii,iv,94,103,109,116-121,
　135,169,213,218
企業内保育所　53,54,177

索　引

基礎手当　48,96,105,106,163,164,167,168,
　212
基礎的給付　49-51,103,104,124,128,149,
　158,163,164,167-169,177,212,215,223,
　225
ギデンズ，アンソニー　70,71,76,97
強制仲裁制度　112
共和国連合（RPR）　148,149,151,154,156,
　215
金庫理事会　119,120,152
ケアの絆　98
ケアの再分配　98
経路依存性　29,88-90,92,94,209,224
ケインズ主義　7-9,95,140
決定的経路依存性　100
県家族協会連合（UDAF）　122
権力資源動員論　65,68
合計特殊出生率　i,27,137,138,200
公明党　18,20,21,23,24
国民教育省　53,60
国民戦線　151
孤児手当　127,140,141
個人モデル　16,66,67
コダッシオーニ，コレット　148-152,154,
　215,222
子ども教育共有給付　50,210,227,238,239
子ども契約　179,190
子ども・子育て支援新制度　22,24,25
子ども支援　iii,40,63,74-78,81-86,96,99,
　106,107,112,116-164,167,177,178,202,
　214
子ども手当　19-22,24,25,55,81,82
コミューン　53,54,179,181,187-191,203,
　204
子守り（gardiennes）　184,185,203
コルピ，ウォルター　44,46,68,76,225

さ　行

在宅保育者　34,48,59,105,106,145,146,
　160,163,165,168,175,177,186,195,202,
　214,220,223,236
在宅保育手当（AGED）　59,93,135,144,146,
　149,157,158,160,163,171,185,195,214,
　215,219,220,222
最低賃金（SMIC）　140,148-151,193,215,
　222,234
作業部会　49,144,154,160,164-167
産前手当　85,121-124,140,143,213
参入最低所得（RMI）　41,71,127,128,188,
　189
シーロフ，アラン　66,75
ジェンダー平等　37,38,46,47,57,70,73,77,
　82-84,86,87,97,98,125,226,227,231,238,
　239
仕事中心型　78,81,82,84,96,99,104-106,
　144,168,201,214
仕事と家庭の調和　iii,iv,12-14,17,27-29,
　35,37,39,40,42,46,63,64,69-70,72-76,
　78,83,96,128,138,141,144,146,149,157,
　158,160,176,179,195-201,211,214,215,
　228-231,235
「仕事と生活の調和（ワーク・ライフ・バラン
　ス）憲章」　72
市場志向型　46,68,69
ジスカール・デスタン，ヴァレリー　141
ジスロ，ヘレン　154,155
児童園　53,60
児童手当　i,16-21,23,24,64,76,82
自民党　20,21,23,24,58
社会活動　122,149,179,180,185,187-190,
　203,220,235
社会カトリック　114,118
社会的投資　iii,7,8,40,63,69-72,74-77,84,
　97-99

273

社会党　56,148,151,153,155,156,158,159,
　168,193,216,217,224
社会保険法　109
社会保障・家族手当拠出金徴収連合　171,
　193
社会保障機関中央機構　120
社会保障債務償還拠出金　152,171
社会民主主義レジーム　10,16,65,67
就学前教育　42,52,77
就業自由選択オプション補足手当　48,106,
　164,167-169,218,228
就業自由選択補足手当　34,48,50,51,59,96,
　105,106,144,146,148,162-168,170,210-
　212,218,224,226-229,232,238
自由主義レジーム　10,15,16,41,67
修正男性稼ぎ手モデル　225,226
「自由選択」アイディア　135,147-149,151,
　152,215-218,222-224
自由選択親手当　149-151,154,209,211,215,
　216,222
自由選択手当　148-151,154,158,215,222
住宅手当　51,85,121,123,126
集団保育所　53,54,177,191,193,200,201,
　221
出産休暇　44,130,136,166
出産奨励主義　41,84,96,110,113-115,118,
　124,128,142,144,150,156,214,215,228,
　239
出産手当　85,100,121,124,130,140,170,213
ジュニア個人貯蓄口座　39,58
主婦手当　85,93,113-116,122,124,128,130,
　142,213,214
ジュペ，アラン　151
ジュペ・プラン　41,120,150-154,158,205,
　209,211,215,216,218,223,224
障がい児教育手当　127
障がい児手当　127,141
障がい者ケア手当　225

障がい者手当　127,140
情緒的扶養　126,136
初産手当金　113
ジョスパン，リオネル　155-158,209
女性労働良好度　66,75,97
シラク，ジャック　135,140,148,149,151,
　152,154,215,218,222
自律性原則　117,118,120,213
ジロ，ドミニク　56,156,157,159,168,224
新学期手当　47,105,131,157
新川敏光　15,30,58
人口減少　11,108,110,112,114,118,124,
　137,145,213,214
新自由主義　7-9,29,35
人生前半の社会保障　9,29
人民共和派（MRP）　119,121,122,124
スウェーデン　25,34,35,42,43,46,66-68,
　83,136,172,225-227
ステック，フィリップ　152
生活環境調査研究センター　193
政策目的集合　iii,63,74-78,83,85,86,88,
　95,136,176,177,211
成人障がい者手当　127
成人労働者モデル　79
制度間財政調整　138
制度併設　64,88,91-96,136,168,169,209-
　211,218,221,223,236,237
性別役割分業　3,6,7,16,57,68,84,144
セインズベリ，ダイアン　66,67
セーレン，キャサリン　89-91,100
積極的労働市場政策　25,34,71,72
専業主婦　iii,v,4,7,11,37-39,44,57,93,
　112,115,122,124,137,167,177,213,214,
　228,231,239
専業主婦手当金　83,112,113,129,130
全国家族会議　149,151,153-160,164,196,
　216,217,224,236
全国家族協会連合（UNAF）　122,124,130,

152-155, 157-159, 168, 169, 196, 205, 209,
212, 216-218, 223, 224, 236, 237
全国疾病保険金庫　116, 138, 139, 150, 223
全国社会・衛生活動基金（FNASS）　185,
186, 189
全国社会活動基金（FNAS）　189, 190, 192,
194, 220
全国老齢年金金庫　116, 138, 139, 150, 223
漸進的変容論　iii, 64, 88-92, 169

た　行

待機児童　23, 24, 26, 175
『第三の道』　70, 99
多機能受け入れ施設　54, 178
多子家族扶助法　107
単一受け入れ　54
単一金庫原則　117-120, 212
単一賃金手当　85, 93, 113-116, 121-124, 128,
130, 142, 213, 214
男性稼ぎ手モデル　iii, 3, 4, 6-8, 10-18, 24,
27, 39, 66, 67, 72, 74, 79, 82, 98, 115, 125,
209, 213, 225, 226
断続的均衡論　88-90
チャイルド・トラスト・ファンド　39, 58
中立　36, 37, 80
辻由希　16
「つながりを欠く多元主義」　92
伝統的家族型　46, 47, 225, 229-231, 239
ドイツ　12, 13, 15, 25, 37, 38, 41-43, 46, 66,
68, 73, 83, 110, 113, 115, 136, 172, 226, 227
特別教育手当　126, 127
特別制度　117, 152, 194

な　行

2階建て構造　iii, v, 22, 23, 51, 103-107, 113,
114, 128, 135, 144, 147, 149, 157, 164, 167-
169, 177, 178, 180, 201, 212, 213, 215-217,
222, 223, 225, 228, 230, 236-239

日本型福祉国家　15
日本経団連（日本経済団体連合会）　24
ニュヴィルト法　131
乳幼児受け入れ給付（PAJE）　iv, 47, 49, 50,
56, 57, 86, 93, 104, 105, 135, 136, 154, 159,
160-164, 166-169, 182, 195, 212, 216-218,
222, 224, 229, 238
乳幼児教育指導員　181
乳幼児計画　179, 183, 232
乳幼児手当（APJE）　85, 143, 149, 163, 222,
223
認定保育ママ雇用家庭補助（AFEAMA）
85, 93, 94, 135, 145, 146, 149, 158, 160, 163,
165, 175, 182, 186, 192-195, 199, 201, 214,
215, 220, 222, 230, 236
農業社会共済中央金庫　60, 193, 204
農業制度　117, 138, 204

は　行

パートタイム　4, 11, 13, 36, 38, 44, 105, 136,
143, 144, 163-166, 197, 198, 211, 230
配偶者控除　19, 37, 64, 82
ハキム，キャサリン　63, 78, 79, 81, 99
ハッカー，ジェイコブ S.　91, 93, 100
パパ・クォータ　227
パパママ育休プラス制度　227
バラデュール，エドゥアール　148, 149, 151
パリエ，ブルーノ　41
ピアソン，ポール　88-90
ひとり親手当（API）　127, 141, 142
非労働者制度　117, 138
深澤敦　56, 109, 115, 129
福島都茂子　56, 113
フランス民主主義労働同盟　154, 198, 204
フランス民主連合（UDF）　148, 153, 154,
156, 215
フルタイム　i, 13, 36, 45, 54, 79, 108, 137, 144
フレンチ・パラドクス　225

分権化　176,187-191,196,200,221,230

ベヴァリッジ・プラン　3,4,28

ペダーセン，スーザン　115,116,240

ベルギー　13,42,43,46,59,66,68

保育学校　52-54,94,106,175,177,187,225

保育所契約　176,190,191,199

保育手当　37,38,83

保育費用手当　128,142

保育方法自由選択補足手当　34,48,51,59,
　96,105,106,145,146,148,162-165,167,
　168,175,181,182,195,201,202,211,212,
　218,220,221,224,230,238

保育ママ仲介制度（RAM）　94,192,195,199,
　220

保育ママ特別給付（PSAM）　145,181,185,
　186,192-194,199,201,203,219,220

ホール，ピーター A.　95

母子保健局　53,60,183

保守主義レジーム　iii,v,3,10-17,33,40-43,
　51,59,67,114,145,225-228,231,240

補償金庫　107-110,112,114,118,129,212

母性休業手当　83

補足的給付　49-51,59,93,103-105,115,122,
　135,141,142,144,146-149,151,157,158,
　164,167-169,180,201,212-215,218,221,
　222,228,236,237

ま　行

ミクロ保育所　54,178,179,232

ミッテラン，フランソワ　140,141,148,150,
187,189,197

宮本悟　56,129

宮本太郎　29,34,58,83,239

民主党　19,20,23,24,82,99

民事連帯協約　125

目標・運営協定　179,232

目標・運営複数年契約　179

モレル，ナタリー　7,13,14,29,33,35,234

ら　行

ライフ・ポリティクス　239

ラロック・プラン　116-118,213

両親手当　13,226

両親保険　83,226

両立支援　iii,iv,16,40,63,74-78,81-86,91,
　106,122,124,144-147,162-164,167,175,
　177,178,181,195,201,214,219,221

ルイス，ジェーン　63,73,78,79,81,225,226

ルフォル，ロベール　193

ルペン，ジャン＝マリー　151

歴史的制度論　iii,64,88-90,92

レゴ・パラダイム　71

労働総同盟（CGT）　122,155,158,166,168,
　169,204,209,212,216-218,223,224,236,
　237

労働補償法　109

労働力率　4,27,73,84,115,136,144,166,
　225,228

老齢保険制度　118,119

ロマネ，エミール　108,110

《著者紹介》

千田　航（ちだ・わたる）
1981年　北海道生まれ。
2013年　北海道大学大学院法学研究科博士課程修了。
　　　　博士（法学）。
現　在　釧路公立大学経済学部専任講師。
主　著　『働く──雇用と社会保障の政治学』（共著）風行社，2011年。
　　　　『福祉政治』（福祉＋α）（共著）ミネルヴァ書房，2012年。
　　　　「フランス半大統領制における家族政策の削減と再編」『日本比較政治学会年報』第18号，
　　　　2016年。

シリーズ・現代の福祉国家⑭
フランスにおける雇用と子育ての「自由選択」
──家族政策の福祉政治──

2018年9月10日　初版第1刷発行　　　　　　　　　　　　〈検印省略〉

定価はカバーに
表示しています

著　者　千　田　　　航
発行者　杉　田　啓　三
印刷者　藤　森　英　夫

発行所　株式会社　ミネルヴァ書房
607-8494　京都市山科区日ノ岡堤谷町1
電話代表　(075)581-5191
振替口座　01020-0-8076

©千田　航，2018　　　　　　　　亜細亜印刷・新生製本
ISBN978-4-623-07857-8
Printed in Japan

書名	著者	判型・頁・価格
社会的包摂の政治学	宮本太郎著	A5判二九六頁本体三八〇〇円
日本型福祉レジームの発展と変容	新川敏光著	A5判四〇五頁本体四〇〇〇円
福祉レジームの収斂と分岐	新川敏光編著	A5判三四八頁本体五〇〇〇円
ドイツ・キリスト教民主同盟の軌跡	近藤正基著	A5判三〇四頁本体五〇〇〇円
現代ドイツ福祉国家の政治経済学	近藤正基著	A5判三二〇頁本体六五〇〇円
日韓企業主義的雇用政策の分岐	安周永著	A5判二六四頁本体五五〇〇円
家族主義福祉レジームの再編とジェンダー政治	辻由希著	A5判二八二頁本体七〇〇〇円
南欧福祉国家スペインの形成と変容	中島晶子著	A5判三三〇頁本体七〇〇〇円

ミネルヴァ書房

http://www.minervashobo.co.jp